# 無能より邪悪であれ

## ピーター・ティール

シリコンバレーをつくった男

# Contents

Contrarian
Peter Thiel and Silicon Valley's Pursuit of Power

# 序章

皆さんは覚えているだろうか、かつてシリコンバレーが世界を支配しかけた時代があったことを。それは２０１６年、ＩＴ企業が想像を絶するほどの勢いで成長し、その影響力たるや神がかっていた。ジェフ・ベゾスはアメリカ最大の新聞社のひとつであるワシントン・ポストを救済し、マーク・ザッカーバーグは、寄付をしたサンフランシスコの病院が彼の名を冠した名称に変更したことで物議を醸し、活動家たちはウーバーがもたらした弊害を〈支持する〉ために主要都市に集結した。バラク・オバマ大統領は任期の終わりが近づくにつれ、次はカリフォルニアに移住してＩＴ投資家にでもなろうかと考えはじめていた。その年の春、オバマは記者の質問に答えて、ベンチャーキャピタルは「非常に満足のいく」出口戦略になるだろうと発言していた。

しかし、時代の気運がシリコンバレーに傾きつつある頃、バレーのパイオニアの一人は、すでにそのずっと先を見据えていた。20年も前から、ピーター・ティールはフェイスブック、ペイパル、スペースＸといった大規模かつ成長性の高いＩＴ企業を支援し、何十億ドルもの富を築いた。彼には世界で最も有能な起業家や最も裕福な投資家との人脈があり、希望に燃える多くのスタートアップ創立者たちにとって神のような存在だった。しかしティールは、シリコンバレーを支配するだけでは飽き足らなかった。彼が欲していたのは本物の権力、政治的な力だ。そして当時の彼はまさにそれを手に入れようとしていた。

最初、それはティールが設立初期に投資したフェイスブックにおける、些細な事件だと思われていた。その年の5月、フェイスブックが保守派による投稿を組織的に妨害していると、テクノロジー関係のニュースサイト、ギズモードが報じたのだ。

それは控えめなスクープだったが、保守派の怒りに火をつけるには十分だった。フェイスブックは疑惑を否定したものの、危機を感じたザッカーバーグはティールに助けを求めた。２０１６年5月18日水曜日、右派メディアの著名人16名がメンロパークにあるフェイスブック本社にやってきた。そこにはトーク番組の司会者タッカー・カールソン、グレン・ベック、デイナ・ペリーノの姿があった。ティーパーティ・ペイトリオッツ、アメリカン・エンタープライズ・インスティテュート、ヘリテージ財団といった、右派の政治団体やシンクタンクの幹部なども参加していた。表向きにはザッカーバーグとサンドバーグに会うためだが、多くの者はティールが目当てだった。

48歳になるティールはフェイスブック創立者であるザッカーバーグより10歳以上も年上だったが、二人には多くの共通点があった。ザッカーバーグと同じく、ティールもまた冷酷なまでに競争心が強く、社交の場は得意ではなかった。二人は親しい間柄だった。ティールはザッカーバーグのメンターであり、彼の会社に社外から初めて投資をしたパトロンでもあり、ザッカーバーグの起業家としての才能を最初に認めた投資家でもあった。

何年も前から、ティールはこのフェイスブック創立者に大物の予感を抱いていた。当時のザッカーバーグは、傲慢で社交性のない若者で、実績と呼べるものはハーバード大学の女子学生の容姿を格付けするシステムを開発したことぐらいだった。フェイスブックに投資した後、ティールはザッカーバーグを手取り足取り指導し、「俺がCEOだ……文句あるか」と印刷された名刺を持ち歩くような若造を、現在のような洗練されたベンチャーキャピタリストへと変身させた。二人が出会ったことによって、どちらも驚異的な成功を遂げたのだ。

しかしここ数年、ザッカーバーグとティールは別の方向に向かって歩んでいた。ティールは保守政治の世界にどっぷりつかり、ザッカーバーグはオバマ時代の風潮に乗って、移民制度改革を推進するロビー団体を立ち上げ、「人類の可能性を広げ、平等を推進する」ため何十億ドルもの金額を投入していた。

しかし、オバマ大統領や左派勢力に入れ込んでいてもなお、ザッカーバーグはアメリカ右派勢力につながる人物として、ティールを頼りにしていた。ザッカーバーグ周辺の関係者によれば、ティールはフェイスブックにとって「保守派の良心」的存在なのだそうだ。「フェイスブックが思想的に均衡した存在であることをマークは望んでいる」と同社の元幹部は言う。

ザッカーバーグの招きによって保守派グループのリーダーたちがフランク・ゲーリーが設計した、フェイスブックの瀟洒な社屋に到着すると、ティールとザッカーバーグが彼らを出迎えた。二人とも、ビジネスカジュアルという概念に対する世代間の感覚の違いをそれぞれに体現していた。ザッカーバーグはお決まりのグレーのTシャツにジーンズ。ティールはドレスシャツの袖をまくり上げ、麻ソールの靴を履いていた。

全員が大きなテーブルを囲んで座り、ザッカーバーグとティールはフェイスブックに掲載された記事の大多数を選んだのは編集者ではなく、フェイスブックのソフトウェアだったという、緻密でテクニカルなプレゼンを行った。最後にザッカーバーグは、何か質問があるかと尋ねた。保守派の面々は、それを攻撃の合図だと受けとめた。フェイスブックや、そこで働く左寄りの従業員たち、そして一般的にリベラルと言われるシリコンバレーへの攻撃をはじめた。

「彼らにその場の空気を支配されてしまっていた」と、かつてFOXニュースのホストを務め、大げさな陰謀論や、カメラの前での芝居がかった態度で知られるラジオ番組パーソナリティ、グレン・ベックは回想する。「一理ある部分もあったけどね」

ベックは、その日の訪問メンバーの中でティールが密かに食い込んでいたうちの一人だった。ベックが円満とは言えない状況でFOXを去った後（噂によれば、オバマ政権時代に番組で陰謀論を主張したため、ルパート・マードックの元妻ウェンディ・デンの不興を買ったらしい）、ストリーミングやポッドキャスト配信に転向するよう勧めたのはティールだった。「未来に居場所を求めるか、それともこのまま過去の人になるか。決めるのは今だ」。

ティールに好感を持っていたベックは、このミーティングにおけるティールの役目がザッカーバーグを擁護することだと理解した。「ここに集まった30人は、言論の自由を守るために何十年も闘ってきた人たちだ」とベックは保守派メンバーのほうを指しながら、ザッカーバーグに向かって言った。「そして君がつくったプラットフォームは、何億人もの人たちに言論の自由を与えるものだ」

ザッカーバーグはベックが共感を示してくれたことに感動したらしい。ミーティングが修了した後、彼はフェイスブックのサイトにこう書き込んだ。「あらゆるアイデアを発信するために、われわれはフェイスブックを立ち上げた。このコミュニティの成功は、誰もがそれぞれに望む内容をシェアし、誰もがたがいにそれを受け入れられるかどうかにかかっている」

従業員、そして世界へ向けてのメッセージは明確だった。フェイスブックはドナルド・トランプ（当時、共和党の大統領候補）の支持者がこのプラットフォームを使って好きなように発言することを許可する。

それから数ヵ月のあいだ、フェイスブックに掲載されたフェイクニュース（その多くがトランプに有利な内容だった）は真実のニュースを凌駕した。ある研究によれば、当時最もアクセスの多かったニュースは「ローマ教皇フランシスコがドナルド・トランプを支持、世界に衝撃走る」だった。もちろん真実ではない。他には、ヒラリー・クリントンがＩＳのテロリストに武器を売っている、などのフェイクニュースもあった。

メンロパークでの会合から2ヵ月後、ティールは公にトランプ支持を表明し、クリーブランドで行われた共和党全国大会のスターとなった。そして、トランプの女性への性的嫌がらせを示す「アクセス・ハリウッド」が撮影した未放送の映像が公開された数日後の10月半ばには、トランプ陣営に１００万ドルの寄付を行った。この寄付によってトランプ陣営はフェイスブックの広告枠を次々と押さえて、潜在的なヒラリー・クリントン支持者の心理を覆す広告を流しまくり、勢いに乗ることができた。

選挙後、ティールはトランプの側近たちに丁重に迎えられ、トランプタワーにオフィスを与えられたうえ、新政権に自分の仲間を招き入れる裁量も与えられた。「彼は比類なき存在だった」

8月に陣営の首席戦略官になったスティーブ・バノンは振り返る。ティールは、トランプ陣営は知的で、信頼すべき集団だという印象もたらした点で称賛に値するという。バノンをはじめとするトランプ支持者たちにとって、ティールはトランプに勝利をもたらしたヒーローだった。

逆に左派の人々にとって、ティールは厄介な存在だった。数々のITサービスでアメリカ人を虜にした彼が、今度はその影響力をトランプ当選のために駆使したのだ。何年も前から、左派の人々はこういう状況が起きることを警戒していた。シリコンバレーの影響力が増す中で、中道左派という表層の下に、国家主義的な潮流が膨れ上がってきていることを。テクノロジー業界というものが生まれてからずっと、極右勢力は存在した。しかしそれを表面に浮かび上がらせ、武力化したのはピーター・ティールだった。

ティールはシリコンバレーのイデオロギーをつくり上げた張本人だ。テクノロジーの発展は、潜在コストや社会に及ぼす影響を顧みることなく、徹底的に追求されるべきだという定義である。

ティールは、この業界の大物たちの中でいちばんの金持ちというわけではないが、最も影響力のある人物だ。初めて立ち上げた会社ペイパルはeコマースのパイオニア的存在となり、その売却先イーベイの2021年初めの時価総額は3000億ドルにものぼる。2番目に立ち上げたパランティールは、9・11後の世界においてデータマイニングという概念を世に広め、テクノロジー業界が監視資本主義と呼ぶものへの道筋をつけた。その後パランティールは、トランプ政権の移民政策および防衛政策の中心的存在となる。時価総額は約500億ドル。ティールは同社最大の株主であり、支配者である。

起業家としての経歴も相当なものだが、舞台裏のディールメーカーとしての影響力はさらに大きい。彼は1990年代後半から連綿と続く金融業界や個人的な知り合いとの非公式なネットワーク、通称ペイパルマフィアと呼ばれるグループのリーダー格だ。メンバーに名を連ねているのはイーロン・マスクの他、ユーチューブ、イェルプ、リンクトインの設立者たちなど。そしてエアビーアンドビー、リフト、スポティファイ、ストライプ、（いまやグーグルの世界的な人工知能企業として知られる）ディープマインド、そしてフェイスブックなどのスタートアップに投資してきたのは、このペイパルマフィアのメンバーたちなのである。

ティールとその友人たちは投資を通じて、ボストンをはじめとするアメリカの中規模都市のビジネス拠点に過ぎなかったような企業を、アメリカの経済と文化を牽引する大企業へと変身させていった。1996年、米国の証券取引所における時価総額トップ5にテクノロジー企業は1社も入っていなかったが、2021年にはトップ5のすべてがアメリカのテクノロジー企業で占められている。今ハリウッドでいちばん儲かっているエンタメ企業はネットフリックスだ。アメリカではケーブルテレビよりもフェイスブックのようなソーシャルメディアから情報を得る人のほうが多い。

業界の成長は、スムーズに受け入れられてきたわけではない。地味で目立たず社交性がないオタクの集団とみなされていたテクノロジー企業が、突如として投資価値のある一大勢力になったのだ。新しい形のエンターテインメントや新しいコミュニケーション手段、より迅速にタクシーを呼ぶ方法などを繰り出す半面、これらの進化に伴う依存症や過激化、経済的困窮には無関心な新興企業。ウーバーやエアビーアンドビーは、タクシー運転手やホテル従業員といった、給料が安く雇用も安定していない人たちの仕事を奪い、それを阻止しようとした政府の動きを積極的に妨害した。

こうした変化《シフト》は、ティールが関わった他のプロジェクトでも同様だった。極端なリバタリアニズム（他者の身体や財産を侵害しない限り、各人の行動は基本的に自由であるという思想）を発揮して、昔からある企業からスタートアップへ、そして背後でそれを操る億万長者たちへとパワーシフトを図る。ティールのイデオロギーは複雑だが、大まかに言ってテクノロジーの発展への極端な固執と、国家主義的な政治思想を合わせたものだ。

政治的には、白人至上主義に寄っていた時期もある。この黒歴史をやわらげているのが、彼の個人的な経歴だ。ぱっとしない企業弁護士からIT富豪への道のりは、彼自身も大学での講演会やスピーチ、そして著書『ゼロ・トゥ・ワン　君はゼロから何を生み出せるか』（NHK出版刊）で繰り返し語ってきている。この本の中で彼は独占は善で、君主制は最も効率的な政府のあり方で、テック創業者たちは神に等しい、と主張している。本は世界中で125万部以上も売れた。

彼を崇拝し、講演を繰り返し視聴し、ソーシャルメディアで彼の才能を称え、本を購入する若い人たちにとって、ティールは神に等しい存在だ。若いファンのうち、最も熱心な信者たちはティール・フェローシップのフェローになる。これは、ティール財団がフェローとなった若者一人につき10万ドルを支給し、大学を中退して起業したり、ティールがアドバイザーと呼ぶ人たちのもとで働くことを奨励する制度だ。

このアドバイザーたちもまた、ティールが経済的に支援する見返りにティールやティールのアイデア、ティールの友人たちを応援し擁護する存在であることは言うまでもない。ティールの発言は「ティール節」と呼ばれ、彼独自のルールとモラルとでつくり上げられた世界観は、常に人の心を強く引きつける。ティールの存在感が増すにつれ、彼独自のルールだったものがシリコンバレーそのもののルールとなり、さらにシリコンバレーの外にも広がっていった。

ティールの世界観の影響力は絶大で、敵対する人たちにも及ぶほどだ。ティールが独占主義者で「プロパガンダ大臣」だと痛烈に批判したグーグルの前代表エリック・シュミットは、自分はティールの「大ファン」だと公言し、とりわけゴーカー・メディア（ニューヨーク市を拠点とするオンラインメディア企業）に対するリベンジキャンペーンは素晴らしかったと称賛している。

このとき、ティールはゴーカーを相手取って訴訟を起こしたハルク・ホーガン陣営に秘かに資金援助し、ゴーカーは２０１６年に破産に追い込まれた。ティールの仕打ちは金銭的な締め付けと策略とを組み合わせたもので、フリースピーチ擁護論者からは激しい非難を浴びたが、シュミットは「感動した」とコメントした。「世界は従来型の常識にチャレンジする人間を必要としている。彼は進んでそれができる人物だ」。

ヒラリー・クリントン陣営でアドバイザーも務めたリベラル派であるシュミットだが、ティールがトランプを支持したことは見事だったとし、「それも彼の逆張り世界観のひとつさ」と述べた。

これはティールに関する多くの人の見解と一致する。考え方は究極の独自路線で、生まれつき群れに従って動くことができない男。ティール本人も語っている。「誰かの話を聞いているときも、脳内ではいつも別のプログラムが走っていて、『この人が話していることの逆は何だ？』ってね。そして、実行してみるのさ。これが驚くほどうまくいくことが多いんだ」

私は常々ピーター・ティールという人物に興味を持ってきた。金融業界で目が出ず、無名のまま90年代半ばにシリコンバレーにやってきたティールが、どのようにしてここまでの権力を握るようになったのだろう？　確かに、彼の行動は逆張りだ。しかし逆張りとは手法であってイデオロギーではない。ティールが本当に信じているものは何なのだろう？　そして、シリコンバレー自体がそれをどのぐらい深く信じているのだろう？

２００７年、私が小さなビジネス雑誌〈Inc.〉で下っ端の記者をしていた頃、イーロン・マスクを訪ねたときのことだ。私はスペースXの、当時はまだこぢんまりとしていた本部オフィスの彼の席近くに座っていた。マスクは電話会議に参加しながら、メールチェックをしていた。待っている間、私は壁に貼られた映画のポスターに目が行った。『サンキュー・スモーキング』という映画で、原作はクリストファー・バックリー。ウィリアム・F・バックリーの息子でジョージ・H・W・ブッシュ大統領のスピーチライターを務めたこともある。

ポスターのクレジット欄には、マスクとその他何人かのペイパルマフィアの名前が記されていた。ペイパル副社長のマーク・ウールウェイ、COOのデイビッド・サックス。ティールの名前もそこにあった。当時の彼はすでに爆弾発言でその名を知られるようになっていて、タバコ業界のロビイストを主人公とした風刺映画には似つかわしく思われた。ピーター・ティールは〈実際に〉巨大タバコ企業が大好きだろうし、少なくとも人からそう思われてもまったく気にしないだろう。

その日、マスクは自分がペイパルをクビになったいきさつを語ってくれた。新婚旅行に出かけている間に、ティールが陰で糸を引いた策略の犠牲となってペイパルを去ることになったのだ。

マスクはその後、ティールとその陰謀仲間たちを許した。「矛をおさめたのさ」腕を後ろに回し、剣をおさめる仕草をしながら語った。当時のインタビュー、そして本書のために行った最近のインタビューにおいて、マスクは冷静にふるまいながらも、シリコンバレーの最重要人物であるこの男を心からは信用していないことを隠そうとはしなかった。

テクノロジー業界に足を踏み入れた当初のティールはいわゆるお金持ちではなく、これといったテック系の能力も持ち合わせていなかった。人づきあいが上手なわけでもなく、愛想も悪く、話し方は高圧的だった。少なくとも従来の感覚では、とてもカリスマ的と言える人物ではない。それなのになぜ彼はこれだけの影響力を持つようになったのか。２０１８年、私はそれを解明するためにインタビューをはじめた。シリコンバレー、ワシントンＤ・Ｃ・をはじめどこにでも出かけていき、ティールの元部下、ビジネス・パートナー、その他関係者に話を聞きはじめた。

彼の友人たちによれば、ティールは先見の明があって、抜け目なく勝つ方法を知る、素晴らしい能力の持ち主だという。彼には人生をチェスのゲームのようにとらえる特殊な能力があり、友人や、ビジネス・パートナーや、投資用の企業を使って、ゲームを勝利へと導いているのだと。ただし、目的のためには手段を選ばないやり方は、冷徹で計算高く、時には残酷な人物ということも意味する。

私は、ティールの親しい友人たちは手放しで彼を褒めたたえるのだろうと予想していた。もちろんそういう人もいた。しかし最も多かった反応は、いずれも政治的権力を持った立場の人、何百万ドルもの資産を保有するビジネスパーソン、億万長者を動かす力を持ったキャピタリストといったものだった。そこには畏怖があるように感じた。社会的権力を握っている人々ですら、ティールのことを恐れている。それだけ彼の力は強大で、敵に回したくない相手なのだ。

インタビューをはじめた頃、相手からデジタルレコーダーを止めて欲しいと言われたことがある。ティールとは長年の付き合いで、そのネットワークのおかげもあってシリコンバレーで成功した人物だ。「私はパラノイアなんでね」と彼は言った。それから、恩人でもあるティールの人となりを、いくつものエピソードとともに語ってくれた。ティールは驚くほど有能な投資家であり、才能ある若者を発見し育てる特殊能力の持ち主だが、その冷徹さにはひるむことがあるという。「どうしてこの本を書こうと思ったの？」と彼は尋ねてきた。「つまり、何というか……彼に復讐されるかも、とは思わないの？」

この原稿を書いている今、ティールとは仕事上も友人としても親密な関係にあるバレーの投資家や起業家のほとんどが、ティールについて少しでも批判的なコメントをするのはまずいと考えていることが分かる。特定の仲間内では、ティールという名前が動詞のように使われることもある。メディアやジャーナリストを「ピーター・ティールする」とは、破産に追い込むことを指す。ゴーカーのように。ティールを「いわゆる夢想家」と揶揄し、ゲイであることを暴露したゴーカーは、裁判で1億4000万ドルの賠償金を命じられた。これは彼を批判する人々に対する大いなるメッセージとなった。

ティールが自分の秘密を暴こうとした人物に容赦ないことは知られているため、私がこの本を書くために何百時間もかけてインタビューした150人以上の元部下、ビジネス・パートナー、友人その他の関係者たちの多くは匿名を希望した。ティールと同じくらい業界で力を持つ人たちですらそうなのだから、中学校の同級生などはなおさらだ。インタビュー期間中、私は人を介してティールと連絡を取り合っていた。実際に会ったのは２０１１年に一度、そして２０１９年にもう一度。彼はミーティングをオフレコにして欲しいと要求した。そして、長いファクトチェックの質問に答えることを拒否した。

本書を書く目標は、謎めいた存在で何十億ドルもの富を築いた男を理解することだ。彼がどのようにしてこれほどまでに熱烈な信者を増やすことができたのか、なぜあり得ないような賭けにもずっと勝ち続けているのか。なぜここまで冷徹にふるまっている人間が、これほど尊敬され愛されているのか。ティールとは、称賛と研究に値する天才なのか？　それとも反社会的行動をとるニヒリストなのか？　あるいはその両方なのだろうか？

この疑問を解明したいと思うのは、それがティール節によって形づくられた大手テクノロジー企業への疑問でもあるからだ。大手テック企業の設立に欠かせない人間であったこと、そして多くの権力者たちが彼を崇拝し、まねしようとしたことで、現在のシリコンバレーは良くも悪くもティールの世界観を反映したものになっている。ザッカーバーグをはじめとする新興の独占資本主義勢力、さらにティールが密かに育てたトランプ派の極右勢力を理解するためには、まずはティール本人を理解するところからはじめなければならない。

# 1

Fuck You, World

# 孤高の天才少年

１９８０年、カリフォルニア州フォスターシティ。８年生（中学２年）のピーター・ティールと友人たちは、小さなキッチンのテーブルの周りにぎゅうぎゅう詰めになって座っていた。彼らの目は広げられた地図と多面体のサイコロにくぎ付けになっていた。

サンフランシスコ郊外にある家は簡素なつくりで、サンマテオとヘイワードを結ぶ巨大な橋の下に押し込まれるようにして建てられていた。この地域はシリコンバレーと、オークランドや東部沿岸の工業地帯とを結ぶ途中にある。フォスターシティは海辺に建設された典型的な郊外型住宅地で、住民のほとんどは労働者階級の白人で、まともな学校教育や治安の良さ、ベイフロントの環境に惹かれて住み着いた人たちだ。キッチンテーブルを囲んでいたフォスターシティの子どもたちの親は、ＩＴ業界とは無縁の消防士や教師などで、ピーター・ティールの父親は長靴とヘルメットを着けて採鉱現場に赴くエンジニアだった。

ティールの友だちはオタクが多かった。そして１９８０年代のオタクの常道として、週末の夜は誰かの家に集まり「Ｄ《ダンジョンズ》＆Ｄ《ドラゴンズ》」を楽しんだ。Ｄ＆Ｄは勝敗よりもファンタジー世界の物語を紡ぐことに重きが置かれているボードゲームだ。参加者の少年たちはそれぞれ、空想上のキャラクターを自分でつくり上げてゲームに参加する。ウィザード（魔法使い）、バーバリアン（蛮族）、モンク（僧）……それぞれ使えるスキルが異なる（ウィザードは魔法が使える、バーバリアンは激しい闘いに強い、など）。最後のプレーヤーがナレーター兼審判を務める。各キャラクターに冒険の指示を与える役割だ。

ナレーターはダンジョン・マスターと呼ばれ、参加者が持ち回りで務めることになっているが、ティールは常に自分がマスターになることを望んだ。「今になって振り返ると、当時から彼の性格の片鱗が見えていた」と、当時のゲーム仲間は言う。「彼は静かに、でも有無を言わさず、場をコントロールすることを好んでいた」

ティールはクリーブランド出身だと言っていたが、外国人であることは明らかだった。頭が良く冷静ながら、いつも退屈そうにしていた。「彼が笑っているのを見たことがなかった」当時の彼を知る友人は言う。

ピーターの両親、クラウスとスザンネ・ティールがドイツのフランクフルトからアメリカ合衆国にやってきたのは、1968年。息子ピーター・アンドレアス・ティールは前年の10月にフランクフルトで生まれた。30歳を過ぎたばかりのクラウスは、アメリカのエンジニアリング会社、アーサー・G・マッキーで働いていた。石油精製所、製鉄所、その他重工業系のプラント建設を得意とする会社だ。彼はドルトムント工科大学の前身となる学校を学士格で卒業すると、翌1968年、会社の命によって家族とともにアメリカに渡り、ケース・ウェスタン・リザーブ大学のエンジニア修士プログラムに入学した。

夫婦にとっては大きな環境の変化だったに違いない。当時の西ドイツは第二次世界大戦からの復興半ばで疲弊していたし、アメリカのような大衆による社会運動には懐疑的だった。反体制文化《カウンターカルチャー》はフランクフルトはもちろん、西ベルリンにすら到達していなかった。

それとは対照的に、彼らが引っ越したクリーブランドでは、フリーラブ、ブラックパワー、そして善良な西ドイツ人にとっては最悪なことに、共産主義の潮流が巻き起こっていた。彼らが渡米する2年前の1966年、ケース・ウェスタン・リザーブ大学から2キロ余り離れたハフという町で、白人が経営するバーが黒人男性の入店を拒否し、店の前に「n――――（黒人を差別する言葉）に飲ませる水はない」と看板を掲げた事件が起こった。店は暴徒の襲撃にあって、暴動は他の店にも及び、あちこちで略奪や放火が相次いだ。

1968年夏には、大学キャンパスの近くで警察と過激派グループ、ブラック・ナショナリスト・オブ・ニュー・リビアとの間で4時間にも及ぶ銃撃戦が展開され、7名の死者を出したうえ、その後数日間にわたり略奪と放火が横行、軍が介入するに至った。

数週間後の8月、リチャード・ニクソンが共和党の大統領選候補に指名された。彼は人種の融和を唱えつつも、黒人の人権運動や、ヒッピーや、フリーセックス論者たちがアメリカを席巻するのを阻止するとほのめかしていた。「今、あちこちの都市が炎と煙に包まれている」と演説し、「目立たない、声をあげない、デモに参加しない、大多数のアメリカ人」を称賛した。ティールの両親は、声をあげないアメリカ人に光を当てたニクソンのスピーチを聞いて、熱狂的な共和党員となった。その熱意は息子にも影響を与え、ティールはニクソンと彼の思想を継いだロナルド・レーガンを崇めるようになった。

両親は非常に厳格だった。ティールはまだ幼い頃に、死とはどういうものかについて、父から説明をされたことがある。ティールが、一家の自宅アパートに敷いてあるラグについて尋ねたときのことだ。そのラグは死んだ牛の皮をはいでつくったものだと、クラウスから教えられた。「死はすべての生き物に訪れる。そして、すべての人間に訪れる」とクラウスは言った。「俺にもいつか訪れる。そしてお前にも」

これは3歳の男の子にとって衝撃的な瞬間であり、彼は何十年も経った後も、忘れることはなかった。子どもたちのほとんどは、幼いうちに死について深刻に考える体験をしても、その後両親の愛やその他何か幸せな記憶で上書きすることによって、立ち直っていくものだ。しかし、ティールにとって死んだ牛、そして死がもたらす残酷な終焉のイメージは、中年になってからも繰り返し、繰り返し、脳裡によみがえった。

父クラウスは6年かけて修士号を獲得し、採鉱場のプラント建設のプロジェクトマネージャーとして、現場を束ねる立場になった。彼の専門分野は露天掘り鉱山で、大量の土砂を採掘して化学的に処理をし、成分を抽出する。一家は頻繁に引っ越しをした。クラウスはさらに、何週間も自宅を離れて採掘現場に行くことも多かった。

クリーブランドの次に一家が移り住んだのは、アパルトヘイト下の南アフリカだ。クラウスの任地は現在のナミビアのスワコプムントからそう遠くないナミブ砂漠にあるウラン鉱山だった。

ティールはヨハネスブルクの白人専用のエリート校、プリドウィンに入学した後、スワコプムントの公立ドイツ語学校に転校し、2年間をそこで過ごした。それは孤独な時間だった。当時の写真を見ると、半ズボンにネクタイを締め、大人用のブリーフケースを持った少年が暗い顔をして写っている。ナミビアの小学校の同級生、ゲオルグ・エルブによると、ティールは頭が良かったけれど引っ込み思案だったそうだ。「とても聡明な少年だった」とエルブは言う。「でも、学校でピーターと親しく付き合うことはあまりなかった。鉱山で働く人の子どもはすぐ引っ越してしまうとみんな分かっていたから」

クラウスが与えられた任務は非常にセンシティブなものだった。当時の南アフリカは、ナミビアを南西アフリカという名の従属国としており、アパルトヘイト制度をとっていたこともあって、世界から批判的な目で見られていた。そのような状況下、米国との関係が悪化してもソ連からの攻撃に自力で対抗できるよう、南アは水面下で核兵器を開発しようとしていた。そしてクラウスの任地であるロッシング鉱山はこの計画の要となる場所だった。

現場で働く白人マネージャーたちは、それが危ない橋であることを分かっていた。「ロッシングでのウラン採掘は、国連のルールを逸脱するものだった」1980年代はじめ、ロッシングでPR担当を務めていたピエール・マッシンは言う。「われわれがそこにいる正当性を世界に向けて主張することが、自分に与えられた仕事だった」

南西アフリカでウラン採掘を行うことは、アパルトヘイト政策に加担するだけでなく、労働者から搾取することでもあった。ロッシングは南ア本国における労働環境よりはましだと言われていたものの、それでも苛烈な強制労働であることに変わりはなかった。移民労働者は年単位の労働に従事した後、アパルトヘイト制度が「ホームランド」と呼ぶ、黒人専用の半自治領に強制的に帰される。

ティールのような白人のマネージャーは、スワコプムントの最新の医療施設や歯科医院で治療を受けることができ、会社が運営するゴルフ場のメンバーにもなれた。それに対し黒人労働者たちは、家族持ちの者も含めて鉱山近くの労働者キャンプの部屋をあてがわれ、白人のような医療サービスを受けることはできなかった。仕事を辞めることは犯罪であり、IDカードを持たずに現場に出勤した黒人労働者はその日一日を牢屋の中で過ごさねばならなかった。

ウラン採掘は、大きな危険を伴った。アパルトヘイトが廃止になった後、ナミビアの独立を支援するナミビア支援委員会がまとめたレポートによると、黒人労働者たちはそこがウランを採掘する現場であることも、被爆の危険性についても知らされていなかった。レポートには、採掘が行われていた1976年、労働者たちは「ハエのように死んでいった」と記されている。

ティールは、これとはまったく異なる環境で、南アフリカでの2年半を過ごした。自宅の裏にある埃っぽい河原で、一人遊んだり、本を読んだりして過ごしたという。クラウスやスザンネが相手をしてくれれば、チェスをすることもあった。

ティール一家は、採掘の現場建設が完了した年にクリーブランドに戻ったが、そこにもわずか1年しかいなかった。次の移動先はカリフォルニア。クラウスがサクラメントの西にある荒涼とした砂漠地帯の一角にある鉱山の現場建設を命じられたのだ。ティール家が腰を落ち着けたのは郊外の住宅地、フォスターシティだった。彼らはホエーラーズアイランド地区の3ベッドルームの家を12万ドルで購入した。ホエーラーズアイランドは人造湖に4つの小さな島が拳状に突き出した形をしていて、それぞれの島を貫くように行き止まりの一本道がつくられており、道に沿って家が建てられていた。

フォスターシティのボウディッチ中学で、ティールはギフテッドのクラスに入った。このクラスでは、生徒たちは将来偉大な人間になるべき運命にあるのだと、繰り返し叩き込まれた。「良い大学に入るために良い成績を取らなくてはならない。幸せになれるかどうかはこの一点にかかっている、と信じ込まされた」とティールのクラスメートだったニシャンガ・ブリスは言う。ある年の春、歴史の教師がこのクラスの誰にもA評価をあげられない、と冗談を言ったことがある。一瞬それを真に受けた生徒たちはショックで黙り込んでしまった。「エイプリルフールだ!」と気づいて胸をなでおろしたのだが、それぐらい、みな真剣だった。

優秀な生徒たちを集めたクラスの中でも、ティールの能力は抜きん出ていた。試験は最高得点、それ以外の評価もトップだった。彼の学年の卒業アルバムを開くと、また会おうねとか友だちになれて良かったといった言葉が並ぶ中、ティールの言葉は異彩を放つ。「みんな、いつかほんの少しでも僕みたいになれるといいね」

「僕らが若かった頃は、頭が良いというのはクールなことじゃなかったんだ」と友人の一人は言う。「自分の知能が高いのを隠そうと必死だったのを思い出すよ。でもティールだけは、自分がクラスでいちばん頭が良いことを隠すそぶりはなかった」。当時はオタクたちでさえもサッカーや野球に参加し、楽しんでいるふりをしたものだった——ティールを除いては。

彼が熱中したのはチェスだった。1972年、ティールが5歳になる少し前、天才ボビー・フィッシャーが、チェス世界選手権においてアメリカ人初の王者となった。1948年以来初めてソ連人以外が王者となったこの勝利は、アメリカ資本主義の功績を証明する出来事と受けとめられた。新王者の帰国は歓喜をもって迎えられ、ボビー・フィッシャー・デーがつくられ、彼の写真は〈スポーツ・イラストレイテッド〉の表紙を飾った。チェスブームが起こり、高校や中学のチェスクラブの数も劇的に増加した。

ティールが1981年に入学したサンマテオ高校でも、チェスクラブには何十人ものメンバーがいて、昼休みに試合が行われるときは見物人でにぎわった。自分のチェスセットに「勝つために生まれてきた［born to win］」と書かれたステッカーを貼っていたティールは、常に勝者だった。一時は13歳未満の部門で全米トップクラスに入ったこともあった。

だが、ごくまれに負けた際、普段はストイックにふるまっているこの若者は冷静さを失った。

あるとき、トーナメントに出場していたティールは、ゲームの合間に遊びで練習試合を行った。あまり集中していなかったせいか、ド素人だった相手にチェックメイトをかけられた。ティールは明らかに取り乱し、そのままの状態でその後の本番の試合に敗れた。さほど重要でない負けですら、彼には耐えがたい衝撃なのだった。

チェス以外で興味を持ったのはコンピュータのビデオゲームだ。IT革命は、ティールの目と鼻の先で起こっていた。スティーブ・ジョブズが設立したアップルコンピュータは、すでに売り上げを1億ドルにまで伸ばしていた。父クラウスは初期の頃からコンピュータを使っていて、息子は父親の機械好きを受け継いでいた。ティールはプログラミングもできたが、心をわしづかみにされたのは、コンピュータがもたらす未来のビジョンだった。彼はアイザック・アシモフやアーサー・C・クラークの熱心な読者でもあって、小説に描かれるヒト型ロボット、宇宙旅行、月への移住、石油でつくられた食物、空中を浮遊して走る車、そして不老不死に大いに興味を持った。

ティールに対して同級生たちは一目置いていたものの、何を考えているか分からない、偉そうなやつというイメージを持っていた。ティールの頭の良さと貧弱な体格が相まって、時に彼はいじめの標的になった。たとえばある同級生は、夜中に車で近所を巡回し、庭先に売家の看板を出している家を探す。そして、その看板をティールの家の前庭に立てる。そして翌日、「ピーター、引っ越すんだって?」と何食わぬ顔で声をかけるのだ。

体の発育とともに、ティールの自信も育っていった。2年生になる頃には、がっしりした顎にとがった鼻、薄茶色の髪を横分けにした、クールな若者になっていた。チェスクラブで一番、数学クラブでも一番、SAT（大学進学適性試験）ではパーフェクトに近い点数を取り、全米メリットスカラーシップ（全米の高校生を対象とした有名な奨学金制度）に選ばれた。

サンマテオ高校の卒業アルバムの1984～85年版には、クラブメンバー限定の青のウィンドブレーカーとカシオ製の腕時計を身に着け、航空宇宙クラブの前で自信たっぷりに立つ彼の姿がある。チェスボードに身を乗り出し、考え込むポーズをとるティール。ドイツ語クラブ、ラテン語クラブの写真にも登場している。サイエンス・クラブと模擬国連にも。生徒会のページでは、書類の束とペンを持ち、まるで今から訴訟の趣意書を提出するかのようにポーズをとっている。

「最も成功しそうな生徒」にも選ばれた。

卒業アルバムにティールが書き込んだ言葉は、『ホビットの冒険』からの引用だった。「偉大な冒険が目の前に開けている。今日も、明日も、未知の世界が待っている」。何年ものちに、ティールはその一節すべてを記憶していると述べている。続きはこうだ。「チャンスや変化は自分でつくり出すもの。君の殻を破ることができるのは君自身だけ」。それは、いずれ彼の人生のモットーとなった。その年の春、ティールは念願のスタンフォード大学に合格した。出願書類に自分を最も的確に表す言葉を記す欄があり、ティールが「intelligent（知的）」と書いたことは、同級生の間で伝説となった。

合格以来、ティールが今まで以上によそよそしくなったと友人たちは証言する。彼は自分をいじめた同級生などまったく眼中になかった。卒業アルバムでは、自身の自慢を並べ立てた後、もう二度と同級生たちに会うつもりはないと宣言している。

ティールはこれまでもずっと超然とした態度をとってきたが、いまや身近な現実には興味を失ってしまったようだった――学校にも、友人にも、先生にも。そして最初のビジネスをスタートさせた。ティールは下級生たちに対し、一科目当たり５００ドルでＳＡＴを代理受験してやると持ちかけていたそうだ。

ティールの上昇志向の強い性格や、スタンフォード大学を退学になるかもしれないリスクを考えれば、それはきわめて危険な行為だった。しかしティールはまったく気にかけていなかった。それまでにも社会の細かいルールを無視してきたのと同様、学校のルールを厳守しなければならないとはまったく思っていなかった。それこそが、彼を他とは異なる存在にしているのかもしれない。まさに彼は「勝つために生まれてきた」のだ。

# 2

A Strange, Strange Boy

# 逆張りの反逆者

1907年5月のある水曜日、リーランド・スタンフォード・ジュニア大学の卒業式が行われた。演説を行ったのは学長のデイビッド・スター・ジョーダン、大学に右派の種を植え付けた人物だ。

「マーベリック（maverick）」という言葉の歴史——かつては所有者の焼印がつけられていない放牧牛を指した——を簡単に説明した後、ジョーダン学長は、「私が皆さんに言いたいのは、この牛たちのように、自由で、誰からもレッテルを貼られることのない人間になって欲しいということだ。それこそがアメリカに自由主義制度をもたらす希望の光となる」。このスピーチは〈スタンフォード・デイリー〉（スタンフォード大学の学生によって運営されている新聞）に掲載されている。

ジョーダンは34歳でインディアナ大学の学長に就任し6年間務めた後、東部アイビーリーグに匹敵するカリフォルニアのスタンフォード大学に移った。彼は優生学思想の持ち主だったことで悪名高く、スタンフォード大学は2020年10月、キャンパス内にある彼の名を冠した建物から名前を抹消した。しかし、前述の卒業式スピーチは、人種差別主義というよりは、自由主義を勧める内容だった。

スピーチが行われる1年前、アプトン・シンクレアがシカゴの食肉産業の労働実態を暴露した小説『ジャングル』が出版された。ジョーダンは、この本の「真の教訓」は、工場主や資本家が労働者を利用し搾取していることではなく、問題は労働者自身にあるという点だと主張した。「これらの人々に自由を与えてしまうことこそが問題だ。彼らは、自分自身の権利をきちんと理解して行動することすらできない」。つまり、本当の犠牲者は、搾取されるしか能がない労働者から搾取したために不当に悪者にさせられた〈工場主〉のほうだと言うのだ。「人間のほとんどは、そもそも利用されるために生まれてきたのだ」と彼は言った。「なのに、利用する側が批判されるとは嘆かわしいことである」

ジョーダン、そしておそらくはスピーチを聴いた学生たちの頭にあったのは、この大学の卒業生たちは利用する側になる運命だということであり、彼らの権利を守ることが学長の関心事だということだった。

こうした超保守的な世界観は、大学の校風に隅々まで浸透していった。のちに、スタンフォード大学はフーヴァー研究所を敷地内に誘致するが、その際、同研究所を「共産主義、社会主義、物質主義、無神論などからなる、カール・マルクス主義がもたらす悪を世に示してくれる機関」と評価している。

フーヴァー研究所は１９１９年に、のちの大統領にしてニューディール政策の強硬な批判者でもあるハーバート・フーヴァーによって、第一次世界大戦の記録を収集する機関として設立された。しかし１９４０年代、５０年代に当初の目的を超えてどんどん政治的になっていき、その後は象徴的にも現実的にも、スタンフォードの学生たちに影響を及ぼし続けた。

80メートルを超える研究所の塔はキャンパス内で最も高い建物であり、大学のランドマークにもなっている。研究所代表だったW・グレン・キャンベルは、１９６４年の大統領選において共和党のバリー・ゴールドウォーター候補のシニアアドバイザーを務め、その10年後には、ゴールドウォーターのイデオロギーを承継するロナルド・レーガン／カリフォルニア州知事を研究所の名誉フェローに任命した。

ティールがスタンフォードに入学した1985年9月当時、レーガン政権は2期目に入っており、ホワイトハウスにはフーヴァー研究所の出身者やフェローたちがひしめき合っていた。レーガノミクスにつながる政策メモを書いたことで知られるエコノミスト、マーティン・アンダーソンもその一人だ。レーガンはアンダーソンをはじめとするスタンフォード大学関係者を少なくとも30人、政権の重要なポジションにつけ、同大学が「知識のベースをつくってくれたことで、現在ここで起こっている変革が可能となった」とホワイトハウスで開催された関係者のレセプションで称賛した。将来、レーガン大統領図書館（大統領任期中の公文書や資料を保管する記念館）はスタンフォード大学のキャンパス内に建てられることになるだろうと誰もが思ったし、大学には全米で最も頭の切れる保守派たちが地位と権力を求めてやってきた。

ティールにとって重要だったのは、スタンフォードが大学としてベスト・オブ・ザ・ベストだったことだ。〈USニューズ&ワールド・レポート〉は、過去2年にわたり、スタンフォードをハーバード、イエール、プリンストンより上にランク付けしていた。ここは彼にとって完璧な居場所になるはずだった。

しかし、ふたを開けてみればティールにとってスタンフォードはひどく期待外れだった。彼にあてがわれたブランナーホール寮は大学の正面エリアから数ブロック行ったところにある修道院風の建物で、147名の新入生を迎え入れる予定だった。ティールは240号室を二人のルームメイトとシェアすることになった。一人はマーチングバンド・フリークのグレッグ・ラウデン、もう一人は喜劇作家志望のクリス・アダムソン。クリスはその春、キャンパス全体を使ったかくれんぼ大会というアイデアを掲げて学生自治会に立候補していた。授業登録しているすべての学生を学長が見つけ出さなくてはならないという構想だ。二人は冷笑と驚嘆が混じり合ったまなざしでティールを見ていた。

ティールが大学生活に期待していたのは、良書に囲まれながら、研究者らしい静けさの中で過ごす毎日だった。しかし実際には寮のサンデッキは、いつも上半身裸の男たち、ビキニ姿の女たちでにぎわい、自習時間にはスピーカーから大音量で音楽が流れていた。彼らは酒を飲み、マリファナを吸い、いちゃつき合っていた。言うまでもなく、ティールはそのどれにも参加しなかった。友人をつくることにもあまり関心がなかった。「彼の目には、みながものすごく不真面目に見えたんじゃないかな」。同じ年にブランナー寮に入寮した、ある人はこう評した。

毎朝、ティールは240号室を出ると冷水機に行き、ビタミン剤を飲んだ。一粒ずつ、いつも同じ順番で。それはまるで、自分はあらゆる面で二日酔いの同級生たちよりも優れていることを見せつけるようだった。「何かの儀式みたいだったわ」と同級生のメーガン・マクセルは言う。「彼は根っからの変わり者だった」

ティールは学業に対しても同じ集中力をもって臨んだ。学びたいという気持ちはもちろんだが、それ以上に同級生よりも優れ、彼らの上に立つことを望んでいた。朝は8時に寮を出て、夜は図書館の閉館時間まで戻らなかった。

1986年の年初、クリスマス休暇から戻ったティールは成績表が入った封筒を受け取り、自分が平均4・0（オールA）の成績を獲得したことを知った。1年生のトップクラスの成績だったおかげか、学長賞を受賞した。彼はそれから、自分が知る中で唯一同じ4・0を取った学生のところに行き、自分のほうがA＋の数が多いから「上だ」と10分間にわたって主張した。

トップの成績を争う以外にティールが興味を抱いたことは、2つしかなかった。チェスと政治だ。彼は保守派でレーガン支持、1986年に上院議員として4期目に突入したカリフォルニア州選出のアラン・クランストン不支持で、スタンフォードではやや伝統的なタイプに属する。レーガンは1820年にジェームズ・モンロー大統領がほぼ全会一致で再選された以来の圧勝を遂げたばかりで、学部生もウィリアム・F・バックリー（アメリカの保守派理論家、小説家）ばりの保守派が多かった。

だからといって、ティールがそういう学生たちと親しくするわけでもなかった。1年生の間、彼は金曜日の夕方になるとオンボロのフォルクスワーゲン・ラビットに乗り込み、30キロ以上運転してフォスターシティに戻り、ホエーラーズアイランドの狭い実家で両親や、中学生になった弟パトリックとともに週末を過ごした。

人づきあいに興味がないこと、いつも気取って偉そうにしていることで、彼は大学でも冷笑のターゲットになっていた。同級生のグループがブランナー寮のどんちゃん騒ぎをネタにした寸劇ビデオを制作した際も、ティールの扱いはほんの数秒間。ティール役の誰かが「さよなら」と高飛車な口調で言い、車のドアをばたんと閉めてエンジンをかけ、走り去る音が流れる。制作者の一人は言う。「僕らは本当に意地悪だったものさ」

あるとき、ティールがルームメイトの言葉を引用して汚い言葉を使ってしまったことがある。ルームメイトは記念に、「この下で、ピーター・ティールは生まれて初めてfuckと言った。1986年1月」と書かれた紙を、わざわざ天井に貼り付けた。紙はその学期中、ずっとそこに貼られたままだった。5月、夏休みを前に荷物をまとめて寮から出ようとする瞬間になって、ルームメイトの一人が紙の存在を彼に教えた。

「おい、上を見てみろよ」彼は天井を見、一言も発しないままデスクをその真下に動かして上にのぼり、紙を破り取り、部屋を出ていった。

彼の周囲など意を介さない態度はさらなるからかいを生んだ。あるとき、同級生の一人が「ビア・チェス」というゲームをでっち上げてティールを酔っ払わせようとたくらんだ。駒をひとつ失うごとにビールを一気飲みしなければならないというルールだ。本当の目的は、酔っ払ったピーター・ティールを見ることだった。彼のチェスの腕前はもちろん卓越していたけれど、例のマーチングバンドのグレッグもそこそこうまかったので、開始直後にティールの駒をたくさん取ることさえできれば、楽しい一夜になると考えたのだ。ティールはこの挑戦を受けて立ち、何本かのビールを一気飲みするはめになったが、ゲームのほうは楽勝だった。そして彼は決して酔っ払うことはなく、仏頂面を崩すこともなかった。

からかい行為は、政治とは何の関係もなかったのだが、ティールはそう理解してはいなかった。「彼はリベラル派が自分に意地悪をしていると考えていたんだ」と、ある同級生は言う。「スタンフォードで受けた仕打ちは、彼に大きな衝撃を与えた。今もそれを引きずっていると思う」。高校時代は積極的な政治活動はしていなかったティールだが、スタンフォードではごりごりの右派になっていた。

彼は「平和を目指すリベラル集団」という名のニセの慈善団体について冗談を言うことがよく

あった。この団体は、左寄りのいかにもそれらしいアジェンダを掲げて金集めをする。そして活動は一切せず、集めた金をティールに貢ぐ、というジョークだ。さらに彼は、少なくとも2つの異なる場において、左派によるアパルトヘイト批判は度が過ぎている、と発言している。

アフリカ系アメリカ人学生、ジュリー・リスコット＝ヘイムスは、ティールのアパルトヘイト支持のスタンスへの説明を求めようと、ある晩240号室のドアをノックしたことがある。ティールはリスコット＝ヘイムスを無表情な目で見つめて、黒人への市民権を認めない南アのような制度は、経済上の安定をもたらしており、モラルでそれを切り捨てるのは見当違いだと述べた。つまり、南アフリカはエチオピアやブルンジなどの近隣国よりも発展しており、南アでの生活は市民権のない黒人にとっても近隣国よりずっとましなものだ、というのだ。

数年後、リスコット＝ヘイムスはハーバード大学ロースクールに進み、クーリーLLPという大手法律事務所で弁護士として活躍、スタンフォード大学ロースクールの学部長を経て、いわゆるヘリコプター・ペアレンツを扱った著書『大人の育て方』（パンローリング株式会社）でベストセラー作家となった。そんな華やかなキャリアを経てきた彼女でさえ、ティールの言葉は「30年経った今でも喉に引っかかった塊のように尾を引いている」と2016年に書いている。

ティールはその後大学の共和党組織に入り、そこでアイン・ランドの作品と出会った。さらに、南アフリカ出身の神学者で、スタンフォード大学記念教会の首席聖職者であり、学内最大の無宗派組織のリーダーも務めるロバート・ハマートン＝ケリーとも親しくなった。無宗派組織は、ハマートン＝ケリーいわく、「ロナルド・レーガンに投票したのと同じ勢力」だった。彼は南ア問題に関しては穏健派だった。アパルトヘイトには反対だったが、「両義的な」感情があると告白しており、完全な離脱ではなく部分的な離脱を望んでいた。

ティールとハマートン＝ケリーは、南アフリカにいたことがあるという以外にも共通点があった。キャンパスのもう一人のアイコン的存在、ルネ・ジラールへの心酔である。ジラールは学生の宗教グループが主催するイベントでしょっちゅう講義を行っていた。フランス文学の教授で、本国フランスでは知識人として高く評価されていたジラールは、敬虔なキリスト教徒であることを隠さず、その世界観もキリスト教信仰を中心にしたものであったという点で、スタンフォードでは特異な存在だった。

ジラールが唱えた思想は、人間は心の奥底ではおたがいに模倣する欲望がある、というものだ。彼によれば、人が何かを欲するのは、それが良いものと判断したからではない。他の人たちがそれを欲するから自分も欲するのだ。この「模倣する欲望」は世界共通であり、やがては嫉妬と暴力へとつながっていく。歴史を紐解けば、社会はスケープゴートをつくることによって暴力的な感情を誘導してコントロールし、はけ口をあてがうことで戦争や大量虐殺を回避してきた。

ジラールによればオイディプスやジャンヌ・ダルク、マリー・アントワネットもみなスケープゴートだったが、歴史上最大のスケープゴートはイエス・キリストだという。彼が払った犠牲によって、人間は妬みが生んだ過去の暴力を超え、高みへと導かれることが約束された。この思想は、現実社会においても、自分は少数派だと感じている者、被害者意識がある者、自分の中に絶対的な信条がある者には強い共感を呼び起こす。大学生だったティールにはこれらの条件がすべて当てはまっていた。

ティールはキリスト教福音派《エヴァンジェリカル》の家庭で育ったと言っているが、そうだとすれば信仰心を封印していたのだろう。

この時期の彼を知る人たちは、彼が信仰について語ったり、学内の聖書研究グループに顔を出したりする姿は見たことがないという。冷淡で合理主義的な言動は、何かを信仰している人というよりは、無神論者の印象を与えた。それがジラールを知ったことによって、何かが彼の中で目覚めたのだろう。宗教が社会的なアイデンティティの確立に役立つことに気づいたに違いない。保守派のクリスチャンになることで、見下していたキャンパスの校風に対抗する自分になれるのだ。それはピーター・ティールにとってとても重要なことだった。彼はのちにジラールについて「世界の見方が人とは違う、とても興味深い教授がいた。その視点は時代の空気とは大きくずれていたが、だからこそ、反骨精神の強い学部生には魅力的に映った」と語っている。

彼はこのようにして反抗者としての自分を確立していった。大学ではジムに入り浸るようになり、スウェット姿にウェイトリフティング用のベルトを着け、バーベルで筋トレに励んだ。ジムにいないときは、コーヒーハウスと呼ばれる学生会館に顔を出した。チェスボードがずらりと並んだ部屋があるからだ。彼はよくそこで勝負していた。

ゲームはブリッツやスピードチェスと呼ばれる早指しで、ティールは何時間もそこに座り込み、5分ほどで終わるゲームを何十回も繰り返しながら、脳のトレーニングを行い、集中力を養っていた。ブリッツで勝つコツは、先手を打って素早く指すことだ。自分の持ち時間の節約にもなるし、相手に考える隙を与えず、持ち時間が減っていく相手を焦らせることにもつながる。このコツを実践すれば、はじめは接戦だったゲームでも圧勝することができる。

2年生の1学期、彼は数名の学生たちとともにチームを結成し、火曜日の夜にクラブゲームを開催するようになった。チームの人数は彼が目指すほどには増えなかったものの、ティールは大学のチェス・シーンの中心人物になっていった。

チェスの強豪同士の対決には、頭脳と直感力の両方が要求される。オープニングの決まり手を記憶するとともに、ディフェンスのバリエーションも準備しなくてはならないし、局面が変われば速やかに対応する必要がある。

ティールは後者より前者のほうが得意で、対局相手が想定外の動きをすると簡単に負けてしまうこともあった。学生時代の対局相手アダム・リーフによると、ティールのゲームスタイルは「定石どおり」で、オープニングは常に定番の型、とりわけボビー・フィッシャーが好んで使った、キングのポーンからはじまるルイ・ロペスという戦法をとった。

「彼は独学でチェスを習得したのではないかと思う」と、彼のチームメイトで、モスクワのロシア国立石油・ガス大学を卒業後にスタンフォードに来た大学院生、グリシャ・コトライアーは言う。コトライアー自身はロシアのチェスアカデミーで訓練を受けた経験があった。「競争心が強いプレースタイルだった。攻撃を好んでいたよ」

ティールが3年のとき、彼とリーフ(学部生の中では唯一、ティールよりもランキングが上の学生)は時折、寮の部屋にチェスボードをセットして対決したが、それは寮全体のエンターテインメントとなった。「一大スペクタクル扱いだったよ」とリーフは言う。あるとき、ゲーム中にハワード・ジョーンズのレコードをかけていたことがあった。1985年のヒット曲『哀しき願い』が流れると、歌詞が聞こえてきた。「頂上が見えるのに手が届かない／パズルの最後のピースなのにぴたりとはまらない」。ジョーンズが意地悪そうに歌う。そしてサビに差しかかった。「誰の、誰の、誰のせいでもない」

ふいにティールがチェスボードから顔を上げた。「そんなの馬鹿げてる」と彼は言った。「どんなことだって、誰かのせいだろ」。リーフの記憶によれば、数千回にも及ぶティールとの対局を通じて、彼がゲームへの集中を切らしたのはこの一度きりだった。

この時期のティールについて、楽しい思い出があるという元チェスプレーヤーがもう一人いる。1988年の春頃、チェスチームはトーナメントに参加するためモントレーに向かっていた。ティールがラビットのハンドルを握り、カリフォルニアの高速17号線を走っていた。サンタクルーズ山脈を抜ける4車線の高速道路で、州で最も危険な道とされている。

急ぐ必要などまったくなかったのに、ティールはまるで何かに取りつかれたかのようにスピードを出した。そのうちハイウェイ・パトロールのライトがバックミラーに見えてきた。ティールは車を停めさせられ、パトロール隊員から何キロで走っていたか分かっているのかと訊かれた。ティールを除く学生たちはみな、捕まったことにホッとして、たがいに顔を見合わせた。

「さて」ティールは最大級に穏やかで、理性的な響きのバリトンで答えた。「速度制限という概念が道理にかなったものか、疑わしいと思っているのですが」

隊員が何も言わずにいると、ティールは続けた。「これは憲法違反かもしれません。そして、明らかに自由の侵害だと言えます」

隊員はボロ車に乗ったティールとオタクたちを見て、これ以上ここで時間を潰す価値はないと判断した。そしてもっとスピードを落として走るようティールに告げ、去っていった。「その後、行った先でのゲームのことは何も覚えていないんだ」。後部座席に座っていたという、今は50代になったその男性は言う。「でもあのドライブのことは、一生忘れられないよ」

これが記憶に残るドライブとなったのは、パトロール隊員に議論を吹っかけ、奇跡的に警告のみで無罪放免になった後、ティールがそれまでと同じようにアクセルを目いっぱい踏んで運転を再開したからだ。まるでカリフォルニア州法も、そして物理の法則も、自分には当てはまらないと言わんばかりに。

チェスをしていないときのティールは、自分と同じような知的かつ反骨精神あふれる学生たちに惹かれていった。2年生のときに友だちになったコンピュータ・サイエンスのオタクでチェスプレーヤーでもあるバーニー・ペルは、エクストロピーというものをティールに教えてくれた。それは、テクノロジーの発達によって人間が永遠に生き続けられるようになるというアイデアで、冷凍技術を使って死後の人間の脳を冷凍しておき、のちにそれをよみがえらせたり、中身をコンピュータにアップロードしたりすることだった。

リード・ホフマンと仲良くなったのもちょうどその頃だ。二人は同じクラスだったが、2年生の2学期に「心と物質と意味」という哲学入門の授業で話をするようになるまでは、付き合いはなかった。授業が終わった後、二人は一緒に教室を出て、キャンパスの広場で1時間ほど語り合った。「命とか、宇宙とか、話題はあらゆるところに飛んだ」とのちにティールは語っている。

ホフマンもまた、高校でいじめを受けていた。バークレーの急進的な活動家の家に生まれた彼は、ニューイングランドの進歩的なプレップスクール出身だった。寮におけるティールの過激な行動については話に聞いていて、「リバタリアンの変人」だと思っていた。ホフマンが寮の連中と違っていたのは、彼がティールの話を真面目に聞いてくれたことだった。

二人はそれからの数年間、長い時間をともに過ごした。あまりに気が合ったので、学生自治会のメンバーに一緒に立候補したこともある。二人のやり方は反官僚的なものだった。ASSU（Associated Students of Stanford）として知られる大学の自治会が、オフィスのリノベーションに8万ドルほど支出したことを知ると、まずホフマンが進歩派を演じ、ASSUは予算を学生の生活向上に使っていない、と主張した。そしてティールのほうは、典型的なティーパーティ派になり、学生たちが「官僚的なASSUの組織で様々な役職につき、それを経歴書に羅列してうまくやろうとしている」ことに「嫌気がさしている」とぶち上げた。

どちらも自治会メンバーに選ばれたが、左寄りの組織の中でティールは浮くことになった。同じ選挙において、学生の大半は南アフリカからの離脱と、レーガンの大統領図書館のキャンパス内建設の却下を求めていた。

ティールは多くの学生と対立する立場になり、鬱憤がたまっていった。レーガン財団が大統領図書館をスタンフォード大学内に建設する計画を取りやめ、南カリフォルニアに建設すると発表すると、ティールはスピーチを行い、大学のリベラル派リーダーたちは大きな過ちを犯したと主張して学生たちの怒号を浴びたと、彼はのちに友人に語っている。高校時代チェスの試合で負けたときに見せたのと同じ鬱憤をあらわにして、ティールは退場した。

彼はその鬱憤を〈スタンフォード・レビュー〉にぶちまけた。それはその年の春、ティールが高校時代の友人（そしてその後スタンフォードの学生となった）ノーマン・ブックとともに保守派の読者向けに創刊した月刊のタブロイド新聞だった。ティールの初めての起業であり、その後シリコンバレーを支配していくことになる人脈のはじまりでもあった。１９８７年6月9日に発行された創刊号の発行人欄には、編集長のティールを筆頭に全部で12人の名前があった。全員が男だった。その後ティールが手掛けるビジネスがすべてそうであったように。

創刊号には、政治的意見やキャンパス内のニュースなどが掲載された。第一面には、エルサルバドルへの学生ツアーについて、学生たちが南米の政治に「偏った」意見を持つようになるのでは、と書かれていた。リベラル派の教職員を隠れたマルクス主義者と断罪する記事も一面に掲載された。「性的変人の告白」と題した、セックスを皮肉ったコラム（禁欲を誓った若いヘテロセクシャルの男性についての内容）、この夏におすすめの主流から外れた本のリストが記載されていた（〈レビュー〉が性についてはお堅い路線だったことを考えると、ブレット・イーストン・エリスが性の冒険を描いたデビュー作『レス・ザン・ゼロ』（中央公論社）がトールキンやT・H・ホワイト、エドマンド・バークなどと肩を並べて紹介されているのには違和感がある）。「声をあげたごく少数の人間が、議論を支配することに成功した。スタンフォードの主流派とは意見が大きく異なる者たちだ」とティールは編集後記に書いた。「穏健派の多くは沈黙を守る。声をあげても何も変わらないと思っているからだ」

ティールが〈レビュー〉創刊当初に目指していたのは、スタンフォードの保守派の学部生という少数のエリート集団が抱く懸念を、国政の主流派につなげていくことだった。そういうわけで、左派寄りの学生自治会が学生から徴収する会費が、国政でリベラルが税を徴収し公的支出に費やす縮図のように解釈された。

〈レビュー〉の発行経費は、保守派の大学生を支援する団体Intercollegiate Studies Instituteからの補助金や、スタンフォードが徐々にリベラル化していることを危惧する卒業生たちからの寄付でまかなわれていた。最も高額の資金を集めたのは創刊から数年後、卒業生宛の寄付金集めの手紙の中で、スタンフォードでは現在黒人のヘアスタイルの変遷を教えるコースがあり、伝統的な西洋文化のカリキュラムが縮れ毛の研究に取って代わられているかのようにほのめかしたときだった。これはあらゆる意味で真実ではなかったのだが、たくさんの寄付金がなだれ込んできて、金集めとしては大成功だった。

スタンフォードの必修科目についての論争はやがて教育省長官のビル・ベネットの目にとまり、1988年春の〈レビュー〉主催のイベントにベネットが登場することになった。のちにベネットがPBS（公共放送サービス）の「マックニール／レーラーのニュースアワー」で語ったことによると、集まった学生たちはスタンフォードの「圧力に屈して」カリキュラムを変更させられたと言ったという。

学長のドナルド・ケネディがこれに異論を唱え、当日の観衆は右派の学生ばかりであり、事前にティールの新聞で回答方法を教え込まれていたのだと指摘すると（実際そのとおりだった）、ティールはUPI、〈ワシントン・ポスト〉、〈ロサンゼルス・タイムズ〉のインタビューでベネットの擁護に回った。「とある側からかなりの圧力がかかったのだと思います」と、彼は〈ポスト〉に述べている。その夏、ティールはベネットが在籍する教育省でのインターンシップに合格した。

ティールは1989年に卒業したが、大学を去ることはせずに、スタンフォードのロースクールに入った。深く考えずに決めたことだとのちに告白している。「まだまだ学部生っぽいところがあったんだ。どうやったらオールAが取れるかとか、LSAT（法科大学院進学適性試験）をトップの成績で突破したい、みたいな。ロースクールに惹かれたのも、あそこが緻密にランク付けされる場所だったからかもしれない」

大学に残ったのは、その点取り虫気質のためだけではなかった。ティールには闘う相手があり、闘い続けることを望んでいた。西洋文化コースのカリキュラム変更は1989年の秋からスタートすることになっていた。ゾラ・ニール・ハーストンの本が課題に登場するのだ。スタンフォードで過ごした4年の間に、彼は大学の多文化リベラリズムを忌み嫌い、危険だとすら思うようになった。

スタンフォードの創立100周年を記念したイヤーブックには、学生部長マイケル・ジャクソンのアーカイブ写真が掲載されている。彼は1960年代にスタンフォードに在籍した黒人男性で、卒業後、管理職として大学に戻ってきたという経歴の持ち主だ。

ティールはこの数年後、ジャクソンのいで立ちが変化したことに注目してこう書いている。「100周年イヤーブックに載っている1969年撮影の写真では、ジャクソン部長はボサボサのアフロヘアに鮮やかな色のベルボトムという、いかにも急進派っぽいファッションだ。それが20年後はどうだろう。髪をきちんと整え、シワひとつないダブルのスーツを着込んだ部長が、学生たちと談笑しながらキャンパスを歩く姿が写っている。1960年代の活動家の多くは、キャンパスを一度も去ることがないまま、いまや教授や教職員の地位におさまっている」

どうやらティールが言いたかったのは、スタンフォードで学士課程を終えた後、マサチューセッツ大学アマースト校で教育行政の博士号を取得したジャクソン部長が、1960年代の潜伏工作員の残党か何かで、スタンフォードのマルチカルチャー化をたくらんでいる、ということだったらしい。リベラル派は尊敬できる人のように見えるけれど、実はとても危険な人たちだ、と。

その危険性を明らかにすることに、ティールはその後何十年も労力を注ぎ込んでいくことになった。スタンフォードをはじめとするエリート大学は彼の目には若者の育成場所ではなく、息苦しくて危険な権力構造の一部に映った。彼の言葉で言う「500年前のカトリック教会ぐらい腐敗した」権力階層だ。ティールはその後、テクノロジーと金の魅力を知り、そちらに引き寄せられていく。しかし、その権力構造をぶち壊してやりたい（そして、おそらくは自分が支配したい）という欲望は、現実世界に歩を踏み出すほどに、ますます強くなっていった。

# 3

Hope You Die

# 見返してやる

１９９２年１月、〈スタンフォード・レビュー〉は「現実世界（リアルワールド）」と題した特集号を刊行した。内容はティールにとっての大きな関心事「就職」だ。スタンフォードに来て７年目、ロースクールの３年に在籍しながら、ポロシャツを重ね着した若い学生たちに混じっていまだにキャンパスのカルチャー闘争に参加していた。

レーガンお気に入りの大学に通う、レーガン好きの保守派ティールだったが、スタンフォードを、彼のような人間を攻撃することに情熱を傾ける邪悪なリベラルの巣窟とみなすようになっていた。そうなってしまった一因は彼自身にもあった。21歳でロースクールに入った後も同性愛者だということを隠し、誰とも恋愛せず、法律的、政治的な問題に対して発言はするものの、そこに人間味は感じられなかった。

まるで自分のすべてを世界から隠そうとしているみたいだった、と同級生たちはのちに語った。性的志向だけでなく、喜び、友情、馬鹿げた行動、怒り、憎しみといった、ごく普通の感情や親しみやすさが、彼には欠けていた。

しかしティールは、スタンフォードの保守派に対する迫害を便利に使い、故意にそれを誘発していたふしがある。80年代終わり頃から90年代はじめにかけては、アラン・ブルームによる１９８７年の著書『アメリカン・マインドの終焉』（みすず書房）に導かれ、保守派がリベラルの言動を嘆くという構図が、とりわけ大学キャンパスにおいては流行っていた。シカゴ大学の教授であり新保守《ネオコン》主義のパイオニア的存在レオ・シュトラウスの支援者でもあるブルームは本の中で、学生たちはロックンロールに夢中になっているうちに馬鹿になってしまった、キャンパスの左派たちは１９３０年代のヒットラー・ユーゲントみたいなものだと批判している。

ヒッピーたちはナチスと同じくらい閉鎖的という考え方は、当時の評論家たちに受けた。そして、反体制文化に嫌気がさしていたアメリカ人大衆にも受けた。ブルームの著書は批評家たちから絶賛され、何ヵ月間も〈ニューヨーク・タイムズ〉のベストセラーに座り続けた。

ティールのロースクールのクラスメートで、現在はNPOのコンサルタントを務めるドーン・チルワは言う。「保守派の同級生たちは言いたいことを言っていたけど、私には何にでも文句を言うだけの子どもっぽい行動に思えたわ」。一方で、ティールのような人間にとって、リベラルなクラスメートにケチをつけることは、共和党のエリート集団への近道だったのだろう。「彼はただ文句を言うだけだった」。当時のスタンフォードの入学事務局長で、大学の公開討論会でダイバーシティ問題についてティールと議論したこともあるジョン・ライダーは言う。「確かに〈レビュー〉には、知的な議論が掲載されることもある。でも、それはピーターのものじゃない。彼は単に、大学に石を投げつけたいだけだった」

ティールの言動のお手本となったのは、80年代は初めに東海岸で〈ダートマス・レビュー〉を創刊したディネシュ・ドスーザという保守派の若者だった。ティールは自分より6歳年上のドスーザに大きな影響を受けた。〈スタンフォード・レビュー〉も彼の新聞をお手本にして創刊したものだ。〈ダートマス・レビュー〉の内容は容赦ないほど反動的で、執拗なまでに挑発的だった。ドスーザの編集長時代には、白人学生がアフリカン・アメリカン英語を模して書いた反アファーマティブアクション（反マイノリティ優遇措置）のコラムを掲載していた。また、クー・クラックス・クランの元リーダー、デイビッド・デュークへのインタビュー記事や、ゲイの学生グループの部外秘の名簿なども載せていた。

1985年、ティールがスタンフォードに入学した頃には、ドスーザは耳目を集める才能を開花させ、保守派の富裕層が支援するプリンストン大学卒業生向けの右派雑誌〈ザ・プロスペクト〉の編集長に転じていた。そして1987年にはホワイトハウスの政策アドバイザーに就任した。同じく〈ダートマス・レビュー〉の出身者でのちにテレビの保守派コメンテーターとなるローラ・イングラハムやピーター・ロビンソンも、スピーチライターとしてホワイトハウスに入っていた。ドスーザはキャンパスの左派学生の不寛容についてリサーチをしていたときにスタンフォード大学を訪れたことがある。それは1991年、ティールがロースクールの2年生のときに『Illiberal Education（非リベラル教育）』という本として出版され、高い評価を得てベストセラー入りした。この成功は間違いなくティールに大きな影響を与えた。〈レビュー〉で表現されるスタンフォードと、実際そこに通って大学生活を経験した人たちが記憶しているスタンフォードとがあまりにも食い違っているのはそのためだ。

1987年初め、公民権活動家ジェシー・ジャクソンがスタンフォードにやってきた。聖書、プラトン、シェイクスピアなどを扱う西洋文化コースに非白人作家の作品を追加するという新しいカリキュラムの是非を問う投票直前の集会に参加するためだ。「西洋文化を排除しろ」。学生たちは繰り返し叫んだ。「西洋文化」というのは「西洋文化コース」のことを指していたのだが、ティールは自身の著書の中で当時を振り返り、抗議していた学生たちが排除しようとしていたのは「西洋そのものだった。その歴史や功績、自由主義資本制度や憲法に基づいた民主主義、そしてキリスト教やユダヤ教もだ」と主張している。

ティールが保守派の読者の気を引くために自分の大学時代の出来事についてセンセーショナル

に語るのは、このジェシー・ジャクソン訪問時のエピソードにとどまらない。たとえば、現実のスタンフォードは、さほど性的に奔放な場所だったわけではない。エリート大学ではよく語られるジョークだが、勉学に忙しいスタンフォードの学部生たちもその例にもれず、変わり者すぎたり、オタクだったりして、実際に性行為を行っている者は多くなかった。しかし〈スタンフォード・レビュー〉は学部生たちがあちこちでやりまくっており、男子トイレでは日常的にゲイの性行為が見られ、メインキャンパスを横切れば無料のコンドームが大量に配られている、と印象づけるような記事を書いた。

スタンフォード大学がキャンパスでコンドームを配っていたのは、正当な理由があってのことだ。サンフランシスコ・ベイエリアではエイズが猛威をふるっており、市の人口の4％が感染していると推測され、同性愛男性に限っていえば感染率は50％近くにものぼっていた。1988年に入る頃には、サンフランシスコ市民のエイズによる死亡者数は20世紀のすべての戦争における死亡者数の合計を上回り、専門家は労働市場の人手不足や社会不安への警告を発していた。

この状況に対する〈レビュー〉の反応は、これをあざ笑い見下すものだった。「病気の蔓延がそれほど大ごとだというなら、なぜ主要メディアは市民に禁欲を要請しないのだ」と、レビューのあるコラムニストは書き、ホモセクシャルは一種の依存症だという持論を展開した。その人物によると、同性愛男性は「不自然な形式のセックス」を行い、「その誘惑に何度も屈しているうちに性欲がどんどん強くなっていき、そのうち自分で自分をコントロールできなくなっていく」のだという。

「当時は確かに、一般的にも同性愛嫌悪のような空気はあったわ」とメーガン・マクセルは言う。

「その中でも、〈レビュー〉は特に敵意むき出しだった」。〈レビュー〉にとっては、同性愛嫌悪は克服しなければならない偏見ではなく、リベラルがたくらんだ陰謀だった。本当に糾弾すべきなのは同性愛嫌悪〈に対する嫌悪〉、つまり同性愛嫌悪だというレッテルを貼られる恐怖だと、〈レビュー〉は書き立てた。のちにティールが関わったいくつかの企業で働くことになる編集長のネイサン・リンは、1992年のコラムの中で、アンチ・ゲイという言葉を「ソドミー嫌い」（つまりアナルセックス嫌い）に変更して、その「逸脱した性行動」に焦点を当てるべきだと提案した。

この時期のティールを知る知人たちによると、彼はまるで保守派評論家バックリーや、未来の最高裁判事であるかのようにふるまっていたという。

ティールはまた、金を稼ぎたがっていた。コラム「PCから就職へ」の中で彼は、スタンフォード大学の卒業生のうち、百万長者《ミリオネア》になっているのは4人に一人しかいないとこぼしている。そしてその百万長者の多くは、彼が崇拝する保守派層の人たちであり、彼らは多数派リベラルよりも志が高いのだと主張している。「この国の低所得者層への補助金のほとんどはこうした人たちの懐から出ているのだし、われわれのような大学に多額の寄付をしているのも彼らだ」と書いている。

映画『ウォール街』でマイケル・ダグラス演じるゴードン・ゲッコーが言うような「欲は善」だとは思わないが、「羨望することは望ましい」。そしてアメリカ合衆国が冷戦でソ連に勝利できたのは、羨望よりも欲によるところが大きいと書いた。「ソ連と同じように、PCもまた、徐々に自滅していくだろう」と予想してみせた。

ティールは自分の将来について、名門弁護士事務所での事務職からスタートして、高額の金を稼ぎ、どんどん出世して華々しいものになると想像していた。ロースクールでは、最高裁判事アンソニー・ケネディの息子グレゴリー・ケネディと友だちになり、〈ロー・レビュー〉（ロースクールが大学名をつけて発行する法学雑誌）の編集者を務め、フェデラリスト・ソサエティ（米国憲法を減点主義的に解釈する、保守派・リバタリアンの組織）に加入した。その間も、ごりごりの保守派の学部生を発掘することは続けていた。そして出会ったのが、ティールより2歳年下で、いろいろな意味でティールのミニチュアのような男、キース・ラボワだった。

ラボワもまた法律家志望で、ティールと同じく、大学を卒業後すぐにスタンフォードのロースクールに入学した。そして彼もまた、同性愛者であることを隠していた。当時の〈レビュー〉編集部は「ゲイだらけだった」と、ティールの友人は言う。この新聞がゲイをあまりにもひどくこき下ろし、批判していたことを考えると、これは奇妙であると同時に、納得がいく。

キャラクターという意味では、ティールとラボワはまるで正反対だった。ラボワはティールよりも外向的だったし、ティールのような落ち着きはまったくなかった。〈レビュー〉編集部の中でも体育会系で、キャンパスの様々なグループについて、スポーツのネタを絡めながら小馬鹿にしたようなコラムを書くのが得意だった。

1992年3月、ティールが自らのキャリア展望について書いた号が発行された1ヵ月後、ロースクールの1年生だったラボワは〈レビュー〉にコラムを書くだけでは飽き足らず、大胆な行動に出た。その数年前、大学の学生クラブの仲間が、ゲイだった寮の責任者の学生に対し差別用語を使ったかどで、寮を追い出されたという事件があった。そして今、飲み会の帰りに事件のあった寮、オテロハウスの中を歩きながら、ラボワは自分の意見を明確にしておこうと決心した。オテロ住み込みの寮長、デニス・マティーズの部屋の前に立つと、大声で同じ言葉を繰り返した。「ファゴット！（ゲイの蔑称）」ラボワは声の限りを尽くして叫んだ。「お前はエイズで死ぬ。お前は報いを受ける！　お前は報いを受ける！　このファゴットめ！」そしてこう付け加えた。「俺を寮から追い出せるか、やれるものならやってみろ！」

マティーズは（良書を紹介するクラスを担当しており、ゲイではなかった）、当時不在だった。しかし学生たちから通報があり、〈スタンフォード・デイリー〉はヘイトスピーチを禁止する大学の規則に反する可能性があるとして、事件を報じた。

ルボワは、自分は違反行為にならなに言い回しをわざわざ使ったと強弁した。〈デイリー〉の取材に対し彼は、自分の発言はマティーズという特定の人物に対するものではなく、「ファゴット（という楽器）が一般的に良くないものだ」ということを言っただけであり、許容の範囲内である、と主張した。そして、この爆弾発言は大学内のスピーチ規制への抗議として行ったものだ、と述べた。

この事件に対するキャンパスの受けとめ方は、予想どおり手厳しいものだった。アンチ・ゲイの言葉を叫ぶことがスタンフォードの方針に違反することにはならない、という点ではルボワは正しかったのだが、どのみち大学当局は彼の行為を公に糾弾した。大学が発表したプレスリリースではルボワの発言内容とそれに対する学生部長マイケル・ジャクソンの反論が掲載され、ラボワの行いは「未熟で残忍なもの」と非難された。彼が所属するフラタニティは謝罪をし、ロースクールの学生たちは彼を避けるようになった。「彼はペルソナ・ノン・グラータ（好ましくない人物）になったのさ」と、ある人は言った。

ラボワが起こしたこの事件は、前年に出版されたドスーザの著書『Illiberal Education（非リベラル教育）』で紹介された、ミシガン大学における出来事をまねたものだ。その本では、同性愛嫌悪のコメントをした学生が、ドスーザいわく悲劇的なことに、公の場での謝罪を強要されたと記されていた。しかしラボワのほうは、公の謝罪などしなかった。彼はスタンフォードをやめ、ハーバード・ロースクールに楽々と転籍し、卒業後は連邦政府で法務事務官を務めた後、一流の弁護士事務所に転職した。しかしティールはその後も、ドスーザがミシガンの件を利用したのとまったく同じやり方で、この件を一種の迫害ととらえて非難した。

〈レビュー〉はラボワのコメントを直接擁護することはなかったものの、ラボワ発言への非難をポリティカル・コレクトネスによる逆上だとし、プレスリリースを発表したジャクソンを攻撃した。〈レビュー〉の元スタッフがラボワ発言を批判する文書を発表すると、その人物が「複数名での性行為、トイレでの不特定多数とのセックス、排泄物の摂取、SM、少年愛、ネズミ虐待」を奨励しているとしてこれを非難した。

ラボワ事件から2日後、〈レビュー〉は「レイプ事件」というタイトルの記事を発表した。この記事で、ティールに近いもう一人の学部生デイビッド・サックスは、スチュアート・トーマスという人物を擁護する熱烈な文章を書いている。トーマスはスタンフォードの3年生だったが、とある1年生をレイプしたかどで卒業が危ぶまれ、レイプは無効だと主張していた。サックスは、法的に有罪なレイプなどたわ言であり、トーマスには同情と卒業証書を受け取る資格がある、と主張した。さらに、彼自身の意見によればだが、被害者は抵抗しなかったことも理由に挙げた。

主張を明確にするために、サックスは事件現場の接触状況を図解してみせ、被害者とされる17歳の学生が「オーラルセックスに持ち込むこともでき」たし、「『ノー』と言うことだってできたはずだ」と書いた。

他の編集者たちも、フェミニズムのシンボルとナチスのかぎ十字を合わせたイラストを掲載し、フェミニストによる魔女狩りに巻き込まれたくない男子学生のためのガイドなるものを、軽い調子を装って書いている。「フェミニナチスは、定義を拡大解釈し、すべての男はレイプ犯だと決めつけてしまった」と、マイク・ニューマンは不満をぶつけた。彼は〈レビュー〉の読者たちに、スタンフォードの女子学生には近づかないほうが良いと勧め、どっちみちほとんどが「ブス」だし、と付け加えた。そして色恋の対象は「ベティ・フリーダン（米国のフェミニスト）の功績を知ることよりも、秘書業務の習得に忙しい」近隣のジュニア・カレッジの女子学生たちに向けるべきだとした。

現在、ティール時代の〈スタンフォード・レビュー〉の完全な記録は残っていない。1982年以降すべての号がオンライン上にアーカイブされている〈デイリー〉とは違って、1999年より前の〈レビュー〉を読むためには大学図書館内の、学内の記録や希少本が保管されている部署までわざわざ出向かなくてはならない。

2019年の年末、私は丸一日をかけて新聞のページをめくっていった。読み進めるごとに、これを書いた者たちがその後何十年もの間、これらの記事に足を引っ張られることなく現在の権力を築き上げられた事実に、驚かずにはいられない。

その例外がライアン・バウンズだ。連邦検事を務めていたバウンズは、2018年に連邦裁判所判事に指名されていたが、1995年に〈レビュー〉に書いたコラムが表沙汰になったことで、トランプ政権は指名を取り消した。コラムの中でバウンズは、大学のダイバーシティ活動について「見解をせばめ、不寛容を増大するものであり、文化のアイデンティティを抑え込むという意味においてナチスの焚書よりもひどい」と書いている。トランプ政権においてさえ看過できない内容だったわけだが、ラボワの言動ほど極端とは言えない。

ティールはラボワの言動を大目に見ていたのだろうか？　大体においてはそうだ。彼のふざけた行動には困惑していたようだが、利用価値があるとも考えていた。ティールは、保守派の人間は他と連携することにも保守的すぎる、と友人たちによくこぼしていた。元同級生かつ〈レビュー〉の元スタッフによると、リベラル主流派は共産主義者を受け入れたのに、保守派層は極右と連携しようとしないことを、ティールは不満に思っていた。

「そういう意味では、彼は右派も左派のようになれば良いのにと思っていた」とその人物は言う。「保守派層はすぐ、あんなに極端なやつとは相容れない、と言うんだ。でも連携ぐらいすれば良いじゃないか、ってね」　彼によれば、この思考回路こそが25年後にティールがトランプを支持することになった大本になっているという。

ティール自身は、これらの論争からは距離を置いて、キャリアの目標に向かって邁進していた。時には飲みに行くこともあったが、話題は常に真面目なものばかり（判例法、政治、政治哲学）だった。ロースクール卒業後はアトランタの控訴裁判所第11巡回区でジェームズ・ラリー・エドモンソン裁判官の法務事務官となり、1992年から93年にかけてブルックヘイブンの北の郊外にあるアパートに住んだ。エドモンソンはティールと同様、熱心な保守派で、レーガンが彼を裁判官に指名する前から、アトランタ郊外でレーガンの支持活動を行っていた。

連邦政府の法務事務官という職は一般的に、意欲的なロースクールの学生や新人の企業弁護士ほどハードではない。そこでティールは、自分という人間に少し関心を向けてみる気になった。事務官の同僚だった人物が、ティールのアパートを訪れたときのことを話してくれた。キッチンテーブルの上に本がたくさん置かれていたという。「彼は、少し丸くならないと、と言っていた」とその人物は振り返る。「それで、『ユリシーズ』を読み返しているんだと」

リアルワールドでの経験は翌年の秋、ニューヨークに移り住み、一流弁護士事務所サリヴァン&クロムウェルのアソシエイトになったときにはじまった。それはティールが大学で思い描いていた輝かしい場所とは言いがたかった。彼は企業弁護士とは、反共産主義的な欲を正とする職業だと思っていたが、ふたを開けてみると、仕事はハードなばかりでつまらなかった。

リアルワールドの弁護士業では、闘うべきリベラルもおらず、一流企業にありがちな優秀な男や女が絶え間なく供給されてくる。誰もが同じような完璧に近い成績、同じような完璧に近いLSATの得点数、どんなに虚しい仕事であろうと週80時間働こうという横並びの労働意欲。ここでは、彼が突出できるものは何もなかった。ここにいると自分はどうでも良い人間のような気がした。

企業弁護士になってから、歯車のひとつに成り果ててしまい、誰にも何のインパクトも与えられない人間になってしまった、と彼は友人に打ち明けた。成功することは（つまり事務所のパートナーになるのは）ある意味エキサイティングなことだと思うけれど、でもその目標ですら何の意味もない空虚なものに思えると。

彼はうつ状態になりかけていた。「型どおりの競争しか行われないと、誰もが型どおりにしか行動しなくなる」と彼は何年も後になって述べている。「そうすると、大きな競争の力学みたいなものに巻き込まれてしまって、競争に勝ったとしても、その勝利の価値がとても小さいんだ。たとえば給料が少し上がるとか。その割には、その価値の低い勝利のために魂を売るほど働かなくちゃならない。経済学上も、モラル上も、割に合う仕事とは思えなかった」

連邦政府の事務官の任期が終わったとき、ティールは有望な若手弁護士の順当な次のステップである、最高裁判所の事務官というポジションに進むものと思い込んでいた。連邦判事アンソニー・ケネディ（友人グレッグのパパ）およびアントニン・スカリアとの面接を取り付け、これで大丈夫と思っていた。しかし１９９４年春、法律事務所のアソシエイトとして悩みながら仕事をしていた頃、不採用の通知を受け取った。

「とても打ちのめされたよ」と彼はのちに語り、それに続く時期を「人生第1四半期の危機」だったと振り返る。法律家としての自分はもうだめだ、と考えた。サリヴァン&クロムウェルに入ってから7ヵ月と3日後、退職を決意した。

その後1年ほどはニューヨークにとどまり、クレディ・スイス・フィナンシャル・プロダクツでデリバティブのトレーダーとして働いたが、ここでの仕事にもなじめなかった。当時の彼を記憶している同僚はほとんどいない。

ティールはクレディ・スイスで働きながら、すでに別の計画を立てはじめていた。西海岸に戻って、スタンフォードでの経験を本にしようと考えたのだ。大学の寮で友人たちと議論を交わした日々がひどく懐かしく思われた。それに、もっと稼ぎたかった。彼の年収は10万ドルだったが、少ないと感じていた。クレディ・スイスにとどまったとしても、ここのトップになるには10年以上かかるだろう。そうして、彼は再び会社を辞めた。今度はカリフォルニアに戻ってヘッジファンドを立ち上げると同僚に伝えた。彼らは感じ良く送り出してくれた。「彼の上司だったトレーダーたちは、陰でティールのことを笑いものにしていたよ」とこの時代の同僚は言う。「なんて馬鹿なやつ、って感じだった」

ニューヨークでは友だちができなかった。ティールはのちに、サリヴァン&クロムウェルでは同僚同士で仲良くしている人などおらず、メモを取ったり契約書をまとめたりする合間におしゃべりするネタすらなかった、と語っている。

人づきあいがなかったこの間、彼はラボワの同性愛嫌悪発言の事件を受難として描く原稿を書いていた。ラボワはスタンフォード大学から処罰されたわけではなく、彼自身は現実社会でティールより成功していたにもかかわらずだ。ラボワは言論の自由に基づいて発言を行ったのだから、大学側がそれを非難すること自体が人の道に外れている、というのがティールの自説だった。

今風の表現をするなら、ラボワは大学に「切られた」のだ。この件について書かれた章のタイトルは「セイラムへようこそ（セイラムはマサチューセッツ州にある市の名称。アメリカにおける魔女狩りの象徴とされる）」。謝辞のページでは、「この本に出てくる多文化主義の犠牲者で、私心なく心のうちを明かしてくれた」ラボワに感謝の意を表している。

ティールとその共著者デイビッド・サックスによる著書『The Diversity Myth:

Multiculturalism and Politics Intolerance on Campus（多様性という名の神話　キャンパスにおける多文化主義と政治指向への不寛容）』は、ラボワ発言への擁護はそれほどでもないものの、同性愛者の権利に対する意見は明確だ。

同性愛者の権利を求めて闘う活動家を納得させるには、「寛容」と「受容」（つまり、私はあなたを放っておくから、あなたも私のこと放っておいて）だけでは足りないのだという、ぼんやりとした不安や予感がある。同性愛者の権利活動は、同性愛について学校でどう教育すべきかとか、どういう意識で取り組むべきかという課題を踏み越えて、単に一般大衆にショックを与えようとしているだけなように見える。同性愛者が他の人々と同じように寛容に扱われたいだけなら、なぜ自由に生きたい個人としてではなく、特別な待遇を要求する特別な犠牲者のようにふるまうのか。多くのアメリカ人は不思議に感じている。

もちろん、ティールが自身を抑圧されてきたと感じているのは、彼がゲイだからではなく、白人で、保守派で、反PCだからだ。「彼の中には常に、被害者意識が核のように存在しているのです」と、〈レビュー〉の元同僚は言う。自称「インセル（女性と付き合えないのを女性のせいにする、おもに右派の男性）」たちがオンライン・コミュニティを形成するようになる何十年も前から、ティールとサックスの著書『The Diversity Myth』では、大学内における「恋愛をあからさまに非難」することで、学生たちのロマンティックな夢を台無しにしていると指摘されていた。

とりわけ性的暴力については、彼らはリベラル派が騒ぎすぎだと主張した。誘惑をレイプだと定義することで、ノーマルなセックスが不可能になってしまったというのだ。「言葉による圧力が無理強いを意味し、無理強いがレイプを意味するとなると、誘惑はすべてレイプということになってしまう」

2016年、ティールがトランプの大統領選挙陣営に寄付を行った直後にこの文書が出回り、彼はトランプと同様レイプを何とも思わない人間だと指摘されると、ティールはデイビッド・サックスとともに謝罪した。

『The Diversity Myth』は1995年にインディペンデント・インスティチュートというカリフォルニアの保守系シンクタンクから出版された。インディペンデント・インスティチュートはティールをフェローとして迎えてくれたので、彼は多少の収入と、自分のアイデアを発表する場を得ることができた。

同年の秋、ティールとサックスは〈ウォール・ストリート・ジャーナル〉にコラムを寄稿するようになった。第1回目のコラムのタイトルは「先住民の日、おめでとう」で、「反西洋文化的な」祝日と、大学の新しい多文化主義カリキュラムとを絡め、見下した調子で解説したものだった。スタンフォード大学学長のゲルハルト・キャスパーと教務局長コンドリーザ・ライスは編集部に手紙を送り、コラムが「扇動的」だと批判した。これにより、闘いの火ぶたが切って落とされた。

「インテリゲンチャに対抗する」ことを旗印に掲げ、ドスーザの著書を金銭的にバックアップした保守派のNPO、ジョン・M・オリン財団が、『The Diversity Myth』を出版にこぎつけるため、インディペンデント・インスティチュートに4万ドルの助成を行った。ティールはこのチャンスを最大限に活用した。本はドスーザはもちろんのこと、ルネ・ジラール、保守派週刊誌〈ウィークリー・スタンダード〉のウィリアム・クリストル、保守派オンラインマガジン〈アメリカン・スペクテイター〉のエメット・ティレル、そして当時下院議員だったクリストファー・コックス（のちにジョージ・W・ブッシュ政権下で証券取引委員会会長を務めた）の推薦を得て、〈ワシントン・タイムズ〉や保守系の雑誌〈ナショナル・レビュー〉、10を超える地元紙の論評欄で紹介された。

ティール自身も山積みの本とともに学生会館の前に立ち、通りがかった人たちに本を配りまくった。有名人になったと言うほどではなかったものの、ティールは反響の大きさに気を良くし、その勢いで大学時代の友人リード・ホフマンとの政治トークショーまで行った。ショーは1996年に西海岸の公共電波を使ったラジオ番組として放送されている。

ティールは当然、ただのインテリ有名人になりたかったわけではなかった。彼は金持ちになりたかったのだ。しかしそれはひどく遠い道のりであるように思われた。1995年にカリフォルニアに戻ってからは、しばらく両親と暮らした後、サンマテオの高速道路に近いみすぼらしいアパートをルームメイトとシェアしていた。食事はたいていチャイニーズのテイクアウトで、憂さ晴らしをしたくなるとパロアルトのダウンタウンに出かけていってチェスをした。

そういうわけで、1996年のある日、ティールは自分と同じ元法務事務官の友人とともにスタンフォード大学の法務図書館に出向き、ヘッジファンドの立ち上げ方を調べはじめた。〈スタンフォード・レビュー〉の編集長で熱意ある保守派でもあるジェフ・ジェシアを助手に雇い、サンドヒルロード（シリコンバレーの主要道路のひとつ）にクローゼットほどの大きさのオフィスを借りて、そこをヘッジファンドの住所とした。

その翌年は、資金集めに奔走した。友人、友人の家族、貸してくれるなら誰でも良かった。お高くとまった東海岸のエスタブリッシュメントは彼を必要とはしなかった。上等だ。「彼はニューヨークでの経験によって萎縮したりはしなかった」。当時ティールと仲が良かった友人は言う。「(むしろ)下剋上してやると決意していたんだ」

行動を起こしていたのはティールだけではなかった。その頃のシリコンバレーは、自分の才能への自信と、金持ちになってやるという無謀な決意に燃える、身の程知らずの若者たちであふれていた。そして、実際に金持ちになる者も出てきていた。ティールはまだ知らなかったが、根拠のない自信だけを引っ提げた者にとって、これほどぴったりのタイミングと場所はなかった。

# 4

World Domination Index

# ペイパル誕生秘話

「ゴールデン・ギークス〈金の卵を産むオタクたち〉」。〈タイム〉誌が1996年2月号のカバーストーリーでこう呼んだプログラマーたちは、アメリカのビジネスに新時代をもたらした先駆者だった。若くしてテクノロジー業界における起業家となった彼らは、かつての鉄道王や石油王をしのぐ勢いと規模で、富を得ていった。

アメリカで最も影響力があるこの雑誌が彼らに注目したのは、その凄まじい富だけが理由ではない。彼らはかつての悪徳資本家たちよりも稼いでいながら、金にガツガツしていなかった。「現代版ビリオネアは、ニューポートやパームビーチやアスペンに変てこな趣味の豪邸を建てるようなことはせず、いまだに2ベッドルームのアパートに住み、Tシャツとジーンズで生活している」と〈タイム〉は書いた。「その質素な暮らしぶりは、嘘偽りではなく本心からのようだ。現代の新興スーパーリッチは自由企業の象徴的存在だが、ひとつだけ企業家らしくない点がある——金にさほど興味がないのだ」

〈タイム〉によれば、今までは新規株式公開（IPO）と言えば、銀行が平凡な株式に法外な価格をつけ、平凡な投資家に売りつけて大儲けをする、というのがお決まりの図式だった。しかし今ではIPOは公平な仕組みになり、エグゼクティブや銀行だけでなく、ストックオプションを保有する低所得層の従業員も利益を得られるようになった。それは世界に衝撃をもたらし、共和党と民主党という相反する政党が口をそろえて称賛するほどだった——シリコンバレーで起業しているベンチャー企業は「経済のあるべき姿」であると。

ゴールデン・ギークスの象徴は、マーク・アンドリーセンだ。わずか24歳にして、赤いベルベットの王座に座る姿が〈タイム〉の表紙を飾った。アンドリーセンは世界初の一般消費者向けウェブブラウザーであるネットスケープナビゲーターを開発し、これによりインターネットが世界に広がっていくことになった。

彼はイリノイ大学アーバナ・シャンペーン校の学生だった１９９３年に、時給６ドル85セントでアルバイトをしていた大学内の研究所施設で、初期のブラウザーとなるMosaicを開発した。当時はウェブで金儲けをする方法などなかったので、研究所はMosaicを研究者たちに無料で配った。当時インターネットを使うのは学者ぐらいしかいなかったのだ。しかしアンドリーセンはインターネットが巨大なビジネスになると考え、よりユーザーフレンドリーなブラウザー、ネットスケープを開発し、一部50ドルで売り出したのだった。

それはドンピシャリのタイミングだった。企業のコンピュータ所有率が急増していた頃で、大企業はもちろん、中小企業の多くもウェブを使うようになっていた。ちょうど新聞や雑誌がオンライン記事を掲載し、レストランがメニューをデジタル化し、通販会社がオンラインで注文を受け付けはじめていた。

１９９４年頃には、ネットスケープは定番となり、その翌年に会社がＩＰＯした際には、株価は28ドルほどになると銀行は踏んだ。しかし、ふたを開けてみれば株価は予想の倍以上の値をつけていた。アンドリーセンはものの数時間のうちに、５８００万ドルもの大金を得ることになった。

その頃のティールはと言えば、立ち位置を確立できず苦しんでいた。テック以外の分野で金持ちになろうと目論む人間はパロアルトじゅう探してもティールぐらいしかいなかったし、保守派思想を主張するという、彼が得意とする分野は以前ほど流行らなくなっていた。

リベラルと闘う保守派の戦士というキャラクターは、1980年代から90年代初めにかけてはうまくいった。ビル・クリントンは1992年に地域社会活動家でラッパーでもあるシスター・ソウルジャを批判したことでジェシー・ジャクソンと袂を分かったが、大統領選には余裕で勝利した。そして1993年には「あなたが考えていることがポリティカリー・コレクトかどうか、心配しなくても済む時代が来た」とアメリカ国民に向けて発言した。

ティールをはじめとする保守派はこの論争で勝利をおさめたが、それはつまり、1996年に『The Diversity Myth』が発売された頃には、このテーマはもはや目新しくはなく、世論を扇動する力も弱くなっていた。本は出版直後は大きな注目を集めたものの、熱が冷めるのも早く、それはティールの母校でも例外ではなかった。〈スタンフォード・デイリー〉のコラムニストが指摘したとおり、ティールの主張は「10年近くも前にスタンフォードに吹き荒れた文化戦争」の産物に過ぎなかった。

ティールの計画は、政治的な発言や執筆で得た自分の知名度を利用して、マクロ投資家としての地位を確立することだった。マクロ投資は世界経済の大きな動きに対し投資を行うので、政治と密接に結びついているというのがその理由だった。彼はサックスとともに〈ウォール・ストリート・ジャーナル〉に論評を寄稿し、民主党の予算浪費が最近のアジア経済危機を引き起こしたと述べ、〈サンフランシスコ・クロニクル〉ではモニカ・ルインスキーのスキャンダルを例にとって、インターネットが持つ破壊的なパワーを喧伝した。

どちらも注目を集めることはなく、投資家としての経歴もないティールはファンドの資金集めに難儀した。友人や家族からなんとか集めることができたのは100万ドル程度。ファンドへの誘い文句として彼は出資者にパフォーマンス（運用成績）に連動した成功報酬まで約束した。投資家としてのパフォーマンスは、少なくとも初めの頃は、はかばかしくなかった。ナスダック株価比数が40％も上昇し、サンフランシスコ半島のレストランやバーが銀行が法人用クレジットカードを使うおかげで儲かりまくっていたとき、ティールは通貨に投資をして、集めた金を目減りさせていた。

そういうわけで1998年、ドットコム・バブルが全盛期を迎える頃、ティールはヘッジファンドから離れて、今いちばん熱い業界に足を踏み入れる決心をした。

実のところテック投資家は、マーク・アンドリーセンのような開発者よりもうまくやっていた。アンドリーセンとともにネットスケープを設立したジム・クラークは、アンドリーセンより儲けていた。彼は会社を設立するためにアンドリーセンに声をかけ、自ら出資をし、ベンチャー投資家から金を集めた。IPO時に手にしたものは約6億ドル相当のネットスケープ株。アンドリーセンの10倍だった。

クラークは当時の典型的なIT企業家ではなかった。20代ではなかったし、もうプログラムを書いてはいなかったし、2ベッドルームのアパートで満足するタイプでもなかった。彼はネットスケープで得た利益で、リモートコントロールで操舵できる150フィートのヨットを買い、のちには3番目の妻との離婚慰謝料に1億2500万ドルを支払った。

ティールが自分のキャリアの次のフェーズの目標としたのはアンドリーセンではなく、クラークのような生き方だった。ITの申し子ではなく、そのオタクたちの背後にいる投資家になることだった。1998年のうだるような暑いある日、彼はスタンフォード大学のフレデリック・E・ターマン・エンジニアリング・センターを訪れ、変わり者だが抜きん出た才能を持つプログラマーを口説きにかかった。

マックス・レヴチンは当時23歳、コンピュータ・サイエンスの学位を取得してイリノイ大学を卒業したばかりだった。アンドリーセンの大学の数年後輩に当たるが、ある意味アンドリーセンよりずっと印象的な人物だ。レヴチンはソ連崩壊の数年前に、ウクライナのユダヤ人家庭に生まれた。両親にはコンピュータを買ってやれるお金がなかったため、レヴチンは紙とペンでプログラミングを習得した。1991年に両親とともにアメリカに移り住んだ後は、大学に入れる英語力をつけるためにテレビドラマを観て独学で勉強したという。

イリノイ大学アーバナ・シャンペーン校では暗号をつくったり解読したりするクリプトグラフィー（暗号学）に興味を抱いた。インターネットを安全に機能させるためには必要不可欠なものだが、一部の人にしか理解できない難解な分野でもあった。レヴチンはまた、自分は起業家になる運命のもとに生まれたと考えていて、できるだけ早く西海岸に移り住むことを望んでいた。「僕が大学を卒業した当時は、コンピュータ・サイエンスで優秀な成績をおさめた学生なら、誰もがパロアルトの安アパート探しをしたものさ」とレヴチンはのちに振り返った。

パロアルトでいちばん家賃が安いのは、スコット・バニスターという友人が住んでいたアパートだった。バニスター自身はすでに小さな会社を売却して投資家に転向していたのだが、その部屋にはエアコンがついていなかった。そこでレヴチンは夏の暑さをしのぐため、スタンフォード大学で不定期に行われていたゲスト講演会をしょっちゅう聴きに行っていた。教室のいちばん後ろの席に滑り込み、しばらく話に耳を傾けた後、エアコンの涼しい風を受けながら居眠りを楽しむ。スタンフォード大学卒業生による通貨トレーディングの講演にもぐり込んだときも、そのつもりだった。しかし教室には6名ほどしか聴講者がいなかった。

こんなに少人数しかいない教室で居眠りをするのははばかられたので、彼は義務感から講演を聴くことにした。そしてティールの話に興味を覚え、レヴチンのほうから自己紹介をしていた。彼はティールと共通の友人がいることを伝え（ティールが出資した企業の創設者、ルーク・ノセック）、自分もスタートアップをはじめるつもりだと告げた。二人は一緒に教室を出て、駐車場に向かって歩いた。別れる際なって、ティールが「今度ブレックファスト・ミーティングをしないか」と誘った。

もちろん、とレヴチンはうなずいてみせた。

「明日はどう？」とティールは言った。

翌朝、彼らはスタンフォード大学のすぐ南側にあるダイナーで待ち合わせた。ベリー＆バナナ・スムージーを飲むティールを前に、レヴチンは今夢中になっているパームパイロットについて語った。これはハンディサイズのコンピュータで、オタクの間ではそれなりに知られていた。初期のiPhoneと同じくメモを書いたり、スケジュールを管理したり、なんと信じられないことに離れたところにいる相手にメッセージを送れるアプリまでついているのだ。

レヴチンはこのパームパイロットを使って独学でプログラミングを習得したのだが、そのプロセスはややこしく、スマートとは言えないものだった。端末に取り付けられるサイズの特別なモデムを購入し、ワッフルメーカーほどの大きさの端末とモデムを電話線用のプラグに差し込み、モデムがダイヤルアップ方式で、うるさい音を立てながらゆっくりと送ってくるデータを読み取るというものだ。しかしレヴチンにとっては、夢のような装置だった。

「いつの日か、誰もがこいつを使って仕事をする日が来るよ」と彼はティールに言った。

パームパイロットにはひとつだけ問題があって、それはセキュリティ機能が入っていないことだ、とレヴチンは言った。そのため、ビジネス用としては使い物にならない。暗号学の専門家としてレヴチンが考えた解決方法は、こうしたハンディサイズのコンピュータに暗号化されたネットワークを組み込み、大手企業が運営するメインフレームのシステムにアクセスできるようにする、というものだった。ティールはレヴチンをじっと見つめた。

「素晴らしい」と彼は言った。「それに投資するよ」

それから24時間のうちに、ティールはレヴチンのアイデアに25万ドルほどの値をつけた。それはのちによく知られた存在となるアイデアへの、そして一人の素人起業家への、劇的なまでの投資だった。

レヴチンは会社をフィールドリンクと名づけた。仕事場におけるパームパイロットと、企業のシステムとをリンクさせるという、会社の目的にちなんだ名前だ。そのアイデアは、時代のはるか先を行くものだった。ハンディサイズのコンピュータが仕事場で使われはじめるのはそれから10年後のことだったし、企業のシステムと個人の端末間のコミュニケーションが広く安全に行われるようになったのは２０１０年代も半ばになってからだ。しかし、レヴチンとティールとのパートナーシップは、別の理由から、幸先が良いものになった。

１９９８年、スタンフォード大学のコンピュータ・サイエンスの教授で、ネットバンキングや

eコマースにも使われている暗号技術の発明で有名なマーティン・ヘルマンは、二人に会って話を聞くと、わずかな株式と引き換えにフィールドリンクのアドバイザーを務めることを了承した。「顔を合わせてからものの5分で、マックスがこの分野で博士号を持つそんじょそこらの人間よりも暗号に精通していることが分かったよ」とヘルマンは言う。「それに、彼はハングリーだった」

ティールとレヴチンは、マイクロソフトといったビジネス向けのソフトウェアを開発している大手企業との連携を取り付けるには、ヘルマンのような人物の信用力が必要だと考えて、アドバイザーを依頼した。しかし、大手ソフトウェア企業は二人からの打診をほぼ無視し続けたため、数ヵ月のうちに二人はレヴチンの暗号技術の別の使い道を模索しはじめた――大手ソフトウェア企業の承諾も、そして仲介者も必要としない使い道を。

その年の初めに、パームの最新デバイス、パームⅢの仕様が発表された。新しい端末にはメモリが目いっぱい搭載されているだけでなく、赤外線送信機も組み込まれていた。そう、ガレージの扉を開けるときに使うあれだ。これによって、ダイヤルアップ接続をすることなく、デバイス間で連絡先情報などのデータをやり取りすることができる。レヴチンとティールはこの技術を使い、1998年終わり頃から新しい試みをはじめた。

パームパイロットを使って銀行口座へのアクセスを可能にし、決済が行えるようにする仕組みづくりだ。彼らはパームパイロットのソフトウェアを開発するこの会社をコンフィニティと改名した。レヴチンが考えついた造語で、「無限の（infinite）信頼（confidence）」という意味だった。CEOにはティールが就いた。

当時パームパイロットを所有していたのはごく一部のスーパーオタクだけだったので、レヴチンのテクノロジーも、あり得ないほど狭い世界でしか使われる予定はなかった。それでもティールは、この基本的なアイデアが既存の常識を打ち破る可能性を秘めていると考えていた。レヴチンが発明したのは新しい決済方法ではなく、新しい通貨だった。コンフィニティが開発したアプリをパームパイロットに入れてしまえば、ドルではなくデジタルの通貨を使ってものを買うことができる。

彼らはこの決済サービスを「ペイパル」と名づけたが、当初からティールはこれが単なる便利な割り勘手段以上のものになると考えていた。アジア、ロシア、そして南米を襲った金融危機の際、ハイパーインフレが起こり、個人資産をドルに換えて外国の口座に移せなくなってしまうことに市民は不安を抱いた。ペイパルを使えば、パームパイロットに入れたお金はポケットサイズのスイスの口座に入ったも同然だ。この仕組みがうまくいけば、政府が金の流れを規制することは不可能になり、彼がマスコミに自慢げに語った言葉を借りれば「国家という形の崩壊」につながっていくだろう。

ティールが目指す、誰もが名を明かさずに外国に口座を持てるということは、その口座が脱税やマネーロンダリング、武器取引やその他国際的な犯罪に使われる可能性があるということだ。彼のロジックをたどっていけば、あらゆるグレーあるいはブラックな取引を政府が止めることは不可能であり、それらの取引に伴う手数料はペイパルの収入になる、という結論に至る。〈スタンフォード・レビュー〉時代に彼がぶち上げていた途方もない主張の現実バージョンそのものだ。20年後、引きずり下ろしたい相手が、モラルの破綻した大学関係者から政府へと変わっただけ。

ビットコイン信奉者たちも、似たようなロジックで自分たちを正当化している。

ティールはこうした革命的な野望を隠すこともなく、初期の従業員たちや、投資家に対しても率直に伝えていた。そして1999年7月に行われたプレス発表において、ティールはパームパイロットに搭載されたペイパルを使い、自社に300万ドルを送金してみせた。「紙幣は時代遅れになった」と、その年の後半、ある会議でティールは発言した。さらにペイパルは「決済業界のマイクロソフト」になるだろう、と述べた。

「当然のことながら、われわれがアメリカ人ユーザーにとって『便利』だと表現しているものは、新興国にとっては革命的な存在となるでしょう」と彼は続けた。政府は「インフレや、時には通貨切り下げという手段を使い……市民から富を奪い取ろうとする」とも述べた。ペイパルは、それを阻止することができる会社なのです、と。

ティールは自分のリバタリアン（自由至上主義者）精神を様々な場面で発揮した。たとえばペイパルでは、全員参加の会議に遅刻するのも自由だった。1分遅れるごとに1ドル支払えば問題ない。また、ニール・スティーヴンソンによるサイバーパンクSF小説『クリプトノミコン』（早川書房）は、アイン・ランド『肩をすくめるアトラス』（アトランティス）とともに、一種の課題図書のようになっていた。スティーヴンソンの小説には起業家や、第二次世界大戦における暗号解読者の子孫が登場する。彼らは暗号化されたオンライン銀行システムを権威主義的な政府から守るために、秘密裡に「データ・ヘイブン」をつくり上げるのだ。

初期の頃の従業員は、ほとんどがリバタリアンだった。レヴチンもその一人だ。ウクライナ生まれのレヴチンは権威というものすべてに懐疑的だった。ティールはじきに、〈スタンフォード・

レビュー〉時代の仲間や、ロースクールの友人を採用するようになった。キース・ラボワ、デイビッド・サックス、ネイサン・リン、ノーマン・ブック、デイビッド・ウォレスなど。さらに、ポール・マーティン、ケン・ハワリー、エリック・ジャクソンといった〈レビュー〉の元スタッフも6名ほど採用した。レヴチンも、ノセック、ユー・パン、ラッセル・シモンズといった、イリノイ大学アーバナ・シャンペーン校時代の元同級生を何人か連れてきた。

初めて借りたオフィスは、パロアルトのダウンタウンにある、文房具店とフレンチベーカリー店の上にあった。オフィスは20人ほどの若い男たちでぎゅうぎゅう詰めで、壁際には油の染みたピザの空箱やコーラの空き缶がうずたかく積み上がっていた。「テック業界のフラタニティみたいだったよ」とマーティンは言う。彼は〈スタンフォード・レビュー〉のスタッフだった大学3年のときにここを訪れ、その後大学を中退してペイパルでフルタイムで働くようになった。社員はほとんどが20代前半だった。「経験豊かであることは、汚点とみなされていた」と、初期の頃に採用された一人、トッド・ピアソンは言う。「MBAを持っていることがバレたりしたら、クビになったかもしれない」

若さの他にペイパルで特徴的だったことと言えば、全員が白人で、男だという点だった。ティールはここでも、多文化主義への反感をきっちりと体現した。創立まもない頃のペイパルは女性を採用せず、黒人の従業員もいなかった。

当時ペイパルの従業員が心配していたのは、白人男性ばかりが採用されることではなく、ティールに従順な者ばかりが採用されることだった。「当初は、〈レビュー〉の編集者たちを採用するのは間違っていると思っていた。週刊新聞の発行をしていた者に、テックの業務ができるはずがない、とね」とヘルマンは言う。「でもピーターには、自分のことをリーダーと認識し、歯向かってこない人間を見抜いて採用する、抜群の才能があった」

シリコンバレーの誇りは、実力主義社会であることだ。変人だろうとオタクだろうと、能力があれば採用される。つまり、扱いが難しい従業員であっても、その人が素晴らしいものを生み出している限り、会社は最大限に優遇する。

「神が挙げた成果が、同じ神が引き起こしたダメージを上回った場合、会社はその神をかばうべきだ」。グーグルの元CEOエリック・シュミットは『ハウ・グーグル・ワークス』（日経PBマーケティング）で述べている。しかしティールは、従業員に対し競争力とともに忠誠心と同質性を求めた。

採用面接でティールは、当時ウォールストリートでよく行われていたなぞなぞのような難問をぶつけることもあった。若者をじっと見つめてこう言うのだ。「あなたの前に円形のテーブルと、大量の25セント硬貨がある。あなたと競争相手は順番に、コインを1枚ずつテーブルに置いていく。コインは重なってしまってはならない。コインがテーブルからこぼれ落ちてはならない。最後にコインを置いた人間の勝ち。さて、あなたは最初に置くか、2番目に置くか？」

答えは最初に置くほうを選び、テーブルのど真ん中にコインを置く。そして次からは、相手が置いた場所の正反対の場所に置いていくというものだ。正解を言えた者は、ペイパルに入社してライバル会社を蹴落とすよう求められた。

過去20年間にシリコンバレーを訪れた人なら誰でも、どこか別世界に迷い込んだ感覚に陥ったはずだ。パロアルトや、サンホセとサンフランシスコを結ぶこのエリアは、ぱっと見たところではアリゾナのツーソンや、オクラホマのタルサの郊外と何ら変わりない。小規模の家が立ち並び、ショッピングセンターやオフィス用駐車場が点在している。ところが、カフェ「パネラ」や、コートヤード・バイ・マリオットの朝食ビュッフェに足を踏み入れ、客のラップトップコンピュータを覗き込んでみれば、そこに映し出されているプレゼン資料は他のどことも違っていることに気がつく。ホームレス問題を解決する、3Dプリンターでつくった安価な家とか、人工ミートの分子組成図とか。

起業家も投資家も、プレゼンをするほうもされるほうも同様に、昔ながらの秩序を覆してやろうと目を輝かせている。しかしシリコンバレーで時間を過ごしているうちに、2つのことに気づく。ひとつめは、スタートアップのほとんどは思っていたほど野心的ではないということ。多くはオールドエコノミーのおいしい部分をほんの少しだけ切り取って、インターネットで売ろうという試みだ。90年代半ばのアマゾンが本を、2000年代のグーグルが広告を、2010年代のウーバーがタクシーサービスを売ったように。

2つめは、起業家たちが必ずしもオリジナリティあふれているというわけでもないこと。彼らのほとんどは、5つの大学のいずれかの出身者だ（スタンフォード、UCLAバークレー、カリフォルニア工科大学、ハーバード、MIT）。そして同じベンチャーキャピタル（VC）から支援を受けている。VCは既存を打破することや発明について熱く語りはするが、多くの場合その時々の流行りものに金を出しているに過ぎない。

1990年代から2000年代初めにかけてのドットコム・バブルの頃、次に金になるのは決済機能だと、バレーでは考えられていた。インターネットはもはや何億人もの人たちに行き渡り、彼らはネット経由でニュースを読んだり、メッセージを送ったり、ポルノを見たりしていたが、金を動かすには至っていなかった。

バレーの起業家たちは多くの方法を試みていた。PayMe、Ecount、eMoneyMail といった純粋な決済企業、Flooz のようなオンラインギフトカード会社、Beenz などポイントを使ったデジタル通貨会社。大手の小売企業や金融機関はどこもネット決済機能を持っていた。Amazon には Accept.com、ヤフーには PayDirect、そしてイーベイにも Billpoint という、ペイパルのライバルとなる決済システムがついていた。

市場には決済会社が数多くひしめき、どこも似たり寄ったりのサービスをうたい文句にしていた。ペイパルも創業当初はそのひとつに過ぎなかった。1999年初め当時、ユニバーシティ通り394番にあるティールのオフィスを訪れる者は小さな文房具店の隣の扉を入り、階段を上がって2階に行く。片方にはティールとレヴチンの会社があり、反対側には X.com という会社があった。あらゆる意味で、ピーター・ティールに匹敵する野望を抱く起業家、イーロン・マスクの会社だった。

マスクは17歳のときに故郷、南アフリカのプレトリアを出て、カナダ滞在を経てシリコンバレーにやってきた。1995年、ティールがカリフォルニアに戻った年にスタンフォードの大学院に入学、物理学での博士号取得を目指していたが、中退して Zip2 という会社を立ち上げた。ビジネス向けの電話帳、つまりオンライン版イエローページのようなサービスを提供する会社だ。

マスクは、起業直後から投資家たちともめた。彼は Zip2 をヤフーのような総合ウェブサイトにしていきたかったのだが、ＶＣ側はその分野は別のメディア企業と連携することを望んだ。そして１９９６年にはマスクを退け、プロのＣＥＯを就任させた。マスクは傷ついたが、１９９９年に会社が約3億ドルでコンパック社に売却された際、２２００万ドルを受け取ったので、金銭的にはうまくいったと言えるだろう。

マスクとティールは似た者同士だったが、気性は正反対だった。マスクは生まれながらに好戦的でやや間が抜けており、ユーモアのセンスは子どもっぽく威勢が良かった。ティールが親しい友人に対してさえ秘密主義だったのに対し、マスクは開放的だった。ティールは常にリスクを低減することを考えていたが、マスクはいつも破滅に向かって突っ走ってしまう。Zip2を売却した後には、マクラーレン・Ｆ1を１００万ドルで購入し、残った金のほとんどをX.com に突っ込んだ。X.com は電子決済サービスだけでなく、小切手口座や株取引、X.com による投資信託も扱っていた。

マスクは、決済サービスを通して友人から金を受け取ったユーザーが、それを口座に置きっぱなしにして、いずれ全額を彼のオンライン銀行に預けてくれることを期待していた。「ハイテク業界の新しいスター、イーロン・マスクは、シリコンバレーの次期大物の座を狙っている」と書き立てたメディアもある。１９９９年半ば頃、マスクはウェブサイトを通じてセコイア・キャピタルのマイケル・モリッツ率いる投資家グループから２５００万ドルの投資を得た。これはティールとペイパルにとっては悪いニュースだった。モリッツは、ヤフーや、グーグルという名の駆け出しの検索エンジン会社への投資を行い、シリコンバレーで最もリスペクトされるベンチャーキャピタリストの一人となっていた。

マスクは例によって、投資したX.comを好き勝手に運営した。新規のユーザーは、サインアップして新しい口座を開くだけで20ドルもらえる。その後、X.comが勧めるままに友だちのメールアドレスを登録し招待すれば、さらに10ドルの紹介料がもらえるのだ。

マスクは、金融機関が通常行っている手続きをすべて無視した。普通、金融機関は顧客の身分証明書をチェックすることで本人確認を行う。そしてそれを当局にきちんと報告しなければ、顧客が不正を行った際には金融機関側が責任を問われることになる。誰かが銀行に入ってきてカウンターに600ドルをポンと置き、ミック・E・マウス（ミッキーマウス）の名前で口座を開いてくれと言ったとしても、窓口担当者は微笑んで金を受け取ったりはしないのだ。

マスクは正規の手続きのことを何も知らず、まさにこうしたことが行われかねない会社をつくってしまった。1999年終わり頃にはCBSニュースに対し、X.comで信用枠を得るのは電子メールのアカウントを取得するよりも簡単だ、と自慢げに話している。「申込事項を入力すれば、2分で口座がつくれる。口座にログインしたら、もう20ドルが入ってるってわけさ」と述べた。

当然、X.comで口座を開く際、顧客が自分の名前や住所を偽ることを妨げるものは何もない。結果、偽名や偽の住所で口座を開く人が続出した。顧客宛に送られた手紙は宛先不明で差出人に戻ってくるため、毎日のように大量の手紙がユニバーシティ通り394番地に届くようになった。戻ってくる手紙の扱いに困った従業員は大きな金庫を購入し、そこに手紙を突っ込んでいった。

X.comでは顧客のほとんどが小切手を振り出せる口座も持つことができたため、郵便を受け取ることができた顧客の多くは、不渡りとなることが分かっていて小切手にサインをした。「俺はいったいどんなことに巻き込まれてしまったんだ、と考える毎日だったよ」と、この不正に対応するよう命じられた当時の従業員は言う。「あの会社には、リスク低減策というものがまったくなかった」。小切手口座の業務を委託された銀行から、X.com の不渡り小切手についてクレームが来ていると聞かされたマスクは、わけが分からないという表情でこう言ったという。「僕には理解できないよ。口座に金がないなら、どうして小切手にサインなんかするんだ?」

マスクやその従業員たちは、ユニバーシティ通り394番地の反対側のオフィスでも、デジタル資金決済の仕組みが開発されつつあることを知らなかった。マスクたちは、扉に「コンフィニティ」と書かれていること以外、この会社のことを何も知らなかった。「こっちは向こうが何をやっているか知らなかったし、向こうもこっちが何をやっているか知らなかった」と、X.com の元従業員は言う。「彼らが、裏のごみ箱からうちの事業計画を見つけ出すまではね」

X.com とコンフィニティは、建物裏のごみ箱を共同で使用していた。コンフィニティのエンジニアたちは X.com の従業員たちに対し、ごみ箱から X.com のウェブをベースにした決済システムと紹介スキームについての書類を発見し、1999年にユニバーシティ通り394番地からもっと広いオフィスに移転した後に、このスキームをペイパルにも組み込んだ、と自慢げに話したという。X.com の従業員の中には、彼らの言葉を文字どおりに受けとめる者もいた。「99・9%本当だと思う」。マスク自身はつくり話だろうと言って相手にしなかった。「もちろん可能性はゼロではないよ。でもそれって『月に行くという私のアイデアが盗まれた』って言うようなものじゃない?」

どちらにせよ、1999年の秋にティールとレヴチンは X.com のビジネスモデルと同じ方向に向かって舵を切った。11月には、パームパイロットの資金決済サービス機能をまねた粗々のウェブインターフェイスもつくった。翌月、ゴールドマン・サックスとテック系のインキュベーター Idealab から2300万ドルのベンチャーキャピタルを募った際には、幸運な顧客たちにお金を送ってみせるイベントを開催し、『スタートレック』でスコッティ役を演じたジェームズ・ドゥーアンを登場させた。「これまでの俳優人生、いろいろな人を転送してきたけど、お金を転送するのは初めてだよ！」と、スコッティはプレスリリースで語った。

このジョークはティールのスタンフォード時代の「平和を目指すリベラル集団」の話と同様、まったくウケなかったが、ペイパルは顧客の注目を集めることには成功した――イーベイだ。当時、オンラインのオークションで何かを買った場合のおもな支払い方法は、郵便局に行って郵便為替を買い、それを売り手に郵便で送ることだった。為替を受け取った売り手は、それを銀行に持ち込んで現金化しなければならない。「馬鹿らしい仕組みだったよ」とイーベイの幹部は言う。「何かを売るのに何週間もかかっていたんだから」

ペイパルの仕組みをスピーディに広めるために、レヴチンはあるソフトウェアを開発した。イーベイの売り手に対して自動的にメールを送り、あなたが売りに出しているものを買いますと持ちかけるソフトだ――ただし、決済はペイパルに限ります。ペイパルが落札したら、モノは赤十字に寄付をする。そもそもこの手法がやや詐欺的であるのを中和するためだった（当然のことながら、イーベイのサービス規約には違反していた）。レヴチンはオークションで勝とうとしていたのではなく、売り手がペイパルのアカウントを取得してくれることを狙っていた。

ペイパルはさらに、X.com の攻めの戦略を適正に修正し、新規ユーザーに10ドル、紹介1件につき10ドルを支払うことで成長していった。加えて、ユーザーが口座に入ったお金をすぐに引き出せるようにした。ユーザーに小切手を送るか、クレジットカードの返金という形で送金するのだ。新規ユーザー一人当たりに対し平均20ドルを支払うことになるのだから、ペイパルにとっては高くつく仕組みだった。

ユーザーはどんどん増えはじめた。レヴチンとティールの共通の友人であり、今はペイパルのマーケティングの責任者になっているルーク・ノセックは新規アカウント取得者数を追跡できるソフトウェアアプリを導入した。それは「世界征服指標」という名の小さなボックスとなって、従業員のパソコンのモニターに表示された。新規ユーザーが登録され、ボックス内のカウンターが増えるたびに、鐘の音が流れる。

11月時点では、カウンターは数千を表示していたが、1月には10万に増え、その3ヵ月後には100万を突破した。シリコンバレーにおいてすら、これは前代未聞の勢いだった。しかし同時にそれは、ペイパルの手元にある2800万ドルのうち、約2000万ドルが紹介料などに消えてしまったことを意味していた。朝オフィスに出勤して、一夜にして何千人もユーザーが増えていたときの驚異と畏怖に似た気持ちは、当時の従業員の間では語り草だ。

ペイパルは、X.comよりもさらに急進的な規制逃れによって、いっそう売り上げを伸ばした。X.comは少なくとも金融機関として登録された企業だったが、ペイパルはそれすらしようとしなかった。顧客情報を集める努力をしている様子はなく、顧客が金を不正な目的のために使用するのを止めようともしなかった。少なくとも一部の従業員の目には、ペイパルは金融業界のルールをあからさまに軽視しているように見えた。

事実、ペイパルが顧客にキャッシュを送金するために使っていたクレジットカードの返金システムは、カード会社によって阻止されるようになった。翌年、クレジットカード業界から正式な抗議がなされると、ペイパルはあっさりと謝罪した。「彼らは、『お前ら、何やってるんだよ?』って感じだった」と、ピアソンは振り返る。「それに対してこっちは『顧客への返金をスムーズに行うために、あなたがたの素晴らしいシステムを使わせていただいたのです』という感じ。そしてそこから交渉に入る。これを何十回も繰り返したのさ」

こうした攻めの姿勢が正当であり、称賛されるべきだとすらみなされる世界がもうひとつある。ティールやその他ペイパルの幹部の多くが信奉する保守派政治活動の世界だ。〈レビュー〉の資金集めの手紙では黒人のヘアスタイルについて教えることの危険性をつづったが、こうした手法はリチャード・ヴィグリーをまねたものだ。ヴィグリーはゴールドウォーターやレーガンの過激な保守主義を支持し、そのための資金集めを行ったことで有名な人物で、〈レビュー〉といった大学の保守派系出版物を支持する団体、ヤング・アメリカンズ・フォー・フリーダムを運営し、米下院の事務官のオフィスで書き写した記録をもとに資金集めのリストをつくったことでも知られている。

ゴールドウォーターに寄付を行った人たちの名前と住所を知りたかった彼は、事務官のオフィスにある記録をコピー機でコピーすることが禁じられていたため、大人数の助手を引き連れてオフィスへ出向き、記録を手書きで写させた。そしてそれをリストにし、人種隔離政策を訴えたアラバマ州のジョージ・ウォレスをはじめとする右派の活動家グループに売った。

ヴィグリーや、彼を信奉するワシントンの政治サークルの連中は、何十年もの間この事件を武勇伝として語ってきた。しかしシリコンバレーの起業家の間では、この戦略は別の名前で知られている――グロウス・ハッキングだ。現在では、スタートアップ企業が軌道に乗るまでの間に限っては、持続可能ではない、倫理的に疑問視される手法を使うことは広く受け入れられている（テック業界では称賛すらされることもある）。これは、ティールたちがペイパルで行ったグロウス・ハッキングに負うところが大きい。

しかし当時は、ティールの戦略はライバル企業からの抗議にあった。ペイパルは見境なく金を使い、普通の銀行なら絶対に通らない取引を成立させ、基本的なルールすら守らないままどんどん顧客を増やしている。

他のオンライン決済業者の多くは国の銀行規制に従っている（たとえば決済前に顧客の社会保障番号の提示を求めたり、住所確認を行ったりなど）ことをマスコミに指摘されると、ティールはそうした企業を「正気ではない」と言い、だから業績が伸びないのだと断定した。ペイパルもルールを守るべきではないかと言われると、肩をすくめてみせた。「銀行の定義が何かなんて、誰にも分からない」と彼は言った。「明確な基準はないのだから」ペイパルが法を犯していたとしても、今は謝罪する時ではない――周囲と歩調を合わせる必要もない。今は急成長の真っただ中なのだから。

# 5

Heinous Activity

# イーロン・マスクとの共闘

2000年初め頃、シリコンバレーの起業家、投資家、そしてエンジニアたちは、目の前に無限の可能性が開けていると感じていた。ナスダックは2年間で3倍になり、時価総額数十億ドルの企業が現れはじめた。「それがどんなにクレイジーな状況だったか、説明するのは難しい」と、X.com の投資家でベンチャーキャピタリストのマイケル・モリッツは言う。「みんなとても若く、ろくに食事もとらずに24時間働いていた。そこには何とも言えない空気が流れていた。勝者になれるという絶対的な自信を見せる者がいる半面、すべてを失うと悲観的に考える人間もいた」

新たなミレニアムの幕開け、アル・ゴア副大統領はクリントン政権を承継し民主党政権3期目の大統領を狙っており、21世紀になった瞬間に世界中のコンピュータが誤作動を起こすと言われたY2K問題（2000年問題）は取り越し苦労に終わった。

1月に追加の2300万ドルを調達したペイパルは、活況に沸いていた。1日当たり約9000人のユーザーが増え、それぞれが10ドルずつ受け取り、さらに新たなユーザーを1名紹介するごとに10ドルの紹介料をもらっていた。結果、シリコンバレー史上、そしておそらくは世界史上最も速いペースで顧客は増え続けていた。

「風邪をひくよりも簡単に登録できる」と、ティールは〈ウォール・ストリート・ジャーナル〉に胸を張った。「それに、広まるスピードはウイルスよりも速い」。同紙によると、投資家はオンライン金融サービス会社を登録ユーザー数で評価するため、ペイパルはサービス開始からわずか数ヵ月で手数料支払いが1億ドルから10億ドルという驚異的な金額にまで増える可能性があるが、どこかの時点で利益が出はじめるだろうとのことだった。

テック企業では、急成長を達成するため最初にある程度の損失を負うのは、珍しいことではない。企業が損失を被りながらも成長を続けていれば、規模の経済が働いて、損失は減っていくからだ。成長を続ける限り、最終的には利益が出るようになる。しかし、ペイパルはその戦略に当てはまらなかった。ペイパル以前に急成長した多くのスタートアップとは異なり、収益がまったくなかったからだ。

ペイパルが提供するサービスは無料だった。ティールは表向きには、ユーザーがシステム内に置いている現金の利子を集めることで利益を得ると投資家や世間に伝えていたが、あいにくペイパルに現金を置きっぱなしにしておくユーザーはほとんどいなかった。

さらに悪いことに、システムに残っていたわずかな金額はペイパル自身のものだった。2000年2月には、手数料だけで1日当たり10万ドルを支払うようになっていた。それは新しい口座を開設させるためだけの手数料だ。そしてユーザーがペイパルを利用して商品を購入しはじめると、損失はさらに大きくなった。クレジットカード会社は、3％ほどの決済手数料を課すため、ユーザーが「手数料無料で」100ドルの取引をすると、会社には3ドルの費用がかかることになる。ユーザーが動かす金額が大きければ大きいほど、ペイパルはより多くを失うのだ。

つまり、金融システムにおけるペイパルの存在感が大きくなればなるほど、会社は経済的に苦しくなっていったのだ。ペイパルの成長を綿密に分析していたイーベイのマネージャーは、彼らの戦略を不思議に思っていた。イーベイでは、怪しいユーザーをシステムから排除し不正を防止するため、特典の使用者を取引量が多い売り手に限定していた。それに対しペイパルは、収益性の高い運営を行うための工夫も、銀行のルールや規制を遵守する努力も、一切していないように見えた。「彼らは馬鹿げたことに馬鹿げた金額を使っていた」と、イーベイの幹部は語っている。

これには解決策があった。ペイパルを、競合他社が太刀打ちできないぐらい大きくしてしまうことだ。ペイパルが唯一の決済方法になってしまえば、独占状態となり、決済サービスに手数料を課す道が開けてくる。この戦略はその後インターネット企業では一般的に行われるようになっていくのだが、当時のティールはそれがうまくいくかどうか確信がなかった。そして、この事業を売却し、ペイパルの損失を切り離すほうが良いと判断した。

「ティールは失敗を非常に恐れていた」と、ある同僚は言う。ペイパルを大手企業に売るという考えは、ずっと彼を悩ませてきたし、ティールと投資家たちの間に流れる緊張感の源でもあった。彼はとりあえず、大学の友人であり会社の副社長でもあるリード・ホフマンに、潜在的な買い手を当たってみて欲しいと依頼した。

ホフマンの呼びかけに応じた企業は多かった。オンラインでクレジットカード取引を行うベリサインは、ペイパルの競合会社を立ち上げたばかりで、買収に乗り気だった。ヤフーも手を挙げた。しかし具体的な話し合いがはじまる前に、イーロン・マスクが割り込んできた。ペイパルが売却を模索していると聞いて、同社がヤフーの傘下に入ったら、X.com が市場から押し出されてしまうことを危惧したのだ。彼はティールに連絡を取り、二人は2000年2月にユニバーシティ通りのレストランで会うことになった。

現実的にも、合併しかなかった。ペイパルとX.com のユーザーベースの規模は同じくらいで(どちらも約20万人)、それぞれがイーベイの決済の50%を占めており、マーケットシェアも同程度だった。そしてどちらも損失が膨らんでいた。合併すれば、2000年第1四半期の損失は約2500万ドルになる。2社が力を合わせれば生き残る確率は上がるうえ、政府が新しいデジタル決済テクノロジーの規制に乗り出した場合、当局との交渉もしやすくなる、とマスクは力説した。

マスクとティールは、50対50の合併で合意した。表向きには、知名度の高い投資家と創立者がいるX.comが買収サイドになる。コンフィニティという名前は消滅し、ペイパルはX.comの金融サービス部門の一部となる。X.comの創業者であり所有株数が多いマスクが会長、かつ筆頭株主になった。2ヵ月後、彼は自分自身をCEOに任命した。

このパートナーシップは投資家にとっても魅力的で、その春合併が行われると、ベンチャー投資として1億ドルが追加出資された。合併自体は成功だったが、トップの対人関係はぎくしゃくしていた。当然のことながら、イーロン・マスクとピーター・ティールは相容れなかったのだ。ある日、セコイアのマイケル・モリッツとのミーティングのため、自身が運転する100万ドルのマクラーレンにティールを乗せていたマスクは、車の加速ぶりを見せびらかしたくなり、スピードを出しすぎて、サンドヒルロードの堤防に衝突させてしまった。マクラーレンは宙に舞い、グシャグシャになった。そんな状態の中、マスクはティールにこう言ったのだ。「金持ちになってスポーツカーを買ってそれをぶつけて廃車にする人の話を今までさんざん聞いてきた。でも僕は絶対にそんなことにはならないと思っていたから、保険に入ってないんだよね」

この震え上がる経験によって、ティールはマスクを計画性のない無謀な人間だとみなすようになった。一方マスクのほうはティールを、テクノロジーを単なる金儲けの手段として見ていると感じるようになった。

「僕たちは水と油だとまでは言わないけど、かなり違っていると思う」何年も後になって、マスクは慎重に言葉を選びつつも、辛辣に語った。「ピーターは投資が持つゲーム性が好きなんだ——チェスと同じさ。それはそれで良いんだけど、僕のほうは基本的にエンジニアリングとデザインに夢中だからね。投資家タイプじゃない。他人のお金を利用するなんて、クールなこととは思えないんだ」

それぞれから、相手についての印象を聞いたことがある人の告白は、もっとストレートだった。「マスクはピーターを反社会性パーソナリティと考え、ピーターはマスクをほら吹きの詐欺師だと考えている」

こうした感情は配下の者たちにもじわじわと伝わっていくものだ。元コンフィニティの従業員たちの中には、マスクを偉そうでスタンドプレー好きな人間だと考える者もいた。コンフィニティという社名を取り上げられたことが気に入らなかったのだ。その頃ペイパルは「ペイパル・バイ・X.com」という、マスクのエゴを満足させた以外はほとんど役に立たない長ったらしい名前になっていた。彼らはティールのクールさが懐かしかった。「マスクはあの組織にはまったく合わない人物だった」と、〈レビュー〉の元編集者で、ペイパルのマーケティングマネージャーを務めていたポール・マーティンは言う。「マスクは、自分がいちばんよく分かっている、だから自分の言うことを聞け、という人だった。ティールは、いちばん分かっているのは君でしょ、というタイプだった」

しかし実のところは、ティールがマスクに罠を仕掛けていたようなものだった。マスクはCEOに就任したが、幹部クラスのほとんどはティールの分身たち（ホフマン、レヴチン、サックスなど）が占めていたのだ。X.com の元幹部たちは除外され、マスクは自分よりもティールに忠実な人間に囲まれることになった。

暴落は、突然にやってきた。3月、ティールとマスクがペイパルの合併と1億ドルの追加出資を完了させたときには、ナスダック指数はピークをつけていた。数週間後の4月初旬、連邦判事がマイクロソフトの米国独占禁止法違反の判決を下し、政府による解体の可能性が高まると、マイクロソフトの株価は15%も下落し、ナスダックは8%、350ポイント下落した――史上最大の下げ幅だった。

当初は、一時的な下落だと受けとめる向きもあった。マイクロソフトという巨大企業への判決を受けての価格調整であり、未熟なドットコム企業に投入された資金は関係ないと。しかし11日後の4月14日金曜日、ナスダックはさらに350ポイント下落した。1週間で25%もの下落は、1987年のブラックマンデーの暴落よりもひどかった。

それでも、テック業界の多くのアナリストたちは、これは単なる利益確定の売りか、何らかの税務対策、または市場が底を打った証だとしていた。「今こそ楽観に転じるときです」と、キャンターフィッツジェラルド証券株式会社のアナリストはCNNに語った。ペイパルのようなスタートアップは銀行にまだ現金があり、したがってテック業界が慌てる必要はなく、情報革命は引き続き発展を続けるだろうというのが大方の見方だった。

仮想通貨のスタートアップであるBeenzは、金融システムの再構築のため、ラリー・エリソンをはじめとする投資家から追加で5100万ドルを募ることに成功した。2000年8月には、〈ガーディアン〉がFloozについて「政府ではなく企業が通貨を発行するというハイエクの夢」を実現するかもしれない、と偉大なリバタリアン経済学者フリードリヒ・ハイエクに言及して報じた。これら2社はその年の終わり頃まで、深刻なトラブルに陥ることはなかった。

多くの者は、その年の秋にドットコム企業が資金不足に陥って初めて、暴落の危険を感じるようになった。Pets.comが突然、支払不能になったことを発表し、上場パーティはめったに開かれなくなり、テック企業の従業員たちは新たにできたパロディニュースのサイト、FuckedCompany.comをおそるおそるチェックするようになった。

しかし、ティールはとっくに気づいていた。それどころか、1億ドルの資金を集めるや否や、バブルが弾ける前に姿を消した。オフィスに来なくなり、従業員や役員との連絡も断った。何人かの仲間にブラジルに行くと話していたとか、どこかでチェスに興じているらしいという噂が流れた。

春頃、モリッツが彼に電話をかけて、戻ってきて欲しいと頼んだことがある。ティールはにべもなくこれを断った。そして5月には、形式どおりの書類を添付した、血も涙もないタイトルの電子メールが送られてきた。「エグゼクティブ・バイス・プレジデント辞任の件」

ティールは従業員に対し、自分は「くたびれてしまった」こと、また自身は「先見の明はあるが、マネージャータイプではない」と述べた。「世界征服の計画を実行」し続けるために、マスクに手綱を渡すのは今しかない、とも。ティールの元同僚や投資家には、彼の突然の辞任は説明がつかないものだった。結局、危機的局面への対応と、それに伴うあらゆる結果に対する責任は、すべてマスクに押しつけられたのだった。

生まれながらの楽観主義者であるマスクは、以前からCEOになりたいと思っていたこともあり、これをすんなり受け入れた。そして、初めのうちはうまくいっていた。ペイパルは顧客が盗まれた銀行情報を提示していないことを証明するための、面倒ではあるが革新的な仕組みを開発したのだ。それは申請された銀行口座に数セント単位の少額振込みを2回行い、ユーザーに正確な金額を答えてもらうというものだった。ペイパルはまた、新規顧客に対して支払っていた金額を、10ドルから5ドルに削減した。

残念ながら、これだけではペイパルの本当の弱点である、不正行為に対応したとは言えなかった。コンフィニティ時代のティールは不正行為についてあまり心配していなかったし、マスクは持ち前の自由放任主義で通していた。実際にどれほどの不正行為があったのか、ペイパル社内で把握している者は誰もいなかった。

2000年夏、ペイパルの財務部門（当時はスタンフォード大学ビジネススクールを出たばかりで南ア出身のロエロフ・ボタという若者が責任者を務めていた）は、ペイパルが予測するチャージバック率と、実際に発生した損失の比較に乗り出した。

チャージバックは、クレジットカードがペイパルのアカウントへの入金に使われた後で、それが盗まれたカード番号だと判明した場合にも発生する。クレジットカード業界のルールによれば、そうなった場合カード会社はペイパルへの支払いを即座に停止するが、偽名を使ったであろう顧客のほうはその時点ですでに金を（新規口座開設でもらったボーナスとともに）使ってしまっており、ペイパルが損失を被ることになる。

当初、状況は良くはないが壊滅的ではないように思われた。ある1週間の調査では、ペイパルは収入の1％をチャージバックで失っているという結果が出た。素晴らしくはないものの、業界のスタンダードに近い数字だ。しかしその後、ボタはこれらの計算が間違った前提のもとに行われていることに気づいた。不正行為の報告は、取引直後に不正が発覚した案件だけが対象になっていたのだ。

銀行業界ではあり得ないことだった。顧客はクレジットチャージに対し、120日経過するまでは異議を唱えることができるからであり、つまり、取引が終了した後の数ヵ月間は損失が発生する可能性がある。ペイパルはこうしたルールを考慮せず、単純にある月のチャージバック金額を、同月の合計収入で割っていた。会社が急成長を続けている状況で、これは誤った計算方法だった。結局、不正比率はボタが予想していた倍以上で、数字は上昇の一途をたどっていた。「なんてこった」とボタは思った。「俺たち破産寸前じゃないか」

ティールが会社を去った今、すべてがマスクの判断にかかっていたが、彼は野望を広げていくことしか頭になかった。マスクは以前からX.comを単なる決済会社以上のものだと思っていたので、ペイパルのロゴをつくり直してXの文字を含んだものにするよう、会社のマーケティング部門に命じた。会社名をX－ペイパルに変更し、最終的にはペイパルという名前を廃止するつもりだった。

ティールが採用した従業員にとって、これは正気の沙汰とは思えなかった。イーベイの出品者たちは、すでに日常的に「私にペイパルして」など、ペイパルを動詞として使うようになっていた。言語学者は眉をひそめるだろうが、スタートアップ企業にとってはランドマーク的な成果だと言える。それに対しX側は一連の消費者調査を行い、ペイパルというブランド名はポルノを連想させるとして顧客から嫌われていると主張した。マスクが頑として譲らないのは、おそらく大きな出費をしてしまったためだろうと、従業員は噂した。彼はX.comのドメイン取得に少なくとも100万ドルを支払ったと言われていたのだ。「誰も、何も、彼を説得することはできなかった」と、マーケティング担当者マーティンは語った。

この頃のティールはサンドヒルロードにヘッジファンドのためのオフィスを構えるようになっていたが、ペイパルの中でも彼に忠実なグループとは連絡を取り合っていた。マスクのリブランディングに憤りを感じる〈スタンフォード・レビュー〉の元編集部員たちや、ペイパルのソフトウェアが書き換えられることに憤りを感じるレヴチンもその中にいた。

こうした内紛で会社はマヒ状態になり、不正行為による損失は膨らみ続けていた。1億ドルあった蓄えは跡形もなく消えてしまった。「ウォーターベッドみたいなものだった」と、元幹部は言う。「穴をひとつふさいだと思ったら、また別の穴がボンと出てくる。みんなで団結しなければならない時だったのに、マスクはそんなことには一切関心がなかった」

マスクは大学時代の恋人ジャスティンと1月に結婚していたが、直後にペイパルとの合併が持ち上がったため、まだハネムーンに行っていなかった。夫婦はようやく、2週間の休暇を取れることになった。ハネムーンの旅程には、シドニーで開催される2000年オリンピックとともに、シンガポールとロンドンでの投資家ミーティングも含まれていた。マスクは、投資家の追加出資を得ることでペイパルを存続できるだろうと期待していた。

マスクは当時を振り返って、すべてが配慮不足だったと述べている。従業員の間に不満が広がっていることは分かっていたのだから、その場を離れるべきではなかったと。「あの時期にオフィスを離れるべきじゃなかった。予想外にもリスキーな動きばかりしてしまったせいで、少し怖くなったということもある」。ティールとレヴチンの旧友でもあるルーク・ノセックは密かに別の市場調査を行って、ペイパルブランドを廃止するのは間違っていることをマスクに示そうとしたが、その計画がばれてしまい、マスクはペイパルの名前を会社のウェブサイトから削除するようプロダクトマネージャーに命じた。そして空港に向かった。

マスクが不在の間、反マスク派のグループはボタの彼女の家に集まった。彼女はパロアルトから南に90キロほど離れたところに住んでいたので、マスク派の人間に悟られる心配がなかったためだ。合併の直前にマスクが採用したボタの他は、ホフマン、サックス、レヴチンなど全員がティールの友人だった。

彼らはテーブルを囲んで不平不満を言い合った。間違ったリブランディング、ソフトウェアの書き換え、不正行為を深刻に受けとめない姿勢、手元資金が底をついていることなど。そのうち誰かがティールに電話をかけ、彼の意志を確かめた。役員会がマスクをクビにしたら、CEOとして戻ってくる気はあるか？　ティールは、イエスと答えた。

方法は、単刀直入なものだった。彼らの計画を採用しないなら辞職すると詰め寄るのだ。「われわれは、ピーターにリーダーとして戻ってきてもらいたいと思った」とボタは言う。「確かに彼はCEOの経験が豊富なわけじゃない。小さなスタートアップをやっていただけだし、それだって1年後にはX.comと合併したわけだしね。でも、彼ならうまくやれるだろうとみんな思っていたんだ」

翌日から、彼らはマスクCEOの解任を求める嘆願書を持って、従業員たちに声をかけた。マスクが社内にいる状況では難しかっただろうが、2週間不在なのだ。X.com出身の従業員のほとんどは、いまだにマスクに忠実だったため何も知らされなかった。

マスクが飛行機に乗っている間、ボタとレヴチンを含む謀略チームはサンドヒルロードにあるセコイアのオフィスに出向き、モリッツと対峙した。そして辞表と嘆願書が入ったフォルダーを差し出した。モリッツはフォルダーの中身を見て、すぐさま状況を理解した。ティールの仲間たちによる主張には説得力があった。ペイパルは資金不足に陥っており、このままではFloozやBeenzと同じ運命をたどるのは明白だった。それに、ペイパルの共同設立者であり天才エンジニアでもあるレヴチンがトップクラスのプログラマーと営業チームの半数を引き連れて退職したら、会社自体が存続できなくなる。

交渉がはじまった。モリッツはトップの首をすげ替えることには同意したが、ティールのCEO就任は一時的なものにしたいと彼らに告げた。会社は他のCEO候補とも面談を行う。ティールはそれで結構、と同意した。CEOにとどまる方法は、就任した後で考えれば良い。彼らはアントニオズ・ナットハウスという地元の安酒場で祝杯をあげた。

マスクのほうもおとなしく引き下がりはしなかった。「一連の行動は卑劣きわまる」と怒りをあらわにした。役員たちに対して自身の決定事項を擁護し、ティール一派が自分に直接対峙するだけの良識がなかったことにがっかりさせられたと述べた。謀略チームは彼がオフィスを不在にするチャンスを狙っていたばかりか、彼のハネムーン中に行動を起こしたのだ。

マスクはただちにパロアルトに戻ることにし、飛行機が着陸するや否や自分の味方をしてくれるグループを招集して、CEOへの復権を試みた。しかし、モリッツの意志は揺らぐことはなく、数日後、役員会の投票によってマスクは解任された。ティールが当面の間CEOを務めることになった。

　それからの数日間は、マスクが採用した従業員の離職を引き留めることに費やされた。ティールは部屋に座り通し、従業員が次から次へと入ってきては不平不満をぶちまけるのをひたすら聞いた。彼らはクーデターが秘密裡に行われたことに抗議し、マスクの経営戦略の利点を並べ立てた。

「貴重な意見をありがとう」聞き終えるとティールは言い、会社にとどまってくれるよう促した。そして、マスクが掲げたスーパーバンクというアイデアを放棄し、ペイパルの本来の業務に集中するという計画を打ち明けた。ペイパルはすでに400万人もの顧客を抱え、インターネット業界で最も有名なブランドのひとつになり、大成功をおさめているのだから、というのがティールの言い分だった。このアプローチはうまくいった。会社を去る者はほとんどいなかったのだ。

「部屋を出るときには、彼に大きな敬意を抱くようになっていました」とX.comの元従業員は言う。「それはとても前向きな経験でした」

　しかし、会社のエンジニアをとどまらせることは、ティールに課された問題の中では些細なものだった。会社は不正行為に早急に対処する必要があり、それは追加の資金が必要であることを意味した。幸い、ティールにはアイデアがあった。常任CEOに任命されてから間もなく開かれた取締役会で彼は、ペイパルが保有するすべての資金を自身が経営するヘッジファンド、ティール・キャピタルに託すことを提案した。そうすればドットコム・バブルが弾けた後の経済的混乱に乗じて、ペイパルの金を増やすことができる。

　モリッツはティールが冗談を言っているのだろうと思ったが、ティールは冷静に自らの計画を語った。アメリカ経済が景気後退に向かっている今、いずれ金利が下がると確信しており、そこに賭けることで会社のランウェイ（スタートアップ用語で、追加の資金調達や利益なしに、会社が生きながらえられる月数のこと）を伸ばすことができる、と。

役員たちはその計画を受け入れず、取締役会の内情に詳しい人によれば、モリッツは激怒したという。これだけ巨大な利益機会を内包した会社のCEOが、限りある資金を投機運用するなどというのは（しかもCEOの個人的な儲けになる可能性がある投機だ）、バレーのベンチャーキャピタリスト、いや自尊心のあるテック起業家の誰一人として、手を出したことはない。ティールがCEOの座を与えられてからわずか数週間でこのような提案をしてきたことも、モリッツの怒りに拍車をかけていた。「ガバナンスの観点から言えば、それはかなり突飛な計画でした」と、当時を知る人は言う。「それを提案するという姿勢そのものが、マイクを苛立たせたのです」モリッツや、彼の意見に共感する役員たちにとってそれは、モラルの軸が欠如していることに思われた。

それから翌年までの間に、ジョージ・W・ブッシュは最高裁にまで持ち込まれた大統領選に勝利し、ティールは労せずして常任CEOの地位を獲得した。ティールがCEOに任命された後も、彼とモリッツはことあるごとに衝突した。一部には個人的な感情もあっただろう。モリッツがもともと投資したのはマスクの会社であって、ティールの会社ではなかったのだから。しかしそれはまた、ティールがモリッツとも、マスクとも、そして今までシリコンバレーに登場した重要人物の誰とも、異なっていることを示してもいた。

何年も後になってからモリッツは、ティールは起業家というよりは「ヘッジファンドの人だった」とインタビューで語っている。起業家はすべてのリスクを負って、会社をできるだけ大きく成長させるために、(経済的にも個人的にも)自分のすべてを会社に注ぎ込むものだ。そして理想を抱く起業家であれば、それによって世界をより良くしたいと考えている。マスクはそうだった。だからこそキャリアの中で何度か破産寸前にまで追い込まれたし、他人のお金を利用することが『クールなこととは思えない』と私に語ったのだ」

この理屈からいくと、ティールは自分が損をしてでもビジネスに入れ込むべきであって、自分の投資規模を拡大する計画など立てるべきではないということになる。しかしティールは、モリッツの気持ちやシリコンバレーの作法などお構いなしだった。彼にとって投資家と起業家の関係とは力の関係なのであって、会社をつくることを一種のロマンなどとは考えていなかった。

ペイパルは、非効率を思慮深く排除し、規制の抜け穴を利用し、自尊心のある普通の会社ならまずやらないことをやることによって、ここまで成長したのだ。そこには、マナーという感覚はまったくなかった。このときから、ティールは自分がやりたいようにやるようになった。どんなに尊敬される経験豊富なベンチャーキャピタリストであっても、もう彼をコントロールすることはできない。

# 6

Gray Areas

# シリコンバレーの台頭

ティールがペイパルでクーデターを起こしていた当時、シリコンバレーの神話は、とある一人の人物に集約されていた。スティーブ・ジョブズだ。1980年代初頭にパソコンを製作し、アップルをクビになっている間にピクサーを立ち上げ、アップルにカムバックしてiMacとiPodを世に送り出し、同社を史上最高のコンシューマー・プロダクツ企業に育て上げた。反体制的な文化への傾倒（彼は誇り高きヒッピーであり、禅に傾倒する仏教徒であり、電話のハッカーだった）、といった奇想天外さをすべて利益に転換させる天才だった。

ジョブズはリベラルではなかったが、彼の理想主義はシリコンバレーが昔ながらの保守的な研究拠点から、ニューエイジの熱意に満ちた場所に変革するきっかけとなった。ジョブズ以前の時代、テック企業にとって最高の功績とは軍関係の契約を取ることだった。ジョブズ以降は、それが大衆を新たな世界に導くことへと変わっていった。アップルは（その後はどのテック企業もそうなっていくが）顧客に対し、自社製品は人々の生活を変え、ひいては世界を変えていくものだと、語るようになっていた。

これが「知の自転車という価値体系」だ、とロジャー・マクナミーは説明する。U2のフロントマン、ボノとエレベーションパートナーズを共同設立したベンチャーキャピタリストだ。「知の自転車」は、ジョブズがコンピュータという人間の可能性を広げてくれる機械を説明するために使った言葉だ。彼は開発当初のMａcを「自転車」と呼んでいた。人間が自転車によってより速く、より遠くまで行けるようになったように、コンピュータもまた人間の脳をより効率的に機能させてくれるものだというのが彼の考えだった。

マクナミーによれば、ティールはこのような考え方からははっきりと距離を置いていた。彼は人間の可能性などには興味がなく、マーケット・パワーに関心を抱いていた。イーベイの買収後、野心的なシリコンバレーの企業であればどこでも、ペイパルが採用した世界征服指数のようなものを取り入れるようになっていた。

インターネットの普及により、新しい製品が急速に人々の間に広がるようになっており、それに伴って、ひとつの製品の製造をひとつの企業が独占するケースが増えていた。たとえばペイパルが一定の規模に達し、周囲の人がみなペイパルのアカウントを持つようになると、競合商品をつくる意味はなくなる。ビルポイント（ペイパルのライバル）が好きで使っていても、ビルポイントのアカウントを持つ人が他に誰もいなければ意味はないのだ。

これは電子決済にも、その他インターネット上のすべてのものにも当てはまることだった。ソーシャルネットワーク、食品配達、タクシーを呼ぶことにも。そしてそれは、成功を目指すテック起業家なら誰もが、できる限り速く会社を成長させなければならないことを意味していた。

これを一言で表しているのが、ティールの仲の良い友人でペイパルの副社長でもあるリード・ホフマンによる造語「ブリッツスケーリング」だ。多くの会社はそれを、多額の資金を投入して市場を独占し、商品の価格を吊り上げること、と解釈した。しかしザッカーバーグやウーバーの元CEOトラビス・カラニックなどの起業家は、ブリッツスケーリングに道徳哲学のようなものを見出しているらしい。ジョブズがビジネスを一種のカルチャー表現、あるいはアートとみなしていたのに対し、ティールとその一派はルールの破壊、改革主義路線だった。彼が〈スタンフォード・レビュー〉でやろうとしていたことのビジネスバージョンだ。

会社を起こすことはもはや、人々が可能性に目覚めるのを手助けすることではなくなった。常識を覆し、それを変え、変えることによって生じる新しい秩序のもと、金持ちになる。フェイスブックはソーシャルメディアを独占し、その独占を利用して競合他社を排除し、広告料を少しずつ吊り上げていく。そしてその間も、この略奪行動が社会的な善だというメッセージを世界に発信し続けるのだ。

フェイスブックのモットーにもあるように、テック業界は「速く動き、物事を壊す」業界となり、起業家は認可を得るよりは許しを請うほうがトクだと考えるようになった。「破壊」という言葉はイノベーションの不幸な結末などではなく、「破壊」しようとすること自体がもう目的なのだ。それは、恥知らずにも子どもに電子タバコを販売しようとしたJuulや、投資経験のない人をターゲットに怪しい金融商品を売りつけようとしたロビンフッド、そして自治体の法令に違反すると分かっていながらドライバーを低賃金で雇い、安全基準を無視した運用を行いながらも、いかにも良い変革を起こしたかのようにふるまっていたウーバーなどに表れている。

ウーバーが法律に違反していると自治体が抗議すると、CEOのカラニックは自身のツイッターのアバターをアイン・ランドの本の表紙写真に変え、同社の自動運転車部門の従業員は「安全は三の次」と堂々と書かれたステッカーを配って回った。これらはすべて、ある意味ペイパルの延長だと言える。「ペイパルマフィアの哲学は起業の大原則となり、テック業界にたずさわるあらゆる世代に浸透していった」とマクナミーは言う。

それでも2000年終わり頃の時点では、ティールは素早く動くことも、ぶち壊すこともしてはいなかった。テッククラッシュの真っただ中で生き残ることに集中していたのだ。ペイパルが

Pets.comのような運命をたどらないためには何としてでも損失を削減する必要があり、そのためには不正行為に対処する必要があった。会社を急成長させた理由――アカウント開設の際ユーザーの身元確認をしなかったこと――そのものが、ペイパルをなりすまし犯罪とマネーロンダリングの温床にさせてしまっていた。

詐欺グループは盗み取ったクレジットカード番号を使ってペイパルに口座開設をするソフトウェアを持っており、それを使って開設した口座から、別口座へと送金を行う。別口座のほうも詐欺グループの管理下にあるという仕組みだ。カードの盗難届がすでに出されている場合などは、カード会社が送金を拒否することも当然あるが、多くのケースでは被害者が盗難に気づく前に送金は実行されている。被害者がようやく盗難に気づくと銀行に連絡し、連絡を受けた銀行はペイパルに返金を要求する。この時点でペイパルは債務者になっているため返金に応じなければならず、損失が発生するというわけだ。

ティールは、たとえばすべてのユーザーに運転免許証の写真提示を義務付けるなど、ルールを大幅に厳格化することもできた。しかし彼はまた、競合他社よりも規則が緩いことがペイパルのアピールポイントのひとつであることも分かっていた。そこでレヴチンに依頼して、匿名ユーザーの使い勝手はそのままに、大規模な詐欺行為のみを弾き出す仕組みをつくろうとした。

レヴチンが別のエンジニア、デイビッド・ゴウスベックとともに開発した新しいソフトウェアは、ユーザーに対しギザギザ模様の背景上に表示された文字を入力するよう求めるものだった。ペイパル社内でゴウスベック＝レヴチン・テストと呼ばれたこのテストは、人間は簡単にクリアできるが、コンピュータには突破不可能だった。これはその後、キャプチャ認証と呼ばれ、テック業界で広く採用されるようになった。サイバー犯罪対策としては画期的なイノベーションだった。

このソフトを導入してもなお、ペイパルは何百万ドルもの金額を盗み出す大規模な詐欺グループを締め出せずにいたが、2000年後半になって、セキュリティ調査の責任者を務めるジョン・コサネックが大発見をした。軍の元諜報員であるコサネックはその年の初めに入社したばかりだったが、何週間も会議室にこもって、詐欺グループの疑いがある数千件もの取引をつぶさに調査した。すべてが気の遠くなるような手作業だった。

コサネックの狙いは、疑わしい口座間のやり取りを蜘蛛の巣のような図にしてホワイトボードに描いていき、詐欺グループの手法を視覚的に洗い出すことだった。そこで分かったのは、驚くべきことだった。すべてのアカウントがたったひとつのフィーダーから発生していたのだ。これがロシアを拠点とする首謀者なのは明らかだった。イゴールというハンドルネームを使っていた相手は、詐欺に詳しい情報ソースによれば、単独で1500万〜2000万ドルの金をペイパルから掠めとっていたという。

これは画期的な発見だった。ペイパルが首謀者の排除に成功したからだけではない。ロシアン・オペレーションの難点は、彼らが詐欺取引の合間に正当な相手との正当な取引を入れ込んで、どれが合法でどれが詐欺なのかを分かりづらくしていることだった。たとえばイゴールを単純に排除すれば、彼と正当な取引をしていた何千もの正当な取引相手はイゴールとの取引にビルポイントなど競合他社を使うようになり、大規模な顧客離れにつながってしまう。コサネックの視覚的アプローチは、不正口座を遮断する一方で、正当な口座を残すことを可能にしたのだ。

レヴチンはエンジニアのチームとともに、この作業を自動的に行うソフトウェアの開発に着手した。ロシアなど疑わしい地域からのアカウントを識別し、それぞれについてコサネックが描いたような蜘蛛の巣状の図をスクリーンに映し出す。そうすることでペイパルのセキュリティチームは正当な顧客はそのままに、詐欺取引だけを即座に停止させることができた。彼らはこのシステムを「イゴール」と命名した。その後、FBIでさえマネーロンダリングを発見するのにイゴールを使いはじめた。数名のFBI捜査官がペイパル本社にやってきて、専用の会議室を使い、イゴールシステムを使用するようになった。

見方を変えれば、いかなる当局の規制も受けない金融システムをつくるというティールの超リバタリアン方針が、ペイパルを標的にした犯罪を呼び込んでしまったとも言える。それが今では、ティール自身が当局に協力していることを積極的に公表し、ペイパルが不正行為を抑止できる安全なシステムであるという宣伝材料にしていた。「私たちは膨大な数の犯罪を未然に阻止し、一時的に犯罪に成功した者も訴追することができた」とティールは述べている。

ドットコム・バブルの頃は何から何まで無料だったが、無料分を負担するベンチャー企業の資金は干上がりはじめていた。そこでペイパルは2000年の後半から、イーベイの出品者に対しビジネスアカウントの開設を義務付け、販売金額に対し約2％の手数料を課すようになった。これにより、少なくとも一部の取引に対しては収益をあげることができる。出品者側からは文句が出たが、ペイパルはすでにオークションサイトの世界では独占状態に近い地位を築いていたので、ほぼ全員が従った。「ここに良くできたサービスがある。しかも無料。使ってみて、気に入って、そのうち生活になくてはならないものになる（つまり、中毒になる）ってわけか」と、ペイパルのやり方を麻薬の売人にたとえたイーベイの出品者もいた。「そして相手が中毒になったら、手数料をじわじわ搾り取りはじめる」

この手法は、シリコンバレー企業のブリッツスケーリング的常套手段となっていった。ペイパルが利益を叩き出そうとしたのはそこだけではなかった。当時、ネットを介したギャンブルとポルノ視聴の人気が出はじめていたが、銀行やクレジットカード会社は、この2つのカテゴリーに識別されたオンライン取引を拒否するところが多かった。その例外が、売り手が決済方法にペイパルを指定した場合だった。ペイパルはすべての取引を「イーコマース」としか分類しないため、コマースの内容が野球賭博だろうがポルノ映像のダウンロード配信だろうが、決済することが可能だったのだ。

ペイパルは当初からこれを故意にやっていたわけではない。会社があまりにも急激に成長したため、誰もコンプライアンスなど気にしていなかったというのが実情だった。会社が業務内容を改善して取引をきちんと識別するようになってからも、消費者には抜け道があった。顧客が自分の銀行口座からペイパル口座に送金をしたうえでポルノ映像を購入したりギャンブルを行ったりすれば、銀行はその取引を阻止することはできないのだ。さらにクレジットカードを使わない取引であるため、ペイパル側のコストは実質ゼロになる。ペイパルが扱う他のほとんどの取引と違い、この2つは会社に利益をもたらした。

これはペイパルにとっては嬉しい偶然となり、会社はギャンブルおよびアダルト系の娯楽ビジネスを直接マーケティングするようになった。通常の取引の手数料は約2％のところ、ギャンブルを行う客には4％を請求した。ペイパルはさらに、詐欺行為の可能性がある取引には10～15％の追加手数料を課し、チャージバックに備えた。この取引モデルは、オンラインギャンブルの普及も手伝って、このカテゴリーだけでペイパルの利益の30％を占めるようになったと、元従業員は言う。会社のビジネスの中で唯一、カード手数料や詐欺に収益を圧迫されない分野だった。

この事実は、ペイパル社内に奇妙な空気をもたらすこともあった。オンラインギャンブルは多くの州で違法だったためだ。従業員の多くはごりごりのリバタリアンであり、オンラインのポーカーやセックスへの規制遵守にこだわる者はいなかったが、社内には敬虔なクリスチャンのグループもいた。ティールたちは、こうした信心深いメンバーと話をするときには、ギャンブルやポルノがこの会社の売り上げと利益の大きな部分を占めていることに触れないよう、注意を払っていた。

インターネットポルノは、一般的には合法ではなかったものの、連邦や州当局からは黙認されることが多かった。それでもペイパルは、ニューヨーク州の司法長官エリオット・スピッツァーやミズーリ州東部地区の連邦検事レイモンド・グリュンダーから、ギャンブル事業に関わったとして召喚状を送られたことがある。どちらのケースにおいても、会社は和解金を支払った。また、ユーザーがアカウントに資金を置いておくことを許可したとして、ニューヨーク、ルイジアナ、カリフォルニア、アイダホ各州の監視対象になったこともある。アカウントに金を残しておくことは、ギャンブルに参加するために必要だったのだが、当局はそれを無認可で銀行業務を行っているに等しいと判断したのだ。

ティールはこれに抵抗した。連邦議会議員に対してロビー活動を行い、オンラインギャンブルの合法性を維持し、ペイパルが当局から銀行とみなされることがないよう働きかけた。ティールと、最近入社したばかりのキース・ラボワ（サリヴァン&クロムウェルで独占禁止法を担当し、その後ダン・クエールの短い大統領選活動で政策ディレクターを務めた）は、インディペンデント・インスティチュートを通じて政府にコネがあった。

他のペイパル幹部は、下院議員ロン・ポールへの働きかけを行った。テキサス出身の極端なリバタリアンで、連邦準備制度の優位性の廃止や金本位制への回帰など、いくつか亜流の主張をしている人物だ。共和党内での存在感は大きくなかったが、ペイパルの政策チームは彼がオンラインギャンブルの合法化を支持してくれることを期待した。他にも〈スタンフォード・レビュー〉出身の何人かが、影響力を持った議員をターゲットに動いた。サックスはインターン先だったカリフォルニアのクリス・コックス（のちの証券取引委員会委員長）に。2000年に広報担当責任者として入社したヴィンス・ソリットも、コックスとジョン・カイル（上院司法委員会および財政委員会のメンバー）のもとで働いていた人脈を活用した。

ピアソンによると、上院財政委員会のメンバーたちはペイパルの主張に従ってビザやマスターカードのCEOに手紙を書き、クレジットカード会社がペイパルの取引をブロックし続けるならば、独占禁止法違反の疑いで公聴会を開くと脅したという。手紙を書いた議員たちは、ペイパルの政治活動委員会から政治献金を受けていた。

こうした政治的な活動は、当時はとても珍しかった。シリコンバレーの起業家たちは政治に無関心であることに誇りを持つ傾向があったし、ペイパルのような小さなスタートアップが議員に積極的にロビー活動を行うなどは前代未聞のことだった。ティールのイデオロギーから言えば、偽善的だと考える従業員もいた。リバタリアンが、競争相手の独占禁止法違反を訴えるロビー活動のために金を使うべきなのか？　それは、ティールのようなリバタリアンが一般に批判している規制の虜（規制者が被規制者に支配されてしまうこと）に当たるのではないだろうか？

ピアソンは、役員たちとの面談のためティールと出張に出かけた際、政治の話題になったことを覚えていた。リベラル派のピアソンは、今回の選挙では民主党に投票すると言った。そしてティールから非難の言葉が出るのを覚悟した。驚いたことにティールは、間違った党を支持しているという非難はしなかった。しかし、どこか特定の党を支持すること自体が間違っていると言ったのだ。投票することに意味などないと。「この腐敗したシステムをサポートすることになるだけだよ」

ピアソンは唖然とした。ペイパル社内でリベラルは少数派だと分かっていたが、ティールがあらゆる政治をモラルに反すると考えているとは初耳だった。特に彼の入社以来、会社は政治的な動きを熱心に行っていたのだから。ペイパルは2001年に4万ドルの資金を集めて政治活動委員会を発足させ、上下院の影響力ある政治家に献金を行っていた。資金集めへの協力は義務ではなかったが、「従業員に対しては、かなり強く寄付を要請していました」何年も後のインタビューでピアソンは振り返った。彼は個人的に500ドルを寄付したという。「われわれの会社は政治活動に参加する一方で、すごくシニカルなものの見方をしていたことになる」

ティールが政治について咄嗟に口走ったことを、文字どおり受け取るべきなのかは分からない。別の場面でティールは、（おそらくは冗談で）保守派は次の数回の選挙を捨てて、一度リベラルにのさばらせれば良い、と言っている。そうすれば軍事クーデターが起こるだろう。そして米国の軍隊は政治家よりも「おそらくは国をうまく運営することができるだろう」と述べた。

ドットコム・バブルの崩壊、そしてそれに伴う資金不足が常にティールの念頭にあったとすれば、それはイーベイも同じだった。ペイパルの後ろ暗いところのない顧客（つまりポルノと賭け事以外の取引を行っている人たち）のほとんどはイーベイのユーザーだった。つまりイーベイには、ペイパルをいつでも捨てられる力があった。

このオークション業界の巨人を動かしているのは、有名CEOのメグ・ホイットマン。プリンストン大学とハーバード・ビジネススクールで学び、ディズニー、プロクター&ギャンブルなどを経て、おもちゃメーカーのハスブロに移り、『テレタビーズ』（英国の子ども向け番組）をあり得ないような世界的ヒットに導いた。

イーベイに来る前にテック業界で働いたことはなく、周囲を自分と同じような人々で固めていた。つまり、チノパンをはいた中年のMBA取得者で、一般的にインターネットカジノなどには近づかない人々だ。彼女は、ペイパルの多くの従業員の目には、典型的なアイビーリーグの体制主義者に映った。まさにティールや〈スタンフォード・レビュー〉出身者が目の敵にするタイプだ。「メグは敵の象徴だった」と、ペイパルのマーケティング担当副社長ビル・オンダードンクは言う。「社内のダーツボードには彼女の顔写真が貼ってあったよ」

ホイットマンの型にはまったキャラクター以上に厄介だったのは、外部の会社がイーベイの事実上の支払いプラットフォームになっていることに、彼女が明らかな不満を抱いていることだった。そしてイーベイは、「イーベイイストア」に店を開こうとする売り手に対し、ビルポイントのアカウント取得を義務付けたのだ。

ペイパルはこれを敵意の証と受け取った。そして、イーベイの幹部と定期的に連絡を取り合っていたリード・ホフマンは、ペイパルの政府とのコネを通じて、この件を独占禁止法違反として告発する可能性があることを相手に告げた。「リードは独占禁止法という漠然とした不安材料を武器に素晴らしい仕事をしていたよ」と当時のイーベイの責任者は言う。

ホイットマンは引き下がったが、それだけでは済まなかった。ペイパルと争う代わりに、喜んで会社を買い取りましょうと言ったのだ。2000年後半、彼女はティールに対し約3億ドルの買収金額を提示した。ペイパルの時価総額を下回る数字だったが、ホイットマンは脅し文句を聞かせてこれを正当化した。「私たちはウェルズ・ファーゴと手を組もうとしているのよ。あなたたちなんかボコボコにしたって構わないの」当時の状況に詳しい人物によると、ホイットマンはティールにこうも言ったという。「あなたに勝ち目はないのよ」

ティールは買収に応じるほうに傾きかけていた。「死の淵からやっとのことで生還すると、また別の死が目前に迫っている、という感じだった」と元幹部は言う。「いつになれば利益が出はじめるのかも分からなかった」。一方で、モリッツは買収に断固反対だった。ドットコム・バブルの崩壊はセコイアに壊滅的な打撃を与えていた。同社が1999年頃に行った投資のほぼすべてが失敗したか、失敗寸前だった。唯一の例外が、ペイパルの株を保有していたX.comへの投資だったのだ。ペイパルにはまだ大きな利益を生み出す可能性がある。モリッツは何時間もかけてティールとレヴチンを説得した。

レヴチンが、今のペイパルを売却した後に新ペイパルをつくれば良いと主張した際、モリッツは言った。「僕を信じてくれ。ペイパルのような可能性を持った会社は、そうそうつくれるものじゃない。あと10回生き直したって、ペイパル規模のチャンスは二度とないんだ」

2001年、ティールはまだ売却相手を探し続けていた。当時のシティグループの会長兼CEOサンディ・ワイルや、AOLの代表にも会ったが、実を結ばなかった。その夏からは、IPO（株式公開）の可能性も模索し、銀行家たちと相談をはじめた。会社の目論見書はペイパルの財政が改善していることを示していた。2001年の第2四半期には、2800万ドルの支出に対し、2000万ドルの収入を得ている。SECの規則により、目論見書には会社が直面する法的および規制上のリスクに関する長い記述もあった。ペイパルはおそらく、麻薬取引、ソフトウェアの著作権侵害、マネーロンダリング、銀行詐欺、証券詐欺、そして児童ポルノに使用されていた可能性が高い。それでも、イーベイが提示する金額を上回るだけの価値はあるだろうと、銀行家たちは予測した。

ティールはIPOの提案を受け入れたが、最終合意に至る前に、会社の取締役会に対し自分の報酬を大幅に増額して欲しいと要求した。当時、ティールとレヴチンは会社の株をそれぞれ3％ずつ保有していた。それに対しマスクは、X.com 立ち上げ直後の費用を個人的に負担したため株式がたくさん手元に残っており、保有率は14％だった。こんなに差が開いているなどあり得ない、とティールは主張した。取締役会は、彼とレヴチンに何百万ドルももたらすはずの買収案を却下するよう要求していた。

セコイアにとってはあまり意味がなかったとしても、彼やペイパルの従業員たちの人生を変えてしまうほどの金額である。モリッツが自分をCEOにとどまらせることを望むなら、もっと株が欲しい。それがだめなら即座に辞任する、とティールは言った。

この脅しは取締役会に衝撃を与えた。会社の創立者兼CEOの突然の辞任は、投資家からは衝撃をもって受けとめられ、追加の資金調達が難しくなる可能性がある。そして、現在発生している損失とテック業界が置かれている危機的状況を考えれば、会社が破産に追い込まれる可能性すらあった。

取締役会は仕方なくティールの要求に応じ、ペイパルはCEOに対し450万株近くを大幅な割安価格で割り当て、彼の保有率は5・6%になった。ペイパルはIPO後には2100万ドルの価値を持つことになる株を、たったの135万ドルでティールに売却したのだ。しかも売買代金は会社からの借入だった。興味深いことに、ティールが借入をしたのは約85万ドルだけで、残りの50万ドルはロスIRA（利子に税金がかからない個人退職金制度のこと）にたまっていた収益から支払った。つまり、IPO直前に欲望むき出しでつかみ取った株がもたらした約2000万ドルの利益（および将来的な配当金）は、すべて非課税となったのだ。

ペイパルがIPOの準備に着手するに当たり、ティールはモルガン・スタンレーの銀行家たちに会うため、CEOのロエロフ・ボタとニューヨークに出張した。2001年9月10日のことだ。その日の午後に行われたミーティングは完全な失敗だった。相手はペイパルがテクノロジー企業なのか、無認可の銀行なのかを見極めたいと考えていたが、現れた二人はそのどちらを印象づける風貌でもなく、銀行家たちを戸惑わせた。ティールは33歳の、いかにも保守派の政治活動家タイプだったし、27歳のボタは上場企業のCFOになるには奇妙なほど若く、経験不足に見えた。

モルガン・スタンレーの銀行家たちはペイパルのＩＰＯには興味がないことを伝え、二人は雨の中、落ち込んだ気分のまま車に乗り、ジョン・Ｆ・ケネディ国際空港に向かった。そして搭乗したその日のユナイテッドの最終便が、駐機場でスタンバイしたまま何時間も待たされたことで、さらに滅入った気分になった。

彼らは結局、翌日の早朝にサンフランシスコに着陸した。数時間後、ティールはその朝ニューアーク空港を出発したサンフランシスコ行きのユナイテッド航空ＵＡ33便がハイジャックされ、ペンシルベニアの草地に墜落したことを知った。昨夜同じ飛行機に搭乗していた人のうち何人かが乗っていた可能性は十分にあった。

9・11同時多発テロ――そして自分も犠牲者の一人になっていたかもしれないという感覚が、ＩＰＯへの意欲を鈍らせた。しかしティールは前に進み続け、9月28日にペイパルは発行目論見書をＳＥＣに提出した。ソロモン・スミス・バーニーが引受会社となったペイパル株は、最大総額８０５０万ドルになると予想されていたが、市場の関心は薄かった。株式市場はひどい有様だったし、9・11以来ＩＰＯは1件もなく、ペイパルは今まで利益を出したことのない企業だった。行きすぎた行動の多いドットコム企業の復活を狙ったＩＰＯだと揶揄するトップ記事も見受けられた。

さらに不愉快だったのは、ホイットマンがさらなる買収オファーをしてきたことだ。今回の提示金額は約9億ドルだった。ティールはこれを受け入れようとしたが、取締役会によって却下された。

ホイットマンはさらに、ペイパルのＩＰＯ販売説明会ツアーの先手を打ってツアーを計画し、ペイパルより前に主要投資家のもとに自ら乗り込んで、自身の主張を展開するという戦術に出た。そして、ビジネスのほとんどをイーベイに依存しているペイパルには、独立した企業としての未来はない、とふれ回った。「メグが1週間前ここに来ていましたよ」ペイパルのメンバーは行く先々で銀行家たちに打ち明けられた。「ペイパルのことをボロクソに言いまくっていました」

妨害作戦はいずれもうまくいかなかった。２００２年2月14日、ペイパル株の取引が始まると、価格は1株当たり13ドルから約20ドルに急上昇した。パロアルトの本社オフィスは活気づいていた。従業員はビールを飲み、駐車場で葉巻を吸って祝った。ティールは王冠をかぶり、従業員10名とチェスで同時対決するというゲームに挑戦した。スタンフォードで自分より上手なプレーヤーが同時対決で相手を負かしていくのを畏怖と嫉妬の混じり合った気持ちで見ていたものだった。しかし、ここペイパルではティールがグランドマスターだった。彼は1試合を除くすべてに勝った。

ＩＰＯはまた別の意味での解放も意味した。株を売ってしまうことはまだ法的には許されていなかったものの（幹部には6ヵ月のロックアップ期間が課されている）、イーベイからペイパルの株価を上回る提示があれば、すべてを売ってしまうことができる。数週間後、早速ホイットマンからオファーが来た。金額は約12億ドル、当時のペイパルの市場価格をわずかに上回る金額だった。ティールはいったんは同意したものの、4月中旬にこの取引の件がリークされ株価が上昇しはじめると約束を破棄して、より高い金額を要求した。ホイットマンはリークしたのはティールだろうと決めつけ、約束を尊重しなかったことに激怒した。そしてティールとのビジネスに見切りをつけることを決め、代理人たちに彼とは今後一切連絡を取らないように命じた。

それでも、ホイットマンはイーベイによる売り手のための年次総会「イーベイ・ライブ」に、ペイパルが3メートル四方のブースをレンタルしているのはそのままにさせておいた。ペイパルはこのチャンスを最大限に利用し、イーベイ・ライブ会場であるアナハイム・コンベンションセンターのはす向かいにあるホテルの宴会場を予約した。イーベイをその本拠地で出し抜くのが目的だった。「イーベイ・ライブに来た人たちが、帰る頃にはイーベイよりもペイパルを好きになっているようにするんだ」と、COOのデイビッド・サックスは従業員に指示した。かつて〈スタンフォード・レビュー〉でレイプ問題について自説を主張した人物だ。

カンファレンスの初日である6月21日、ペイパルは1000名もの人たちをカクテルパーティに招待した。そしてフリードリンクとともに、ペイパルのロゴが入ったTシャツをすべてのゲストに配った。Tシャツの背中部分には「新しい世界通貨（New World Currency）」とプリントされていた。ふたを開けてみると、パーティには2500人もの人たちがやってきた。酒がどんどん注がれ、ゲストたちには、ペイパルが翌日くじ引きを行い、当たった人に250ドルをプレゼントすることが発表された。しかしひとつだけ参加資格があって、今日配られたTシャツを着てきた人だけがくじに参加できる、と。

ビル・オンダードンクによれば、この企画は「コミュニティの望みを視覚的に示すため」だったという。翌日、ホイットマンはスピーチをするため壇上に上がり、ペイパルのロゴ入りTシャツを着た数百名の人たちを見下ろすことになった。参加者の4人に一人があの無料Tシャツを着て来場したのだ。それはまるで「ユーザーたちがメグに、ペイパルを買っちゃいなよ、と言っているように見えた」と、カスタマーサービス責任者のエイプリル・ケリーは言う。

そしてそのとおりになった。ホイットマンがスピーチを行った翌日、サックスはイーベイのCOO、ジェフ・ジョーダンをつかまえた。

「もう1回試してみないか?」

二人の男は7月2日に再び顔を合わせ、15億ドルという価格で合意した。すべてイーベイ株で支払われる。サックスとジョーダンは翌週の週末までかけて交渉内容をまとめていった。このスケジュールには戦略的な意図があった。株式市場は7月4日は祝日のためクローズ、翌7月5日は金曜日のため、1日休暇を取って4連休にする投資家が多く、取引量は少ない。つまり情報リークされる可能性を最小限に抑えることができる。そしておそらくそれ以上に重要なのは、この期間ティールはハワイにおり、ホイットマンも好都合なことにロサンゼルスのヒンドゥー教僧院に行っていて連絡不能のため、二人が衝突したり妙な戦術を仕掛けたりする心配がないことだった。

二人のCEOの関係は最悪だったので、ホイットマン自身もこの件からは距離を置き、自分の代わりにジョーダンに交渉を任せていた。サックスとジョーダンは翌週にかけて話し合いを続け、日曜日にはすべてが整っていた。ピーター・ティールはものすごく金持ちになるのだ。彼はIPO後の株の4%を所有することになる。それは市場価値にして5000万ドルにもなった。

公式には、ティールの立場は変わらないことになっていた。ペイパルの従業員はそんな話は怪しいと思っていた。月曜日、ペイパルのエンジニアたちはお堅いイーベイへのジャブとして、ブルーのオックスフォードシャツにチノパンといういで立ちで出勤してきた。しかしティールは、従業員は誰も解雇されないことを説いて回り、みんなの理解を求めた。「クビはないよ。ビルポイントを除いてはね」と、嬉しそうに言った。そう、ビルポイントは廃止されることになっていた。

ホイットマンも登場し、おとなしくふるまった。エンジニアたちの服装をスルーし、進んでペイパルの野球帽をかぶって、ティールやサックス、そしてペイパルの従業員を持ち上げた。「あなたがたはこの会社を誇りに思うべきです。私たちが時折、邪魔をしたにもかかわらず、素晴らしい運営をしてきたのですから」

それぞれが簡単なスピーチをした後、ホイットマンとティールはティールのオフィスに入った。ホイットマンは椅子に座ろうとして、床に置かれふたが開いたままのブリーフケースから、何かがはみ出していることに気づいた。それは飛行機のチケットのように見えた。

「どこかに行く予定なの？」とホイットマンは尋ねた。

そうだ、とティールはあっさり答えた。イーベイに買収された後の会社に残るつもりはないし、中東で戦争が始まることになりそうだから、その前に現地の投資家たちに会っておこうと思う、と。

「ヘッジファンドをはじめることにしたのでね」と彼は言った。

ホイットマンは状況を理解した。「ピーター、ペイパルのみんなに伝えたほうが良いんじゃないの？」と彼女は訊いた。

彼は不思議そうに彼女を見た。そして「確かにね、メグ」と答えた。「確かにね」

ホイットマンは、ティールが彼女のアドバイスに従うだろうと思っていた。しかし、そうはならなかった。彼はイーベイ側と退職の相談をしつつ、ペイパルの上層部に対しては現在の地位にとどまるふりをしていた。

10月3日、イーベイが買収成立を発表する当日、シニアマネージャーたちは会議室に集まって、プレスリリースが出るのを待っていた。ペイパルがイーベイの100%子会社となり、ティールがそのCEOに就任するという発表を誰もが疑ってはいなかった。

しかし、リリースには異なることが書かれていた。「ピーター・ティールは本日、ペイパルのCEOを辞任しました」 新CEOはイーベイが派遣するマッキンゼー出身のコンサルタント、言い換えれば、まさにティールが配下の者たちに忌み嫌うよう教育してきたタイプの人物だった。

ティールがペイパル従業員に対して説明した退職の理由は、財務上のことだった。彼は、(自分の会社ペイパルを売り渡した相手で、表向きには理想的な売却先だと称賛していた) イーベイを、割高だと考えていた。そして、イーベイ株を大量に保有している自分のポジションを、プットオプション(株価が下落すると利益が出るデリバティブ商品)を使ってヘッジしようとしていた。

つまり彼は、ある人の言葉を借りると、「自分のヘッジファンドを最適化するために」、同僚たちが負けるほうに賭けたのだった。少し冷たいやり方ではあるものの納得はできる、と言う者もいたが、怒りをむき出しにする者も多かった。自分たちの理想のCEOはペイパルを捨てたばかりでなく、創造性やイノベーションが最優先だという価値観まで捨てたのだ。シリコンバレーで彼ほどの実力を持った人間がテクノロジーよりヘッジファンドを選ぶ理由はひとつしかない。欲だ。

「本当にがっかりしたよ」と、ある従業員は言う。共同設立者でありティールに最も近い友人の一人であるレヴチンも、ショックを受けていた。「誰も知らされていなかったんだ」

しかしティールは、自身の財務上の利益を守ろうとしていただけではなかった。彼はペイパルを成功に導いたことによって、自分はシリコンバレーを超えて活躍する切符を手にしたのだときちんと理解しており、このチャンスを逃すつもりはなかった。当時ティールはテクノロジー業界の人、とみなされていた。しかし、テック業界は彼が投資機会を求めてたどり着いた場所であり、心から情熱を傾けた分野ではなかったのだ。ドットコム・バブルは終わった。次のブームがもうそこまで来ている。

# 7

Hedging

# フェイスブック
# SNSの始まり

ジョージ・W・ブッシュが壇上に上がる頃には、ホワイトハウスのイーストルームはすし詰め状態になっていた。ティールは新しい大統領に招待された200人ほどのテック・エグゼクティブの一人として、朝からずっとこの瞬間を待っていた。ダークスーツに淡いブルーのネクタイ、そしてお決まりの薄笑いを浮かべたブッシュは、ハーバードでMBAを取得し、テキサス州知事になった後もビジネスマンを自認していた。彼は大統領選挙の期間中も、当選した後も、シリコンバレーを積極的に重用しており、クライナー・パーキンス社のベンチャーキャピタリスト、フロイド・クヴァンメを科学技術アドバイザーに任命していた。クヴァンメが科学者ではないことを考えると、これは前例破りの起用だった。

ブッシュのスピーチは、ドットコム・バブルの崩壊に言及するところから始まった。そして「現在の株式市場は少し違うメッセージを送ってきているかもしれない」が、「政権は我が国のテクノロジー産業の将来に大きな自信を持っている」と述べた。2001年3月、大統領就任式からちょうど2ヵ月後に行われたこのスピーチの中で彼は、化石燃料生産の拡大、企業に対する減税、規制に縛られない自由貿易を進めていくことを約束した。そして経済が低迷し続ければ、「アメリカに渦巻く保護貿易主義的なムードがフツフツと表面化してくるかもしれない」と警告し、ビジネスマン出身の大統領としてそれに抵抗していくと述べた。

当時、政治に関心を抱く名の知れたシリコンバレーのリーダーは少なからずいたが、そのほとんどはブッシュの敵対相手アル・ゴアと、彼の民主党政治に対する中道的、テクノクラート的ビジョンに共鳴していた。残りの多くは、少なくとも表向きには何の政党色も表明しないリバタリアンの傾向があった。〈ワイアード〉誌が言うところのテクノフューチャリズムだ。ヒッピー的な自由と、俺に構わないでくれ的精神は、デイビッド・スター・ジョーダンの時代から、カリフォルニア政治の根底にあった。

ティールは、政治に意欲満々な点と、ゴアのような民主党政治家などまったく相手にしていないという点で、変わり種だった。保守的な哲学者で、ブッシュ政権における行政権拡張のきっかけとなったとも言われるカール・シュミットや、シカゴ大学教授で、西洋はリベラルの価値観を受け入れるようになってから道を見失ったと主張するレオ・シュトラウスの本を読んで、新保守的思想《ネオコン》にはまっていた。

ティールはブッシュのイベントに招待されたことを喜んでおり、その翌年には、ブッシュが推し進めていたイラクでの先制攻撃に賛成であることを、配下の従業員に対しても明言していた。これは、ペイパルのリバタリアン従業員にとってはひどく奇妙なことに思われた。なぜイデオロギーを共有する仲間が、軍事拡張を主張しているのか？　ある社員は言う。「『何をふざけたこと言ってるんだよ、ピーター？　大きな政府を擁護するなんて』って感じでした」

それはティールが２００２年頃から行うようになった数多くのイデオロギー的妥協のひとつで、その頃から試みていた様々なプロジェクトに合わせてのことだった。妥協内容は似通っていたが、同時にそれぞれ違ってもいた。どのプロジェクトにもそれぞれ少しずつ異なる信念があり、彼はプレゼン相手に合わせてその都度自分の見せ方を微調整していた。

たとえばマネー関係のプロジェクトであれば、その目標はティールの富を増やすことであり、時にはウォールストリートの権力者の好みやマナーに合わせる必要がある。それがテック関係のプロジェクトなら、ドットコム・バブル崩壊後のパワー・ブローカーという自分を演出しなければばならない。政治プロジェクトであれば、前述の2つ（彼の資金力と信用力）を利用して、思想的なリーダーとしての地位を確立し、政府への影響力を積み上げていく必要がある。

この3つの演出はたがいに相容れないこともしばしばだった。ヘッジファンドマネージャーとしてのアイデンティティを演じているときのティールは、シリコンバレーからは距離を置き、高級住宅、高級車、華やかなビジネスといった、富の象徴とされるものに囲まれて過ごした。しかしこうした矛盾こそがすべてティールなのであり、それ自体が称賛されるべき美徳として、何らかの形でティールの逆張り主義を高めていく要素になっているのだった。

ドットコム・バブル崩壊の後、ウォールストリートはシリコンバレーを凌駕した。崩壊前の数年間に設立された企業の約80％は潰れると予想された。インターネット・リッチになってやろうとゴールドラッシュのごとく西を目指したMBA出身の人材は東へ戻っていき、オラクルなど技術が確立された有名企業も苦しんでいた。そして、幸運な生存者の一人としてペイパルの知名度が上がってくると、ティールへの注目度も増していった。

2002年2月に会社の株式が公開されたとき、ティールはオタクっぽいファッションでそれを祝い、会社の駐車場でチェスの同時対決をしてみせた。それが、その年の夏には、会社のオフサイトミーティングをサンタクルーズのワイナリーで開催するようになった。そしてティールを含む幹部連中が力士の着ぐるみを身に着け、従業員の喝采を浴びながら相撲を取るという出し物をしたのだった。

ペイパルを退くに当たり、彼は前年のIPOの際にこれをこき下ろしたメディアの記事を蒸し返し、反撃した。「パロアルトより、IPOを揶揄した人たちにメッセージを送りたい。ここパルアルトの生活は最高だ。あなたがたの日常の多くの問題を解決することができた。いつかパロアルトに来て、何かを学びとって欲しい。あなたがたがいる場所よりもはるかに良いところだから」

このコメントからさほど経たないうちに、ティールはサンフランシスコに引っ越した。そしてフォーシーズンズの3ベッドルームのコンドミニアムにオフィスをつくり、クラリウム・キャピタルをスタートさせた。

ティールは最終的にこのコンドミニアムから、900平方メートル以上もあるマンションへと住み替えた。それはパレス・オブ・ファインアーツ（1915年の万国博覧会のためにつくられたボザール建築の記念碑）を見下ろすマリーナスタイルの豪邸で、霧を突き抜けてそびえ立つゴールデンゲートブリッジを眺めることができる。場所は軍の駐屯地を公園につくり変えたプレシディオの端にあり、ティールがたびたび周囲の人に語っていたように、フロンティアの雰囲気があった。そして当時のサンフランシスコはバブル崩壊からのスタート地点となる、まさにフロンティアだった。

彼は自宅をパーツィンガーの肘掛け椅子、ニーダーマイヤーのダイニングセットなどの現代アートとモダンな家具で埋め尽くし、リノベーションを行って、ミーティング用の重役室、ゲストがレクチャーなども行えるリビングルーム、ビュッフェもできるダイニングルーム、そして屋上にはパーティ用に「昼夜兼用のラウンジ」もしつらえた。

そこに足りないものは、持ち主の人となりを表すものだったと、訪れた人はみな指摘する。思い出の品や、雑誌や、家族写真といったものは一切置かれていなかったからだ。「ティールの家は、ステージのセットみたいなんだ。誰かが本当にそこに住んでいるなんて信じがたい」

実際、ティールが所有するもののほぼすべてが、アンドリュー・マコーマックという若いアシスタントによって選び抜かれたものだった。彼はペイパルの元従業員で、ティールの退任後ただちにイーベイを辞めた6名の一人だ。「アンドリューはティールの家具を選んだ。フェラーリの色を決めたのも彼だ」と、スコット・ケスターは言う。スコットはティールが雇ったレストラン・デザイナーで、またフリッソンという名前の、ラウンジスタイルのナイトクラブを手掛けていた。これもティールの新しい人物像の演出に使われることになる。

マコーマックがフリッソンを手掛けてもらえないかとケスターに打診した際、ニューヨークのミートパッキング地区にあるナイトクラブ、ロータスを参考にしたいという話が出た。手洗いが男女共用になっていることで悪名高いクラブだったが、それも深夜の密会にはうってつけだろうとマコーマックは言った。そしてケスターに、それに似た店をティールのためにサンフランシスコでつくって欲しいと依頼した。何もかもが現実離れした話に思われたので、ケスターはサンフランシスコに自分用の部屋と、真新しいドゥカティのバイクを用意してくれたらデザインを引き受けようと、無理難題を吹っかけた。

驚くことに、ティールはこの条件に同意した。さらにティールは、フリッソンのメニュー考案のために、サンフランシスコで今最も人気のある若いシェフ、ダニエル・パターソンを雇い入れ、内装にも費用を惜しまなかった。有名なランドスケープデザイナーによる巨大なライトアップ壁画、そして100万ドルの音響システムが導入された。「レストランとしては常識外れの金額でした」と、オープン当初フロアで働いていた者は言う。

2004年にフリッソンがオープンすると、訪れた者は感銘を受けると同時に、そのやりすぎ感にわずかにおののかずにはいられなかった。「デザイン、アート、照明、サウンド、インテリアがこれほど見事に融合しているのは、アイアン・シュレーガーとフィリップ・スタルクがつくったアジア・デ・キューバ以来ではないか」と、ある人は書いた。そして、ケスターのデザインしたお手洗いは、たくさんの鏡ときわどいアート作品、そして魅力的なバスルームアテンダントを備えた「即行のセックス場所を探しているカップルのために特別に」設計されている、と指摘した。

高級ダイニングと、明らかにどんちゃんパーティ用と分かるスペースとを組み合わせたことで、フリッソンはビジネスとしてはうまくいかなかったが、その目的は十分に果たした。オープンから数年の間は、ラーズ・ウルリッヒ、ロバート・レッドフォード、ケビン・スペイシーなどのセレブやテック界の億万長者が訪れたし、ティールお気に入りの会合場所ともなったからだ。

たとえば自分が経営するベンチャーのひとつで採用したい人がいる場合、ティールは相手をフリッソンに招待し、飲み物を注文して、パターソンの奇妙な小皿料理の数々を運ばせる。そして小切手帳を取り出し、芝居がかった仕草で記入しはじめる。「今ここで、あなたに小切手を振り出します」と大学を卒業したばかりの相手に言うのだ。うちに来るかどうか、考えてみて欲しい、いずれにしても、この小切手はあなたのものです、と。

邸宅、ナイトクラブ、スーツ……すべてが、世界の支配者に、そして最も身近な友人ですら心の中に立ち入らせようとはしない人物にふさわしいお膳立てだった。ティールは表向きはストレート（異性愛者）で通しており、時折女性と一緒にいるところを目撃されていた。中でも特に魅力的な一人の女性がティールの恋人なのだろうと、世間のほとんどは思っていた。ケスターは、彼女もアンドリュー・マコーマックが選んで連れてきたのだろうと考えていた。

しかし彼の友人たちは、ティールが単に性の問題を避けたがっていることを知っていた。2006年の時点で、マックス・レヴチンはティールが自分の個人的な生活について言及した記憶が一度もないと語っている。

ドットコム時代到来のもう一方の犠牲者は、紙のジャーナリズムだった。テクノロジーブームを生き残った2社、クレイグリストとグーグルは少しずつ広告収入を得られるようになっており、1990年代のメディア王が永遠に続くと思っていた世界に風穴を開けた。そんなこともあって、ティールが〈アメリカン・サンダー〉という雑誌を創刊したことは、ナイトクラブをオープンさせたこと以上に注目を集めた。

これはナスカー（全米自動車競走協会）ファンを対象とした雑誌で、ティールはナスカーに1000万ドルの投資を行っていた。雑誌の運営のため、ティールは〈スタンフォード・レビュー〉の元編集長で、イーベイに買収される直前にペイパルに入社したアマン・ヴェルジーと、ケイトー・インスティチュート（リバタリアン系シンクタンク）のアナリストで、〈レビュー〉出身者でもある29歳のルーカス・マストを採用した。新雑誌の編集者となったマストは自身の中にあるディネシュ・ドスーザを発現させ、この雑誌は「あらゆる意味でポリティカル・コレクトネスを採用しない」と約束した。

ふたを開けてみれば、レーシングファンは、青臭い議論よりも、レースそのものに関心があった。雑誌の「RealGuys（男の中の男）」コラムは、自動車ジャーナリストではなく、〈ウィークリー・スタンダード〉のオンラインエディターによって書かれたものだが、1回目のコラムでは、ESPN（アメリカのスポーツ専門チャンネル）が「腑抜けのポリティカル・コレクトネス」によって「去勢」されたという内容が書かれていた。「食（Grub）」ページは、普通の雑誌であればバーベキューのレシピなどが掲載されるのだろうが、ここではなぜ家庭料理が「女性の仕事」とみなされるべきかという人類学的議論が、おそらくは皮肉を込めて、取り上げられている。

雑誌は年末前に資金不足に陥り、ティールは刊行を打ち切った。その数ヵ月後の2005年初めには、ダニエル・パターソンがフリッソンを去っていった（レストラン自体は2008年まで続いた）。しかし、これらを失敗と呼ぶのであれば、それは戦略的な失敗だと言える。ティールの金儲け計画を実行に移し、ヘッジファンドマネージャーらしくふるまうためのお膳立てだったのだから。

この頃にはIT時代が到来し、ルネサンス・テクノロジーズによるメダリオンファンドなど、コンピュータを使って1日に何千件もの取引を行う運用方法が主流になりつつあった。しかしティールはそれに逆行するスタイルで、「グローバルマクロ」投資家を目指した。主要な経済的・政治的転換点（たとえばブラジルの景気後退や、アラビア半島での紛争など）を予測し、その予測に基づいて売買を行う手法だ。

マクロ投資家は、状況によっては1週間に1件しか取引をしないこともある。これは決断しないことと高いリスク許容度を組み合わせるという、ティールの独特のアプローチに完全にフィットした。「彼のものの見方は、ひとつだけ大物を当てさえすれば、他はどうでも良い」だったと、クラリウムの初期の従業員は述べている。

それはまた、彼の権力への欲望にもフィットしていた。クオンツ取引（クオンティタティブ取引。高度な数学的手法を使って行う金融取引）が市場に及ぼす影響力はなかなか見えにくいが、マクロ投資は1件当たりの取引金額が大きいため、経済を動かし、まれにだが破壊してしまう力がある。マクロ投資家として十分な金額を不況のほうに賭けること自体が、不況を引き起こす可能性があるのだ。

ティールが選んだ戦略は、また別の意味でも逆張りだった。当時、最も有名なマクロ投資家は超リベラル派のジョージ・ソロス。2003年、その左寄りの活動が海外で注目されていたソロスは、ジョージ・W・ブッシュをその座から引きずり下ろす活動に対する、最大の支援者として知られるようになった。彼はまた、英ポンドの価値を正しく予測し、何十億ドルもの資金を借り入れてポンド売りドル買いを仕掛け、大儲けをした投資家としても知られる。「イングランド銀行を負かした男」はのちに、東南アジアの通貨危機も予測した（と同時にその原因をつくったと非難された）が、1990年代後半にはテック株を売りバイオテクノロジー株を高値で買ったことで、大損を被ったこともあった。

ティールの悲観論は、ペイパルではモリッツと相容れないことも多かったが、今では彼の秘密兵器になっていた。クラリウムの投資原則は、テックバブルの崩壊によりアメリカは不況に陥る、というものだった。それが起こらなかったのは、低金利とアメリカ人消費者の借入額が大きかったためだ。一方、原油価格は発展途上国からの需要と中東情勢の不透明感から上昇が見込まれており、アメリカの長期的な経済見通しはさらに悪化することが予測された。ソロスはイングランドとアジアが負けるほうに賭け、ティールはアメリカが負けるほうに賭けたのだ。

ソロスと同様、ティールは自分を知識人として演出していた。クラリウムは「スタートアップ、シンクタンク、ヘッジファンドを組み合わせた会社」だったと、COOのラルフ・ホーは言う。ホーは1999年以来ずっとペイパルの副社長を務めていた人物で、ティールとともに会社を辞めた、忠実なグループの一員だ。クラリウムには他にもペイパルの元CFOケン・ハワリー、〈スタンフォード・レビュー〉でゲイの「逸脱した性行動」について警告を発したネイサン・リン（のちにペイパルの顧問弁護士）、そして〈レビュー〉の出身者でありペイパルのインターンだったジョー・ロンズデールがいた。ティールはさらに、スタンフォード大学の物理学の大学院生で、〈レビュー〉に寄稿もしているケビン・ハリントンを副社長として採用した。

ティール配下の者たちは、表向きは金融取引や投資についてのアイデアを出し、彼をサポートすることになっていたが、実際には大きな決断はすべてティールが一人で行った。クラリウムの従業員は、本を読んだり、チェスをしたり、討論したりして毎日を過ごした。

話題の多くは政治だったが、常に右派のトピックでなければならなかった。従業員だった人物によると、気候変動を否定する会話は日常だったし、ウェブブラウザーではVDARE（昔から白人至上主義の著作を出版している極右のウェブサイト）の画面が開いていることもしょっちゅうだった。クラリウム社内にもリベラル派はいたものの、ここでは黙っていることが賢明だと理解していた。以前とは意見が変わったかとティールから尋ねられたら、どんなに些細なことでも良いから少しでも右寄りにシフトした出来事を語ることが望ましかった。

仕事と呼べるほどの仕事は、大してなかった。彼らはほぼ毎日、午後3時頃にはオフィスを後にしていた。実際の投資は、止められているわけではなかったが、仕事の比較的小さな部分とみなされていた。「2年に1回、ひとつだけ投資を行うんだ」と、2003年に入社したアジェイ・ロイヤンは言う。「それから、ひたすら見守るのさ」

当時20代前半だったロイヤンは、資格はないが高学歴で、ティール好みの政治的指向を持っているという点で、典型的なクラリウムの従業員だった。彼はビーガンミールキットを郵送で届けるスタートアップをティールに売り込んだ。ロイヤンに料理の経験はなかったが、エール大学の保守派サークルで積極的に活動していて、高校時代から投資をはじめていた。これだけ共通点があれば十分だった。「クラリウムに来て、スタートアップも同時にやればいい」とティールは言った。ヨガフードという名前のスタートアップは潰れてしまったが、ロイヤンはクラリウムにとどまった。

このように特定の人間やテーマに入れ込むのは当時のティールにはよくあったことで、彼はプライベートと同様、会社に対しても気前よく金を使った。従業員の待遇は抜群に良かった。パートナーには住宅が、そしてすべての従業員に対し無料の食事、休暇取り放題、そしてティールの超ハンサムなパーソナルトレーナーとの無料レッスンという特典が与えられていた。「今まで一緒に仕事をしたどんなボスよりも待遇は良かった」と元従業員は語る。

2004年に入る頃には、ティールの名は金融業界で知られるようになっていた。クラリウムの運用金額はいまや2億6000万ドル、リターン率は125%となっていた。有名な投資週刊誌〈バロンズ〉が組んだ特集の中でティールは、白いズボンに白いシャツというついで立ちで登場している。彼は知識人であり、ドットコム長者でもある人物、として紹介されている。「世の中にファンドは恐ろしいほどたくさんあるが、どこも嫌になるほど同じ戦略を採り入れている。そんな中、大局に立って物事を見ている人はまれだ」

ペイパルは分散型アプローチで成功したが、クラリウムでのティールは従業員にさらなる裁量を持たせ、小さな特命プロジェクトをつくっては、一人か二人の人間に特定の取引手法についてアイデアを出すよう求めたり、少額の運用を任せたりした。成果を挙げた者は、より多くの運用額を与えられた。挙げられなかった者は無視されたが、ティールはもめごとを嫌ったらしく、解雇されることはめったになかった。

ティールは原油価格が上昇するほうに賭けたいと考えており、従業員たちはカナダ北部の不毛地帯にうってつけの場所があることを発見した。この地域は、従来型の原油はほとんど産出してこなかったが、ビチューメンと呼ばれる非常に重量のある石油が、砂質土と混じり合った形で大量に堆積していた。

こうしたタールサンドに大量の石油が含まれていることはもともと知られていたが、20世紀の間は、それを低コストで砂質土と分離させる方法がなかった。1950年代、カナダ政府はアルバータ州で9キロトンの核実験を検討したことがある。それによって少なくとも理論上は、土壌を溶かし、穴を開けやすくなるはずだった。しかし当然のことながら懐疑論が出て、計画は核兵器が配備される前に中止となった。

しかし2000年代半ば、原油価格が1バレル当たり100ドル近くにまで上昇すると、砂を採掘してトラックでプラントに運び、お湯と混ぜて原油を分離し、それをまた石油精製所に送るという高コストなプロセス（あまりにも環境に優しくないため〈ナショナルジオグラフィック〉が「世界で最も環境破壊的な石油事業」と呼んだほどだ）ですら、収益性が見込めると考えられるようになった。

クラリウムは新たに公開されたカナダの鉱物会社数社の株式を購入した。アルバータ州の主要な採掘場を所有するウェスタン・オイル・サンズ、ビチューメンの新しい抽出方法を開発したイスラエル系カナダ国籍の会社ＯＰＴＩカナダなどだ。その年、両社の株価は2倍になった。ティールは60％近くのリターンを叩き出し、天才扱いを受けることになった。

彼は自由な発想を持った反逆者という称号を受け入れた。クラリウムの移転を決め、金融街を出て、『スター・ウォーズ』のプロダクション会社であるルーカスフィルムの本部からそう遠くない、プレシディオの広々としたオフィスに移った。そして彼自身もフォーシーズンズのコンドミニアムを売却して新オフィス近くの家に引っ越し、従業員にもそうするよう奨励した。新オフィスから８００メートル以内に住居を移した従業員は、月額１０００ドルが給料に上乗せされた。

ティールは、オフィスの場所を変えたのも大局的な戦略の一部だと説明した。２００６年の〈ブルームバーグ〉記事によると、その心は「思考を曇らせるかもしれない他のファンドマネジャーや銀行の雑音から遠ざかること」だった。その頃には、ファンドの運用金額は20億ドルを超え、ティールは次世代のソロスともっぱらの評判だった。

会社が成長し、ティールのセレブ度が上がるにつれ、彼はプライベートでも緊張を解くようになっていった。親しい友人や同僚に同性愛者であることを話すようになり、バーや新居の屋上で、雇い入れたハンサムな若い男たちと交流する姿がしばしば見られるようになった。男たちの多くはカミングアウトしていた。「今までいちばん親しみを感じる経験だった」と、ある人物は当時を振り返る。「そこでたがいにピンときたカップルがたくさんいたよ」

ティールの自己実現は着々と報われていった。2007年8月――アメリカが不況に入る4ヵ月前、そしてアメリカ人の多くが経済が崩壊していることに気づく一年ちょっと前――彼は投資家に手紙を送り、景気拡大局面が終わったことを宣言した。「長かった好景気は終わり、長いお別れがはじまります」と手紙には書かれていた。残念ながら、一般的なアメリカ人はまだこの事実に気づいておらず、いまだに夢中になって金を借りていた。しかし、金融危機は迫っていた。

景気拡大は終焉を迎えているという分析はティールによるものだった。そしてそれは大当たりした。会社はドルをショートし、借入金額が大きい会社の株を売り越した。結果は即座に現れた。11月に5％だったリターン率は12月には13％に跳ね上がり、1月には24％という、驚異的な数字になっていた。ヘッジファンドのほとんどが損失を出した2008年前半、クラリウムのリターン率は60％近くにもなった。会社の運用金額は64億ドルに達した。「驚くばかりだったよ」と、あるアナリストは語った。「彼の運用は神がかって見えた」

成功を祝うため、ティールは普段はダラス・マーベリックス（NBAのチーム）が使用しているプライベートジェットを貸切にし、全従業員（この時点で80人ほどになっていた）を乗せて、マウイ島への長い週末旅行に出かけた。

フォーシーズンズに到着すると、従業員にはすべてが会社持ちだと告げられた。好きなだけマッサージを受け、サーフィンをし、酒を飲んでください。夜になると、幹部連中はまるでお菓子を配るかのように金を大盤振る舞いした。ジョー・ロンズデールは、腕相撲で彼を負かした人に1万ドルを進呈すると申し出た。別のパートナーは、カラオケを誰よりも上手に歌った従業員に1万ドルの小切手を書いた。

ペイパルにいた頃のティールは、信じられないほどのスピードで成長していた会社を売ろうとし、イーベイに売却した後は自身の地位への逆張りを行った。そして投資戦略が高い評価を得ている今、再び同じことをしようとしていた。これはひとつのパターンになっていく。ティールは儲かっている《インザマネー》ときにこそ売り時を探るか、賭けをヘッジしようとするのだ。

そういうわけで、ベアリッシュ（弱気）なファンドマネージャーとしての成績が称賛を浴びているにもかかわらず（「シリコンバレーのベンチャーキャピタリスト、ピーター・ティールが触れるものすべてが金に変わるかのようだ」と〈ニューヨーク・ポスト〉は書いた）、彼はスタートアップへの投資を真剣に検討しはじめた。

ティールはこれを人目につかないように行った。最初の頃は、テック企業の株を購入するなんて愚か者のすることだと考えていたようで、「今はベンチャーキャピタリストになるには最悪の時だ」と2004年に語っている。彼はまた、イーロン・マスクの電気自動車会社、テスラ・モーターズや、ペイパルのさほど重要でなかった元社員、スティーブ・チェンとチャド・ハーリーが共同設立したオンラインビデオのスタートアップ、ユーチューブへの投資を断った。

そんな中でもティールは、いくつかのスタートアップに例外的に投資を行った。とりわけ、バブル崩壊後の暗いテック業界において、新しい、最先端なことをやろうとしている有望なテック・スタートアップのカテゴリー、ソーシャルネットワークだ。彼は人々が自分の履歴書をオンライン投稿できるビジネス向けのウェブサイト、リンクトインや、友だちがたがいをデジタル上でウォッチできるフレンドスターといったスタートアップに投資を行った。しかし最も重要なのは、彼が大学生を対象としたソーシャルネットワークに投資をしたことだった。

フェイスブックが彼の目にとまったのは、ショーン・パーカーという若い起業家がきっかけだった。パーカーは19歳にして、ナップスターという会社を共同設立した。これはデジタル音楽を無料でダウンロードし、世界中の誰とでも共有できる音楽サービス会社で、利用するすべての高校生や大学生が知的財産を盗んでしまう仕組みだった。彼は進んでルール破りをすることでベンチャーキャピタリストの間では危険な人物とみなされていた。つまり、まさにピーター・ティールが強く惹きつけられるタイプの人間だったのだ。

ナップスターがレコード業界から訴えられ、忘却の彼方に消えた後、パーカーはプラクソというソーシャルネットワークの前身となる会社をはじめた。連絡先を管理するシステムだったが、実際には巨大なスパムマシンとして機能するシステムだ。サインアップして知り合いの連絡先を登録すると、システムが友人たちに執拗に電子メールを送りはじめ、それは友人がこのシステムに加入するまで続く――ペイパル方式で成長していく仕掛けだ。

ソーシャルメディア企業に対しても積極的に投資を行っていたマイケル・モリッツは、2002年にプラクソが設立された直後にティールとパーカーを引き合わせた。ティールが投資することを期待してのことだったが、彼は断った。どうやらモリッツと和解するつもりはなかったらしい。それでもパーカーとは親しくなり、のちにパーカーがシリコンバレーの大物ベンチャーキャピタリストであるモリッツに好意を持っていないことが分かると、二人の友情はさらに深まった。

モリッツは、ナップスターでの経験によってパーカーが少しでも謙虚になっていることを期待したが、彼はそれどころか、セレブのようにふるまっていた。２００４年初頭、パーカーはプラクソを解任された。オフィスに出社せず、従業員にコカインを配っていたという申し立てがあったためだ。パーカーはそれを否定し、自分を追い出すためのでっち上げだと主張したが、それでも取締役会は彼を解任した。

パーカーは、同じくモリッツともめたことがあるティールに、どうすれば良いか相談した。「訴訟を起こしてはだめだ、会社を起こせ」とティールは彼に言った。数ヵ月後、パーカーは提案書を持ってやって来た。マーク・ザッカーバーグというハーバード大学の学生に会った。彼がやっているウェブサイトが、アイビーリーグのキャンパスで馬鹿みたいに流行っているという。ピーター、投資対象として興味はありますか？

「ここが『タワーリング・インフェルノ』を撮影した場所なんだぜ？」。ポップスターのジャスティン・ティンバーレイク演じるパーカーが、ジェシー・アイゼンバーグ演じるザッカーバーグに言う。デイビッド・フィンチャー監督によるフェイスブックを描いた映画『ソーシャル・ネットワーク』で、二人がティールのオフィスに入っていくシーンだ。『タワーリング・インフェルノ』がバンクオブアメリカのビルで撮影されたのは本当だったが、ティールと二人とのミーティング内容は、映画とはかなり異なっている。実際には、パーカーと親しかったリード・ホフマンが仲介者のような形で同行し、当時リンクトインの従業員だったマット・コーラーもついてきた。

グレーのTシャツにジーンズ、アディダスのシャワーサンダルを履いたザッカーバーグは部屋にのそのそと入ってきて、会議中ずっとうつむいていたが、今取りかかっている別のアイデア、ファイル共有サイトのワイヤーホッグについてティールに話すときだけは顔を上げ、熱心に語りはじめた。

「いや……それには興味はない」とティールは言った。彼はフェイスブックについて話がしたかった。

パーカーが説明をした。フェイスブックはハーバード、コロンビア、スタンフォード、エールの各大学を皮切りに、いくつかの大学から学生のメールアドレス情報を取得した。いまやフェイスブックには数十もの大学が登録されており、新しい大学が追加されるたびに、数日間で学生の80%がサインアップするまでになっている。さらにすごいのは、このユーザーたちが毎日のようにフェイスブックをチェックしていることだ。

ザッカーバーグの無口とぎこちなさにティールは興味を抱いた。この若者の無機質ぶりに知性を感じたのだ。実際、彼らの考え方はよく似ていた。ザッカーバーグは、ハーバードのオンライン学生名簿をハッキングしてフェイスマッシュをつくったことで、ポリティカル・コレクトネス集団から攻撃された。これはハーバード大学1年生の女子学生の顔写真を2つランダムに表示して、ユーザーにどちらがイケてるかを投票してもらうウェブサイトだった。

サイトのバナーにはこう書いてあった。「私たちがハーバードに入れたのはルックスが良かったから？　ノー」「私たちはこの先ルックスで判断されるの？　イエス」（ザッカーバーグは2003年、この出来事があった直後に謝罪し、サイトを少数の友人グループの外に流出させるつもりはなかったと釈明した）。

「失敗するなよ」と、ミーティングの終わりにティールはザッカーバーグに言った。そしてペイパル売却のおかげで大幅に増えていたロスＩＲＡの収益から、50万ドルを投資することに同意した。ホフマンも4万ドルを入れた。

数ヵ月が経った12月、ティールはフェイスブックの登録学生数１００万（そしてパーカーの25歳の誕生日）を祝うため、フリッツソンでパーティを開いた。その後間もなく、モリッツがセコイアで雇っていたロエロフ・ボタが、ザッカーバーグに会社へ来ないかと誘った。ザッカーバーグは面談に同意したが、約束の日時に姿を現さなかった。ボタが彼に電話すると、パジャマのズボンのままセコイアのオフィスに来て、寝坊したと言い訳をしたうえに、パワーポイントを使ったプレゼンをはじめ、セコイアがなぜフェイスブックに投資すべきでないかを説明した。最後のほうのスライドにはこう書かれていた。「（フェイスブックは）ショーン・パーカーが関与している会社だから」。それはモリッツに対する侮辱だった。セコイアはここ10年で最も成功しそうなスタートアップからひじ鉄を食らわされたのだ。

ティールのフェイスブックへの投資は、最終的には同社の株式の10％を割り当てるという形になるのだが、はじめのうちはローン形態になっていた。ザッカーバーグは、年末までに１５０万人のユーザーを獲得し、ビジネスフレンドリーなデラウェアに会社を移し、サイトの基礎となる知的財産権を所有することができなければ、資金を返済しなければならない。フェイスブックは、シリコンバレーで言うところのキャップテーブル（持株構成）がごちゃごちゃした会社で、つまり、設立者が第三者に株式を与えすぎている状態だった。

フェイスブックを運営するテクノロジーはすべてザッカーバーグが開発したものだったが、フロリダのＬＬＣ（出資者が経営もする会社）として設立された会社は、ザッカーバーグの他にルームメイトのダスティン・モスコヴィッツ、クラスメートのエドゥアルド・サベリンとの共同所有になっていた。サベリンは当初は会社運営に関与していたが、その夏、パロアルトに移ってフェイスブック運営に専念する代わりに投資銀行でのインターンシップに行ってしまっていた。

　パートナーのコミットメントの欠如を感じていたザッカーバーグは、サベリンを追い出したいと考えていた。そこで彼はパーカーとともに会社を再編し、ザッカーバーグが新会社の株式の51％を保有することになった。結局サベリンの持ち分は30％になった。

　その後、フェイスブックが追加増資を行い、ザッカーバーグやパーカー、モスコヴィッツ、その他初期の従業員に株を割り当てるにつれ、サベリンのシェアは目減りしていった。その間にもザッカーバーグは、会社の取締役会のメンバー4名のうち3名を指名する権利を得ていた。ティールは唯一の社外取締役だった。

　サベリンとザッカーバーグの対立（そしてザッカーバーグをけしかけるパーカー）が、映画『ソーシャル・ネットワーク』の中心的なストーリーとなった。しかし映画では扱われなかったことがある。会社再編によって持株比率を変更した動きは、ペイパルのＩＰＯ直前にティールがモリッツを相手に行った交渉とそっくりであり、ザッカーバーグはそれを十分に分かったうえでティールのアドバイスに従ったということだ。彼は２００４年６月、ショーン・パーカーとのインスタントメッセージのやり取りでこれを認めている。パーカーは、ティールが「汚いやり口」を好むと書き、その手法は「モリッツの典型的なやり方」だと書いた。

「（ティールは）マイクのやり方をまねたんだ」とパーカー。「ああ」とザッカーバーグ。「そして俺は彼から学んだ。今度はエドゥアルドにそれをやってやる」

これは、ティールがその後数多く使うことになるソフトパワーの最初の事例となった。彼のコントロールの及ばないところで物事が起こったように見せておきながら、その出来事が彼を儲けさせ、影響力を増大させていくティールはザッカーバーグにサベリンを切るよう〈強制〉したわけではなかったが、投資をローン形式にすることによって、ザッカーバーグがそうせざるを得ない立場になるよう仕向けたのだ。

フェイスブックを再編するか、50万ドルを返済するか。そしておそらくはさらに重要だったのは、彼が自分の選択（マスクやモリッツ、その他の人々を犠牲にして、ペイパルにおいて自己の利益のみを容赦なく守ろうとした）を手本として引き合いに出すことで、結果的にそういった行為を道徳上正当化していた。ティールのお手本に従った起業家は、自己の創造物を守るためには常識的なルールを曲げても構わないと考えるようになっただけではない。そう考えることを求められるようになっていった。

# 8

Inception

# 投資家としての成功

9・11直後のアメリカは、多くの人が国民的トラウマと言うべき状態に陥った。不況、支持されない戦争、いろいろなことが悪いほうへ転がっていく感覚。炭疽菌に汚染された手紙によって5名が殺害され、首都ワシントンD・C・周辺ではスナイパーが主婦や子どもたちを無差別に襲った。これらの攻撃はテロリストグループの犯行ではなかったが、今ではあらゆるところで見られるようになった宗教的な過激思想に関係しているのだろうと、世間はみなしていた。

ティールはというと、イスラム教徒によるテロへの脅威と、この時流に乗って儲ける方法を考えることで、忙しかった。2004年7月、彼はスタンフォード大学記念協会の保守的な聖職者ロバート・ハマートン＝ケリーとルネ・ジラールとともに6日間のセミナーを開催し、その席でイスラム勢力に対する攻撃が甘すぎるとしてブッシュ政権を批判し、「アメリカ自由人権協会の原理主義的な公民権マニアたち」に苦言を呈した。

彼はまた、米国は司法の管轄の及ばない超法規的な方法を用いてテロに対抗すべきだと主張している。そして、「真にグローバルな〈パクスアメリカーナ〉への確固たる道筋をつくるためには、国連ではなく、世界の諜報機関を裏でまとめているエシェロンの仕組みを使うことを検討すべきだ」と述べている。

これは米国が、オーストラリア、カナダ、ニュージーランド、および英国と協同して衛星を使ってソビエトの通信を傍受していた冷戦時代の諜報ネットワークのことを指しているが、同時に米国愛国者法も思い起こさせる。9・11の後に急ぎ可決されたこのテロ対策法の大きな特徴は、政府機関が膨大な量のデータを収集することが許可された点だった。テロ容疑者の電話および電子記録、そして後になって分かったことだが、米国の一般市民のデータまでも。

ペイパルはリバタリアン企業であり、ティールが考える極論から言えば、政府から国のマネーサプライをコントロールする力を一方的に剥奪するのが目的だったはずだ。しかしティールは、少なくとも9・11以降は、もはやリバタリアンではなかった。彼は民主主義や移民、そしてあらゆるグローバリゼーションに対して懐疑的になっており、その新しい政治思想に合致した会社をつくろうとしていた。

マーク・ザッカーバーグとショーン・パーカーが大学生を対象としたソーシャルネットワークについてティールに説明をしていた頃、同じ43階の少し離れた場所では別の若者のグループが額を突き合わせていた。ティールは彼らに特命を与えていた。ペイパルのビジネスを脅かしたロシアのサイバー犯罪者を阻止するためにレヴチンが開発したソフトウェア、イゴールは、テロリスト本人を捕まえることができるのかどうか、だ。

初期のチームは、スタンフォードの保守派と天才プログラマーによる混成チームで、時には社外のメンバーが入ることもあった。スティーブン・コーエンは前年の春まで〈レビュー〉の編集者を務めた学部生、ジョー・ロンズデールはペイパルの元インターンで、〈レビュー〉ではコーエンより2年上の元編集長。チームのシニアメンバーであるネイサン・ゲティングスは20代後半で、イリノイ大学在籍中にペイパルの不正防止プロジェクトでレヴチンのもとで働いたことがあった。

ティールはこのプロジェクトを、『指輪物語』に出てくる遠くのものや未来の出来事が見えるエルフの「見る石」にちなんで、パランティアと名づけた。

ティールのアイデアとは、政府が収集した、金融取引や携帯電話の記録を含むほぼ無限大のデータの山を掘り起こし、ネットワーク分析を行ってテロリストを見つけ出すというものだった。ティールのアイデアとはイゴールシステムを、いまや前のめりになっている諜報機関に売ることだった。FBIは1990年代後半にマネーロンダリングを見つけ出すためにイゴールを使っていた。だったらこれをCIAに売って、テロリストを見つけられるかどうか試してみようではないか。

ゲティングは初期の試作品をつくり、潜在的な投資家や顧客に見せてみた。反応はみな同じだった。興味深いアイデアだが、うまくいくわけがない。世界中の売り手と買い手の情報を取り込み、クレジットカード払いや銀行口座払いに分類してきたペイパルのデータベースは確かに緻密かもしれないが、CIAやNSA、国防総省の迷路のように入り組んだデータベースの複雑さとは比べものにならない、と。

金融詐欺防止とは異なり、諜報機関の業務は煩雑で厄介なものだった。情報は、それぞれが独自のアイデアを持った人間のアナリストが書くレポートがベースになっていた。それぞれの文脈のクセもある。ペイパルでは、ユーザーはクレジットカード詐欺師か、通常のイーベイユーザーのいずれかに分類することができた。諜報活動の世界では、ある人物が脅威に値するのか、あるいは複数の人物の間に繋がりがあるのかをめぐって、アナリストの意見が分かれることなど日常茶飯事だった。

さらに、諜報機関のデータは数十もの異なるソフトウェアやハードウェアに保存され、その多くには互換性がなかった。アナリストたちはIBMのメインフレーム、オラクルのデータベース、あるいはラップトップ上のエクセルスプレッドシートからデータにアクセスする可能性がある、しかも同時に。つまり、ティールのアイデアを実現させるためには、大勢の人を雇って、システムに入っている情報を整理し処理していかなければならない。

さすがに難しいのではと、ゲティングス、ロンズデール、コーエンは思った。しかしティールはあきらめなかった。メンバーが開発に没頭しているある朝、彼は車でパロアルトのユニバーシティクラブに出向き、スタンフォード大学ロースクール時代からの知り合い、アレックス・カープに会った。カープは、熱心な保守派とリバタリアン中心のティール界隈の中では異色の存在だった。リバタリアンに賛同する部分はあるものの、自身は保守派ではなくリベラルだと考えており、積極的なバックリー派だらけの中では場違いに見えた。

ロースクールに入る前の彼は、ハバフォード大学というフィラデルフィア郊外の小さなリベラルアーツ系の（つまり、キャリア追求型のスタンフォードとは正反対のタイプの）大学に通っていたため、ロースクールに入った瞬間から惨めな思いをすることになった。彼はティールと同様、アウトサイダーだった。二人は政治的志向ではなく、人間嫌いという共通の感覚によって、結ばれていたのだ。

ロースクール卒業後、二人は疎遠になっていた。カープはフランクフルトのゲーテ大学で学ぶためドイツに渡っていた。祖父からささやかな金額の遺産を相続すると、彼はそれを元手に投資家になった。哲学者としてはぱっとしなかったが、ワイルドな髪型に聞き手を魅了する天性のアピール力があり、抜群のファンドレイズ能力を発揮して、大昔の英国詩人の名にちなんで名づけた（カープのミドルネームでもある）キャドモン・グループというファンドの資金を集めた。

カープはベルリンでしばらくボヘミアン的な生活を送った後、米国に戻った。そして投資を続けながら、非営利団体で働きはじめた。ティールと再び連絡を取り合うようになると、別のファンドの資金調達を手伝ってくれないかとティールから打診された。テクノロジーのスタートアップに投資するファンドだ。これは、初めのうちはなかなか難しかった。ティールは起業家としては成功者だったが、ベンチャーキャピタリストとしての実績がなかったからだ。そこでカープは、ティールの一風変わった天才気質を際立たせ経験不足という欠点をセールスポイントに変えてしまったのだ。ティールはこのファンドの運営をして欲しいと頼み、カープはその場で快諾した。

カープのセールスマンとしての才能をもってしても、パランティアの資金調達は当初は失敗続きだった。モリッツは当然のことながらパスしたし、もうひとつのシリコンバレーのトップ企業、クライナー・パーキンスからも断られた。

政府関連では、ティールがペイパルで培った人脈を生かし、テロ対策として監視を重視するブッシュ政権の主要人物たちに取り入っていたので、もう少し分が良かった。その一人がジョン・ポインデクスターである。レーガン政権で安全保障担当補佐官を務め、イランに秘かに武器を売っていた事件について議会で嘘の証言を行い、有罪判決を受けた人物だ。その後上訴して判決を覆すと、ディック・チェイニー副大統領からテロ対策の任務を与えられ、返り咲いた。

ポインデクスターはいまや、ブッシュ政権のトータル・インフォメーション・アウェアネス（ＴＩＡ）という、大量のデータを収集してテロにつながるパターンを見つけ出すというプロジェクトの黒幕になっていた。すべてのアメリカ人を監視対象としたため、人権擁護派から見れば悪夢のようなプライバシーの侵害であり、このプロジェクトは２００３年には公式に終了することになった。

ポインデクスターはティールとカープを傲慢に感じたが、二人が持ち込んだアイデアには興味を持ち、視覚化されたプレゼンに感銘を受けた。ポインデクスターは非公式のアドバイザーとして、パランティアが政府での人脈を広げる手助けをしてくれた。彼らはブッシュ政権のＣＩＡ長官を辞任したばかりのジョージ・テネットと知り合いになり、そのつてで２００５年、ＣＩＡのベンチャーキャピタル企業In-Q-Telから投資家を紹介してもらい、試作品に対して２００万ドルの投資を得ることに成功した。それ以外のおもな投資家は今回もまた、ロスＩＲＡを通じて投資を行った。

パランティアはその後、パロアルトのユニバーシティ通りにあるフェイスブックの旧本社にオフィスを設立し、プライバシーを重視したシステムの開発に乗り出した。引き続き政府のデータマイニングに関わる一方で、どの情報に誰がアクセスしたかを追跡できるソフトを追加したのだ。のちにゴッサムという名で知られるようになるこのシステムは、捜査官が何かを調べるたびに記録が作成されるようになっていて、理論上は政府が一個人のデータを検索する抑止力となり、悪用が発覚した場合は監査が可能になるというものだった。これは高まりつつある米国愛国者法への反発に対応するための、カープの戦略だった。彼は市民の人権を保護する仕組みなしにはパランティアが成功することはないと、確信していた。

後年、ティールはプライバシー保護を念頭に置いたこの仕組みに最初から賛成していたと語るが、当初は懐疑的だった。プライバシー保護をうたうシステムなど誰からも信用されないと考えたのだ。カープが彼を説得し、プライバシー保護とデータマイニングの両方を実現させたパランティアのシステムは、大衆へのアピールポイントになっていった。カープはプライバシー保護に真剣に取り組んでいたようだが、クライアントがどれほど誠実にそれを利用していたかは不明だ。パランティアの元エンジニアの一人によると、政府系のあるクライアントは、プライバシー保護の仕組みを説明された直後に、自分の元彼女を検索してみようと言ったそうだ。その人物によると、パランティアの従業員たちはこうしたリクエストに決して抵抗することはなかった。検索記録が作成されることだけを相手に伝え、どんなに薄っぺらな名目に基づく検索であっても、好きなようにさせていたという。

パランティアの幹部は、また別の意味でも倫理的な境界線を押し広げた。2006年、パランティアの事業開発部門の幹部シャイアム・サンカーは、警備会社の創業者を装い、自分たちより名の通った競合他社i2からソフトウェアを購入した。パランティアは不適切なことは何もしていないと主張したが、最終的には1000万ドルの和解金を支払った。

この頃、ティールは売り上げを伸ばすための別の取り組みを行っていた。パランティアをベースにヘッジファンドがポートフォリオ分析を行えるようなシステムを開発するようジョー・ロンズデールに指示したのだ。クラリウムがその実験台になる。この「パランティア・ファイナンス」案はうまくいかなかったが、カープが政府機関に対しパランティアのシステムの素晴らしさをアピールするのには役立った。

「政府は、政府だけを取引相手にしようとする企業とは取引しない」と、軍事プロジェクトに詳しいある人物は言う。「政府は、企業が自分たちとの取引だけで食べているという状況を嫌う。パランティアが政府を出し抜こうとしたとは言いたくないが、考え抜かれた策略だったことは間違いない」

こうした出来事は、初期のパランティアの特徴を雄弁に語っている。何年もの間、パランティアの諜報ソフトウェアは事実上役立たずだったが、米国政府は次の9・11を防ぐことに躍起になっており、優秀な頭脳が生み出す有望なアイデアを積極的に起用していた。徐々に、パランティアは契約を獲得できるようになっていった。パランティアに資金提供を行っていたCIAがソフトを試しに使いはじめ、他のいくつかの諜報機関もそれに続いた。

2000年代半ば、シリコンバレーのほとんどがドットコム・バブル崩壊に傷つき、成功している企業といえばWeb2・0と呼ばれるソーシャルメディアアプリの小さな会社がいくつか、という状況にあっては、これで十分だった。「人々の安全に貢献することができるのに、なぜ写真共有アプリや、ブックマーク追跡サイトで働こうなんて思うの？」とは、当時パランティアのリクルーターが優秀な学生を説得するときの決めゼリフだった。

9・11をきっかけに、諜報機関のような役割を担うようになっていたNYPD（ニューヨーク市警察）もパランティアのライセンスを購入した。結局取引はうまくいかず、NYPDは最終的にパランティアを候補から外したが、この事実はJPモルガン・チェースのCEOジェイミー・ダイモンの目にとまることになった。2009年、カープはJPモルガンのオフィスに招かれ、パランティアのシステムについて説明する機会を与えられた。

銀行の幹部たちと軽く一杯やりながら、カープはパランティアの主力商品であるセキュリティシステムだけでなく、ロンズデールの失敗作パランティア・ファイナンスについても売り込むことに成功した。パランティアの従業員は、気さくで構えたところがなく、しばしばクロスカントリー用のスキーウェアのまま会議に出てくるようなカープが、実は優秀なセールスマンであることは承知していた。それでもなお、年間1000万ドルという契約獲得は離れ技に値した。パランティアのソフトウェアを民間企業に売り込むコマーシャルチームには、新たなコードネームがつけられた――「インセプション」。クリストファー・ノーランの映画のタイトルで、企業スパイがターゲットの潜在意識にアイデアを植え付け、相手を自在に操作するというストーリーだ。

パランティアはクールで、やや危険ですらあった。その頃、社内で流行りはじめたTシャツに書かれた言葉が、それを端的に表していた。それはテレビドラマ『24』にちなんだものだった。ドラマでは、タフでハードな諜報エージェントであるジャック・バウアーが、24時間以内に破壊的なテロリストからアメリカを救う。「もしジャック・バウアーにパランティアを使っていたら」とTシャツには書かれていた。「この番組名は『1』になっていただろう」

これだけ自信に満ちあふれていたパランティアだが、彼らが言うほどの成果を挙げていたのかは定かではない。コードネーム「インセプション」はJPモルガンではうまくいかなかった。モルガンのセキュリティチームのメンバーがパランティアを使って従業員の個人データにアクセスし、監視の口実にしていることが分かると、同社はソフトウェアの利用を禁止したのだ。

ペイパルのセキュリティ技術をリパッケージし、テロとの闘いを打ち出すブッシュ政権に提供したのがパランティアだとすれば、ティールのベンチャーキャピタル、ファウンダーズ・ファンドは、ペイパルで学んだ経営ノウハウを投資哲学へと転換させたものだった。

ファウンダーズ・ファンドはティールのヘッジファンド、クラリウムの枝分かれのような形ではじまり、最初はクラリウムと廊下を隔てた向かい側にオフィスを構えていた。スタッフはペイパルの元従業員ルーク・ノセックとケン・ハワリー、そしてフェイスブックを退職したばかりのショーン・パーカー。パーカーは2005年半ば、フェイスブックのアシスタントと一緒に借りていたビーチハウスで、コカイン所持の疑いで逮捕されたのだ。彼は疑惑を否定したが、会社は辞めることになった。起訴されることはなかった。

薬物使用の疑いがバレーの一部における彼の立場を傷つけたとすれば、ティールはこうしたパーカーの評判をむしろ利点とみなし、その不良少年キャラを使って、ファウンダーズ・ファンドをバレーのトップ企業とされていたセコイアと差別化しようとした。ティールは、パーカーがセコイアのフェイスブック投資をやめさせたのは「フェイスブックが彼にひどい仕打ちをしたからだ」と吹聴し、パーカーは「優秀すぎて」誹謗中傷の対象になってしまったのだと説明した。

これらはすべて、モリッツに対する当てこすりだった。「話は意図的に、そしてひどくねじれて伝わっていった」ティールがパーカーとセコイアの関係を物語に仕立て上げたことについて尋ねると、モリッツはそう言った。「当時のショーンはドラッグ使用が濃厚で、オフィスにもめったに現れなかった。共同設立者たちは彼を追い出したいと考えていたし、ショーンの行いから言って、それ以外の選択肢はなかった」。パーカーのほうは、これは自分に対する「誹謗中傷キャンペーン」の一環だと言っていた。モリッツの説明に対するコメントを求めたが、返事はなかった。

ティールは、ファウンダーズ・ファンドはセコイアと違って設立者をクビにすることは決してないと主張し、「本当に世界を変える可能性を秘めた、よりリスキーで型にはまらない会社」を求めている、と胸を張った。これは優れたブランディングだった。そしてマスコミは、〈サンフランシスコ・クロニクル〉が名づけたところの新業種「ベンチャーキャピタル2・0」を開拓する向こう見ずなリスクテイカーとして、ティールを描くようになっていった。

しかし、プライベートでのティールは、保守的で、時には冷酷なほど目的のためには手段を選ばなかった。ファウンダーズ・ファンドの最初の取引相手のひとつは、スタンフォード時代の古いチェス仲間、バーニー・ペルがはじめた検索エンジン会社、パワーセットだった。それは大胆な賭けだった。セコイアはグーグルに投資をしていたので、「グーグル・キラー」をうたうパワーセットとファウンダーズ・ファンドの組み合せは完璧にフィットしていた。

投資を公表するに当たり、ティールとパーカーは創設者に優しいアプローチを宣伝し、ペルのほうも、ファウンダーズ・ファンドは他の投資家より起業者の利益を考えてくれると述べていた。しかし会社の経営がうまくいかなくなると、ペルは1年も経たないうちにCEOからCTOに降格され、ティールは会社の取締役を辞任してしまった。

ファウンダーズ・ファンドのマーケティングと、ティールのイーロン・マスクへの対応にも、同様の隔たりがあった。ティールが投資会社を立ち上げていた間、マスクは最速のガソリン車にも対抗できるような電気自動車づくりに乗り出していた。ありそうにないことだったがテスラ・モーターズは成功し、2006年には、ロードスターのプロトタイプによるテスト走行で、停止状態から時速100キロに達するまでに4秒もかからなかった。

そこに到達するまでのテスラは、マスクがペイパルから得る収入で存続できていた。しかし実際に車を製造する段階に来て、マスクは資本を積み増す必要に迫られ、ティールに投資を持ちかけた。ティールの答えはノーだった。理由のひとつは、マスクによれば、「彼は気候変動説に賛成ではないから」だった。マスクの大胆な賭け（そして主流の気象学者たちによる圧倒的なエビデンス）よりも自分の政治的偏見を選択したティールは、２０２０年の末には８０００億ドルの価値を持つことになったテスラの大株主になるチャンスを逃してしまった。

ファウンダーズ・ファンドに断られたマスクは、グリーンエネルギー企業への投資で定評があるものの知名度は低いヴァンテージ・ポイント・ベンチャー・パートナーズに案件を持ち込んだ。ヴァンテージ・ポイントは、テスラが株式を公開した際には９％を保有する株主になっていた。

マスクはビジネス上の批判も個人攻撃のように受けとめる傾向があり、ティールに投資を断られたことで、もともと良いとは言えない関係はよりいっそう緊張をはらむことになった。マスクがクラリウムと『Thank You for Smoking』に投資したのは、彼が退任に追い込まれたクーデターの悪感情を埋め合わせる意味もあったのだが（「友は現れては消えるが、敵は増えていく一方だ、ということわざがあるでしょ」と彼は言っていた）、２００７年頃にはペイパルの歴史から締め出されたことについて不平を言うようになっていた。

その数年前、ティールは〈スタンフォード・レビュー〉の元編集者／マーケッターのエリック・ジャクソンがペイパルの歴史をつづった『The Paypal Wars』の出版に金を出していた。その頃シリコンバレーでスタートしたテック系のゴシップ・ブログでティールに批判的な〈バレーワグ〉で、マスクはジャクソンを「ゴマすり野郎」と呼び、本に登場するティールは「映画『ブレイブハート』のメル・ギブソンみたいに扱われている。僕はといえば、悪役と、どうでもいい役との間ぐらい」と語っている。

〈フォーチュン〉誌が『ゴッドファーザー』をモチーフにした写真を撮影するためにペイパルマ

フィアの面々が集まった際も（ティールはマーロン・ブランド演じるドン・コルレオーネ役だった）、マスクは先約があると言って欠席した。「ピーターの哲学はかなり変なんだ」とマスクは当時語っている。「普通じゃないんだよ。彼は投資の観点からは逆張り派で、シンギュラリティ支持者だ。僕はあまり好きじゃないね。もっと人間的なほうが良いな」

しかし、世界経済が低迷する中、マスクはティールの助けが必要になった。彼が立ち上げたロケット会社スペースXは2006年と2007年に打ち上げを試みたが、どちらのロケットも軌道に到達する前に爆発してしまった。マスクは資金不足に陥り、ティールとファウンダーズ・ファンドのルーク・ノセックの支援を模索しはじめた。

ティールはロケット打ち上げというマスクのアイデアに冷淡で、二人の対立は「ティール界隈」で伝説となるほどの激しい言い合いに発展した。「あのときのルークは、本当にリスクをとってティールを説得してくれた」とマスクは言う。ノセックがティールを説き伏せ、ティールはマスクの宇宙ベンチャー企業に2000万ドルを投資することを受け入れた。

この投資のおかげで、2008年8月にスペースXの3つめのロケットが爆発した後も、マスクは会社を存続させることができた。「スペースXがいずれ軌道に到達し、信頼できる宇宙旅行が実現することは、疑いの余地がない」と、打ち上げが失敗した直後、彼は言った。「僕は決してあきらめない。決して」その1ヵ月後、彼は打ち上げに成功し、スペースXは軌道に到達した初の民間ロケットとなった。

これは、どちらの男にとってもターニングポイントとなる出来事だった。マスクはスペースXを宇宙ビジネスのメインプレーヤーに押し上げ、ティールは投資家として初めて文句なしの成功をおさめたのだ。ティールは急成長中の防衛企業2社にも投資を行い、ヘッジファンドマネージャーとしての評判は上がっていった。彼はもはや、何十億ドルもの資金を運用する単なる逆張り投資家ではなかった。政府にコネを持ち、最も不可能に思われるテクノロジーや型破りの起業家に投資を行う、リスクテイカーになったのだ。

このキャラクターの確立は、明らかな矛盾を抱えつつも、その後10年間の彼のキャリアを形づくっていくことになる。アメリカ経済衰退に賭けて大儲けしたヘッジファンドの運営者が、〈同時に〉何の疑いもなく未来を信じることができるものだろうか？　CIAにスパイ技術を提供するリバタリアンってどういうこと？　本物のリスクテイカーが、テスラへの投資を断るなんて馬鹿げたことをするものだろうか？　ティールは、その強い虚栄心から、こうした矛盾を暴露されることにどんどん敏感になっていった。そしてちょうどその頃、ゴーカーというできたばかりのゴシップサイトが、まさにその暴露を行おうとしていた。

# 9

R.I.P. Good Times

# 古き良き時代よ さようなら

「マリッサ・メイヤーとラリー・ペイジは昔付き合っていた。ほら、暴露してやったぞ」

2006年、ゴーカー・メディアはこのようにしてシリコンバレーに登場した。権力やセックス、偽善行為を声高に告発するサイトだ。ペイジ（グーグル共同設立者）とメイヤー（グーグル元副社長）とのロマンティックな関係について書き立てた記事の中で、ゴーカー・メディアは他のメディアがテック業界に媚びるような記事しか書こうとしないことにも言及している。

「本当に恥ずべきは、シリコンバレーの腑抜けのプレス連中だ」と、ゴーカーが立ち上げたシリコンバレーネタを扱う新ブログ、〈バレーワグ〉は書いた。「グーグルが雇ったシェフはグレイトフル・デッド（アメリカのロックバンド）とツアーに出てたって知ってた？　なんて、あらかじめパッケージ化されたネタだけを食って育ったあいつらは、実話に真正面から食いつくことすらできない」　数日後、〈バレーワグ〉は既婚者であるエリック・シュミット（グーグル元CEO）の不倫疑惑を報じたが、ここでもメディア批判を行っている。

これがゴーカー・メディアを設立した当初からのニック・デントンのやり方だった。同社は政治、メディア、ハリウッドのネタを中心に、暴露記事を大胆にウェブ配信していた。ゴーカー・メディアは誰もが真実だと分かっているのに怖くて書けないことを書くのだ、とデントンはよく言っていた。ニューヨークのメディアをカバーする看板ブログ〈ゴーカー〉の他に、同社は〈ギズモード〉（テック）、〈デッドスピン〉（スポーツ）、〈ウォンケット〉（政治）、そして〈フレッシュボット〉（ポルノ）を運営しており、〈ニューヨーク・ポスト〉6面のゴシップ欄や〈ザ・サン〉紙を思わせる過激できわどい記事を日常的に配信していた。

しかし、ゴーカー・メディアは政治家や有名人だけに焦点を当てているわけではないという点で、他のゴシップメディアとは違っていた。ブログ〈ゴーカー〉はジャーナリストたち自身のゴシップを配信しており、業界のビッグネームに対しても辛辣な記事を書いた。〈ニューヨーカー〉のアダム・ゴプニック（コラムニスト）を「知的で嫌なやつ」、〈タイムズ〉のデイビッド・カー（コラムニスト）を「カフェイン中毒の霊長類」と呼んでこき下ろし、〈ニューヨーク・タイムズ・マガジン〉のヴァネッサ・グリゴリアディス（ライター）については、「みんな嫌気がさしている」というタイトルの長い批判記事を書いている。サイトが繰り出すジャブは辛辣だったが面白く、主要プレスが強烈な皮肉にやり込められる図は読者に受けた。2006年半ばには、〈ゴーカー〉のページビューは単独で月間900万件にものぼるようになった。

〈バレーワグ〉は〈ゴーカー〉と比べると小規模だったが、オックスフォード大学卒業後〈フィナンシャル・タイムズ〉でシリコンバレーを担当していたデントンにとっては重要なサイトだった。2006年11月、彼は〈バレーワグ〉のブロガー業務を個人的に引き継いだ。彼によれば、シリコンバレーは「良くも悪くも新しい世界の中心」だった。

デントンが運営する〈バレーワグ〉は、際立って辛辣でシニカルだったが、ある一点については常に正しかった。シリコンバレーで頭角を現しているテックのパワープレーヤーたちに対し、ジャーナリストたちが批判記事を書かないということだ。

それはある意味当然のことでもあった。テクノロジー・ジャーナリズムの中心は昔からガジェットを紹介することにあり、ガジェット情報を入手するには人脈が必要で、つまりテック業界とは良い関係を保つことが大切だったからだ。アップルに関する否定的な報道を行ったメディアは新製品の発表イベントに呼ばれることはなく、評価メンバーのリストからも外された。

台頭するインターネットのスタートアップを取材するジャーナリストの多くは、自らをシリコンバレー事情の監視人というよりは、グループの一員だと考えていた。スタートアップに個人的に投資することもあったし、付き合いのあるベンチャーキャピタルから自分が属するメディア企業の資金調達を行うこともあった。

これは、ティールのようなタイプには好都合だった。本当のところ、彼はアメリカ合衆国とイスラム世界の関係性は劇的に変化すべきだなどと主張しながら、ジョージ・W・ブッシュ政権下のCIAの主要なビジネス・パートナーであり、数十億ドルの契約を結んでいる航空宇宙事業会社の主要投資家でもある。しかし2007年にクラリウムのオフィスを訪問した著名なテック記者カーラ・スウィッシャーの手にかかると、ティールは「シリコンバレーで最も興味深いベンチャーキャピタリストであり、多才で素晴らしい人物」と表現された。

「ピーター、あなたには気高さがある」と彼女は熱く語り、彼のオフィスを誉めそやした。インタビューの後半には、「あなたの前向きなものの見方、すごく良いと思う」とも言っている。

デントンはティールをリスペクトしていたが、好きではなかった。二人には共通点がたくさんあった。どちらもリバタリアン的な世界観とエリート機関に対する極端な懐疑を抱いていたし、公の場でそうしたエリート機関を攻撃する意欲もあった。デントンはたとえば、アイビーリーグや〈ニューヨーク・タイムズ〉をティールと同じくらい下に見ていた。そしてティールと同じく、デントンもきわめて野心的だった。その野心があったからこそ、デントンは他のジャーナリストとは違って、ティールが風変わりな金持ち男以上の存在であることを理解したのかもしれない。たまたまだが、デントンもティールと同様ゲイだった。しかしティールとは異なり、彼は自分のセクシュアリティを隠そうとはしていなかった。「同性愛者だったからこそ、公然の秘密というものが嫌だと思ってきた」とのちに彼は語っている。

こうしたスタンスから、デントンはピーター・ティールにとって他に類を見ないような危険人物になっていた。ティールは自分のセクシュアリティを広く公表してはいなかったし、両親や友人は保守的で、同性愛が大きなタブーである中東の投資家を数多く抱えてもいた。

ティールは何年もかけて、自分という人間の様々な虚像を注意深くつくり上げ、相手に合わせて異なるバージョンの自分を見せてきた。ウォールストリートでは、頭脳派の逆張りヘッジファンドマネージャー。シリコンバレーでは、若い起業家を支援するリスクテイカー。ワシントンD・C・では、市民をテロから守るテクノロジーの天才。これらはすべて入念につくり上げられたティール像だった。そしてニック・デントンは、それが偽物であると暴露することが、自らの使命と考えるようになった。

2006年、〈バレーワグ〉に掲載されたティールに関する初期の記事は、彼の風変わりな慈善活動や寄付、そして投資家としての成功を称賛した。しかし、その年の終わりにデントンがやってくると、ブログはティールに対しはるかに懐疑的になり、彼を「起業家から投資の天才にキャラ変」と表現したりした。

デントンは、ティールがつくり上げたティール像を少しでも傷つけるような情報があれば、どんな些細なことでもほじくり返そうとした。

2007年7月、新しく入った編集者オーウェン・トーマス（彼もまたゲイだった）はティールの家で開かれた「素晴らしい」独立記念日パーティについて、様々な想像を呼び起こすような意味深長な記事を書いた。さらに数ヵ月後の10月、ティールがテネシー大学チャタヌーガ校で行ったスピーチにわずかな聴衆しか集まらなかったという記事を出した。〈バレーワグ〉らしい皮肉たっぷりの内容だったのだが、そこでトーマスは、ティールのサインを求めた人がたった一人だけ（女性だった）いたことに言及した。「もしその女性がティールにサイン以上のものを期待していたのだとしたら、がっかりする結果になっただろう」さらに、ティールを「夢のように素敵」と評した男性の不動産業者の存在を明かした後、こう書いた。「まあ、ティールはハンサムなほうだと言えるだろう。でも、どっちみち彼には残念ながらすでに恋人がいる。恋人がいなければ、サインをもらいに行ったテネシーの女性よりは脈ありだっただろうが」

トーマスは筆者の取材に対し、この時点でティールのセクシュアリティはすでに公然の秘密だったため、これは内輪の冗談のつもりで書いた、と述べた。トーマスのみならず、サンフランシスコのテックおよび金融業界では知られていたことだったが、ティールには真剣に付き合っているボーイフレンドがいた。マット・ダンツァイセンという人物で、ブラックロックの副社長を務めており、ティールがセカンドハウスを所有するニューヨーク在住だった。

彼はカリフォルニアのティールの家で催されたクラリウムのクリスマスパーティに参加するため、ニューヨークからわざわざやってきたこともあったし、トーマスはフレンドスターでティールのプロフィールを見たことがあって、彼が男性に興味を持っていることは明らかだったと言う。「普通に「それは公然の秘密ですらなかったよ」と長年ティールのもとで仕事をした人は言う。「普通にオープンになっていた」

ティールは今まで敵とみなした相手を容認したことは一度もなく、今回もゴーカー・メディアを追い払う方法を考えるよう、周囲に指示を出した。クラリウムの情報筋によると、同社はセキュリティの専門家に相談したり、ある時点では民間の調査会社を使ったりして、デントンの個人生活と財務状況を調べさせたこともあったという。ティールにとっては残念なことに、デントンからは何のネタも出てこなかった。彼は自分で言っていたとおり、隠し事のない人間だったのだ。

12月、トーマスは「ピーター・ティールは完全にゲイである」との記事を書いた。

あなたの周りには、ゲイであることをオープンにしているベンチャーキャピタリストがどのぐらいいるだろうか？　この事実は、ティールについて多くを物語っているように思える。しきたりの否定、確立されたルールを覆そうとする欲望。一世紀前にハリウッドをつくった移民ユダヤ人のように、同性愛の投資家は古いエスタブリッシュメントには適合できない。そこで彼または彼女は、才能ある個人を見出しふさわしい見返りを与えるための、今までとはまったく別の、願わくばより良いシステムを自由につくり上げていく。そうして、才能ある人々の作品を世に送り出すのだ。だからこそ、私はこう宣言することが大切だと思う。世界で最も聡明なベンチャーキャピタリストであるピーター・ティールは、ゲイだ。彼に、より大きな力を。

彼の投稿は広く読まれたわけではなかった。最初に掲載された際のアクセス数は1000件程度、〈バレーワグ〉レベルの小規模サイトにしても不発だった。また、プレスの反応もほとんどなかった。〈ゴーカー〉はカミングアウトしていない有名人のセクシュアリティについての憶測記事を頻繁に載せていた。その中にはアンダーソン・クーパーや、同性愛を公表する何年も前のティム・クックなどもいた。

ティールの代理人はトーマスに個人的に抗議したが、トーマスは本人の許可なく性的志向を断定するような記事を書いたせいでティールから訴えられたことなどはなく、おたがいにわだかまりはないはずだと思っている。

初めのうち、ティールはクラリウムの社内で怒りを見せることはなかった。彼が同性愛を隠していると思っていた者は誰もいなかったし、そうでなくとも会社は勢いに乗っているところで、従業員のほとんどはボスについての暴露記事が出たという認識すらなかった。ティールは〈ウォールストリート・ジャーナル〉や〈バロンズ〉に頻繁に登場しており、それに比べれば〈バレーワグ〉は零細サイトに過ぎなかった。

しかしティール本人は、記事を読んで言葉を失った。デントンが記事下部のコメント欄に残したメモを読んだ後はなおさらだった。そこには、「ティールのセクシュアリティについてひとつだけ不思議なのは、なぜ彼がここまでひた隠しにしたがるのか、ということだ」と書かれていた。ティールはコメントをじっくり読んだ。これはつまり、ティールが精神的に不安定な状態にあると遠回しに言っている、と彼は解釈した。

ティールは平静を失った。翌年の1月、彼が従業員にとって不可解でしかない行動に出たのは、そのためかもしれない。彼はクラリウムのトレーダーたちを呼び、ファンドをニューヨークに移すと伝えたのだ。従業員はニューヨークに移ることもできるし、高額の退職手当を受け取って辞めることもできる。ティールは、理由はシンプルだと言った。「映画スターになりたかったらハリウッドに行け。政治家になりたかったらワシントンに行け。ヘッジファンドマネージャーになりたかったらニューヨークに行け、だ」

逆張りのティールから出てくるそのような言葉は、いかにも説得力に欠けていた。会社はヘッジファンドだらけの場所から離れるために、サンフランシスコのダウンタウンから引っ越したばかりだった。それが今度は、もっとヘッジファンドだらけのニューヨークへ行くと言う。本当の理由は個人的なものだろう、と考えた従業員もいる。「彼は決して認めなかったけど、本当の理由はゴーカーだと思う」と、ある者は述べた。「彼は逃げたかったんだ」

ちょうど同じ頃、ティールはクラリウムの経済見通しを説明する過熱気味のレターを投資家宛に送っている。クラリウムは投資家に定期的にレターを送ってはいたが、いつもはアナリストが文章を書いていた。ティールが個人的にレターを書くのはこれが初めてのことであり、内容は極端なものだった。

「楽観的思考実験」と題された1万ワードに及ぶレターの中でティールは、世界は終末期に向かっていると主張した。投資アナリストはしばしば宗教的な比喩を用い、利回りの「再臨」とか、株式の「黙示録」などという言葉を使うが、自分は何かにたとえるためにこれらの言葉を使っているのではない。「暴力、飢饉、病気、戦争、そして死……これらが容赦なくエスカレートしていき、人類の秩序そのものが崩壊する可能性がある。こうした未来に対応するには、移ろいやすい『人間の国』ではかない財産を築き上げるよりは、永遠の『神の国』で不滅の魂を守り、天国の宝を積み上げるほうがはるかに良い」彼はヨハネの黙示録の言葉をふんだんに引用し、歴史になぞらえながら自説を展開した。

ティールはまた、すべてが崩壊した未来において利益を得ることができなくなった投資家は、システマティックにすべてを過大評価し続けるだろうと指摘した。それが住宅、テック、そして金融のバブルへとつながっていくだろうと。レターのタイトルは、ティールが考える最良のシナリオを表していた。グローバリゼーションと壊滅的な金融危機が政治によって食い止められるという「楽観的な」未来だ。

そういう状況で儲けを出す方法はもちろんある。たとえばクラリウムは株を空売りすれば儲けることが可能だ。しかしティールは、最良のシナリオではなく最悪のシナリオに焦点を当て、投資分析をする代わりに祈り、悔い改めることを勧めた。「グローバリゼーションとその代替案との競争は、僅差の争いになるだろう。少なくとも、個々の選択が決定的に重要であるという意味においては」と、彼は結論づけた。「そういう意味で、われわれは効率的市場仮説という支配的な価値観の逆を行きます。しかしながら、われわれが信じるものは、まだ名前がないものなのです」

友人たちは、これをティールの怖いもの知らずと思考の独創性の表れだと解釈した。確かにそうだろう。しかしこれは同時に、投資家に宛てたレターとしては型破りだと言わざるを得ない。ティールは２００８年半ば時点で彼に80億ドルもの金を預けていた投資家たちに対し、この金額を維持する自信がないと大っぴらに宣言したのだ。

ちょうどこの頃、ティールは全員参加の会議で、マーケットが「破裂」し、クラリウムが株の取引に使っているブローカー会社が潰れるかもしれないと予測している。そうなれば会社は即座にキャッシュを取りに行かなければならないし、他の手段も検討しなければならないだろう。あるアナリストが金塊を買って埋めておくことを提案した。「アイン・ランドの世界に入ったみたいだった」と別の元従業員は、当時の雰囲気を思い出しながら語った。

熱に浮かされたような状態は、「ティール界隈」全体に広がっていった。同じ頃、ジョー・ロンズデールがパロアルトのパランティア本社にやってきて、会社の銀行口座から10万ドルを引き出しておくよう、総務担当者に指示を出した。米国経済が完全に吹っ飛んでも従業員が飢えてしまわないよう、キャッシュを手元に置いておこうという考えだった。「一人当たり1000ドルを準備していました」と、パランティアの従業員は言う。「幹部たちは、世界の終末がやってくると信じていたんです」

ティールの予測は、結果としては正しかった。9月15日、南北戦争、大恐慌、そして9・11を生き延びたリーマン・ブラザーズが、サブプライムに積極的に手を出した結果、倒産した。同じ月の終わりには、1889年創業で、2000年代初めには「銀行業界のウォルマート」になると宣伝していたワシントン・ミューチュアルが倒れ、取り付け騒ぎが起こった。

その後、米国は深刻な不況に陥り、ごく普通の人々が職を失い、住宅ローンが返済できなくなった結果、家をも失った。この負の連鎖を予測し、あらかじめ金融取引を行っていたファンドマネジャーは、途方もない金額を稼ぎ出した。最も有名なのは、事前にクレジット・デフォルト・スワップを購入して、マーケットが暴落した際に40億ドルの利益を得たジョン・ポールソンだ。これはグレゴリー・ザッカーマンの著書『史上最大のボロ儲け』（ＣＣＣメディアハウス）に詳しい。それまでは大して目立たなかったヘッジファンドマネージャー、スティーブ・アイズマンが似たような賭けをした話は、マイケル・ルイスの『世紀の空売り』（文藝春秋）で有名になった。

しかし、ティールはこの機に乗じて金持ちにはなれなかった。厳密に言えば、非現実的な展望をトレーディング戦略に反映させることができなかったのだ。元同僚たちによれば、それは想像力の欠如によるものではなく、マネジメントの失策だった。

ペイパルでのティールは、配下の者たちにほぼ全面的な自由裁量権を与え、その成果は目覚ましいものだった。同社は画期的な不正防止アルゴリズムや画期的なバイラル（ＳＮＳ上の口コミ）増殖メカニズムを開発し、イーベイが同社に触手を伸ばすきっかけとなった巧妙な経営戦略を実行した。しかも、テックバブル崩壊のさなかに。それはティールが実践したお任せ経営スタイルの勝利だった。しかしクラリウムにおいては、配下のトレーダーやアナリストは一線を越えてしまった。彼らはティールの見事な逆張り理論に沿った投資はせずに、ティールの逆張りのさらに逆を行く取引を行ったのだ。

情報を提供してくれた人は、クラリウムは「相場を深読みしすぎ」て、「下値で拾おうとしていた」と語った。銀行株を空売りすることも検討したが、銀行が国有化されれば株価は逆に上がり空売りをスクイーズすることになるため、得策ではないと判断した。ティールは相場がこれ以上崩壊する前に、政府がバブルを再び膨らませるだろうと考えていた。

金融危機の皮切りとなった２００８年９月中旬のリーマン破産の前は、彼のポートフォリオに占める上場株式の割合はとても小さかった。しかし彼は突如として、前年10月以来下落し続けていた株価は底を打ったと判断し、狂ったように買いはじめた。グーグルとヤフーをそれぞれ8億ドルずつ買い、さらに10億ドルを銀行株に投入した。政府が否応なく彼らを救済することになれば、すべてが利益となって跳ね返ってくるほうに賭けたのだ。

この投資行動は、彼のプロのヘッジファンドマネージャーとしてのキャリアの終わりを意味した。株式市場は下落を続け、その年の終わりには、ティールは同年前半に稼いだ金をすべて失っていた。彼は金融業界が崩壊するという予測に基づいた、莫大な利益の機会を逃してしまったのだ。その年、彼は前年比マイナス5％で1年を終えた。そして利益が跳ね返ってくる局面が来た頃には、すでに株を売却してしまっていて、リカバリーの機会も逃してしまった。損失は、解約の波によって拡大することになった。年金やソブリン・ウェルス・ファンドはクラリウムから資金を引き揚げはじめ、当初60億ドルあった投資金額は、年末にはわずか20億ドルにまで減少した。それでもなお、投資家たちは金を返せと言ってきた。

利益につなげられなかった理由はティールの相場観のせいかもしれないが、それ「だけ」とは言い切れない。クラリウムの運用成績は、株価や、他の多くのヘッジファンドよりはましだったからだ（2008年、S&P500指数は前年比40％近くも下落し、ヘッジファンドの平均運用成績はマイナス18％だった）。さらに、連邦準備制度理事会とブッシュおよびオバマ政権が行動を起こすことによって株価が元に戻るというティールの読みは当たっていた。ただ、マーケットの底値を数ヵ月読み違えただけだった。

それが事実か否かはさておき、ティールは解約の波が押し寄せた本当の原因はゴーカー・メディアだと考えるようになっていた。元従業員たちによれば、クラリウムの大口投資家にはアラブ系のソブリン・ウェルス・ファンドが少なからずいて、その背後にいる政府はホモセクシャルを犯罪とみなしていた。ティールはなぜ自分の性的志向をオープンにしなかったのか、はっきりと述べたことはないが、理由はこのあたりにあったのだろう。

「個人の性的志向についてのマスコミの一方的な報道は、それが事実かどうかといった単純な問題ではない」とティールは2018年のインタビューで語っている。「ピーターはゲイだ、で済む話ではない。ピーター・ティールはゲイだという話が出れば、彼はなぜ今までそれをオープンにされたくなかったのかを探り出そうとする。両親が知らされていなくて、知ったら恥ずかしく思うからかもしれない。あるいは本人が、サウジアラビアでひと儲けしたいと思っているからかもしれない、と」

さらに、ティールがのちに言っていたように「標的にされた」と感じるようになったのは、彼のセクシュアリティに関するトーマスの投稿だけが理由ではなかった。ゴーカー傘下の他のサイトも、2008年から2009年にかけてティールやその親しい仲間たちをネタにすることをやめなかった。クラリウムの投資の失敗やティールの最新の偽善行為、あるいはショーン・パーカーの最近の不品行などのニュースがあれば、余すところなく掲載した。

2008年1月のキング牧師の祝日には、ティールがアメリカ大統領選候補者で人種差別的なニュースレターの関係者でもあるロン・ポール陣営に寄付を行ったと、〈バレーワグ〉が唐突に報じた。そして9月には、クラリウムが9億ドルもの損失を出したにもかかわらず、最近のテック会議においてティールに説明を求める者はいなかったと指摘した。2009年初め、ティールがスイスのダボス会議に出席した際は〈投資家層にファンドの力強さをアピールする絶好のチャンスだった〉、〈バレーワグ〉は彼を「先見の明があるとされる人物」と揶揄し、そのファンドは過去6ヵ月間で時価総額が50億ドルも縮小したことを指摘した。そして2009年後半には、ティールがファンドの時価総額を実際よりも多く見せていたと主張した。

この期間を通して、「ティール界隈」に属する人々は、ゴーカーは投資家の立場に立ってティールの失策を報じているだけなのか、それともティールや彼のファンドへの信用を揺るがすような記事が要因となってティールの失策が引き起こされているのか、判断できずにいた。「私は、彼が大失敗をしたんだと思っています」と、クラリウムの元アナリストは2008年の損失について語った。「彼はどこかで道を誤ってしまい、それを修正することができなかった」

シリコンバレーもまた、自信を失いつつあった。2008年10月、セコイアは傘下の企業に対し、コスト削減とキャッシュ留保を求めるパワーポイントのプレゼン資料を配布した。「古き良き時代よ、さようなら」のタイトルがつけられたこの資料は、ブリッツスケーリング的な戦略はもはや通用しないことを示唆していた。

スタートアップが市場に食い込むために容赦なく資金を投入することはもうできなくなり、起業当初から収益を上げることが求められる。フェイスブックはIPOするだろうと思われていたが、その話もなくなり、代わりにロシア政府と繋がりがあると言われるロシア人投資家、ユーリ・ミルナーから2億ドルを調達することになった。ティールがフェイスブック株で儲けを得ることになるIPOは、何年も先のことだった。

そして2008年11月、ブッシュ時代の国防政策を否定する選挙と言われたアメリカ大統領選挙で、バラク・オバマがジョン・マケインに快勝した。オバマが民主党の指名を獲得できたのは、イラク戦争に反対だったことと、シリコンバレーの支持があったことが大きい。ソーシャルメディアを本格的に活用したのは、彼の陣営が初めてだった。

オバマ・キャンペーンにおけるソーシャルメディア活動を指揮していたのは、ザッカーバーグのハーバード大学の同級生でフェイスブックの共同創設者でもあるクリス・ヒューズである。「オバマを大統領にした若者」とビジネス誌〈ファスト・カンパニー〉は書いた。２００８年大統領選挙を「フェイスブック選挙」と呼ぶ者もいた。シリコンバレーのスタートアップエリートによるオバマ陣営への貢献はあまりに大きく、〈アトランティック〉誌は、オバマ・キャンペーンそのものを「今年最もホットだったスタートアップ」と呼んだほどだ。このときほど、ティールが周囲と歩調が合わない時期はなかった。

奇妙なことに、この時期の彼はさほど惨めな思いをしていたわけではなかった。むしろ、何年ぶりかで自由を得たように見えた。ヘッジファンド運営、そしてそれに伴う、ウォールストリートのプレスに対応し続けなければならないという重圧や、投資家を満足させなければというプレッシャーは、彼を内向的にさせていた。ペイパルを辞めた後には多額の金を使って様々なものを買い漁ったが、それも無感情に行ったことであり、究極の富を意味するものを数多く手に入れながら、本人は明らかに楽しんではいなかった。それが今、投資家の金を一部失い、プライベートな秘密を暴露されてしまった彼は、再びその知性という情熱に従い、人に刺激を与える役割を果たせるようになったのだ。

スタンフォードでのティールは若く知的な右派に引き寄せられたが、今回もそうだった。初めはパトリ・フリードマンという名のグーグルのエンジニアだった。小柄で筋肉質でハンサムなフリードマンはスタンフォード大学でコンピュータ・サイエンスの修士号を取得しており、グーグルで品質管理ソフトウェアを開発する仕事をしながら、実験的に様々なライフスタイルを試しては、その内容を発信していた。

彼が実践したことがあるのはピックアップアーティスト（複数のセクシャルパートナーを持つこと）、アクロバット、プロのポーカープレーヤー、パレオダイエット、集団生活、ポリアモリー……そしてそのすべてについてブログを書いていた。「10年後の自分がどうなっているかなんて考えてもいなかった」とフリードマンは私に語った。「当時の僕は『俺は知的な反逆者だ。何を書こうが俺の勝手だろ』という感じだった」

フリードマンが長いこと情熱を傾けていたのはシーステディング、つまり公海上に浮かぶ海上都市という、リバタリアン的ユートピア構想だった。支持者たちにはオープンウォーター集落と呼ばれるこれらのシーステッドは、いかなる政府の管轄下にも置かれず、住民は違法薬物をはじめ、世界200余国で違法とされている娯楽すべてを楽しむ自由が与えられる。

彼は他のテクノ・ユートピアンたちと手を組んで、「水上ライフスタイル」のイデオロギーと実用性を説明する文章を書き、オンラインに投稿した。その中で彼は人間の排泄物を焼却処分することの利点と欠点、敵対的な海軍艦隊が現れた際に対抗するため安価な中国製の巡航ミサイルを使用する可能性などについて説明し、税金が一切かからない社会をつくることを約束している。

フリードマンのブログはティールのもとで働くリバタリアンの従業員の間では有名で、彼はパランティアの創設者ジョー・ロンズデールの弟でクラリウムの副社長ジェフ・ロンズデールとやり取りをするようになり、ある日同社のオフィスでのミーティングに招かれた。フリードマンは当初、これが職につながることを期待したが、そうではなくティールと夕食をともにしようという誘いだった。食事中、ティールはフリードマンを質問攻めにした。そして、バスタブほどの大きさの縮尺模型をつくるところからはじめて、そこからアトランティス規模の海上都市を建設していくまでの計画について話し合った。

ティールはフリードマンを気に入った。彼は、ティールの数多くの取り巻きたちと同様に、若くて、男性で、魅力的で、よくしゃべり、スラングを進んで口にした。さらに、シーステディングのアイデアは金融取引法を迂回してビジネスをするというペイパルのアプローチを体現したもので、直感的に惹かれるものがあった。

億万長者への課税額の削減や、人体冷凍保存業者への規制緩和のための政治活動を行う代わりに、シーステッドは、少なくとも理論上は、そうした政策をすぐさま実現させ、政府機能の閉鎖を求めていく。そこで起こっていることに世界が気づく頃にはもう手遅れになっている、というのがフリードマンの主張だった。

とどめとなったのは、フリードマンがかの有名なリバタリアン経済学者、ミルトン・フリードマンの孫であるということだった。彼と組むことで、ティールは保守派の活動とより深く関わっていくチャンスを得られる。

「君はグーグルを辞めるべきだ」ティールは夕食の終わりにフリードマンに言った。そして50万ドル投資するからＮＰＯをはじめてみないかと持ちかけた。将来的にはＮＰＯに対し寄付を行うことを約束し、資金集めに自分の名前を貸そうと申し出た。「今から数十年後、21世紀の初頭を振り返った人々は、シーステディングがより効率的、実用的な公共機関の発展への第一歩だったことを理解するでしょう」と、寄付を発表するプレスリリースでティールは述べた。「私たちは今、ワクワクするような転換期にあります。政府というものの本質は、非常に基本的なレベルで変化しつつあります」

批評家たちは、シーステッドを危険かつ反動的であると同時に、少し間が抜けたアイデアだとみなしていた。NPOの設立は「ブログとアイン・ランドへの愛という共通点を持った二人の男が、どんなに的外れで奇想天外だろうとお構いなく、夢を追うために50万ドル突っ込んだという伝説として、インターネット業界で語り継がれていくだろう」と、〈ワイアード〉は書いた。ナショナル・パブリック・ラジオは冗談めかした宣伝コピーからはじまる、からかい半分のレポートを流した。「馬車馬のように働き、人類によってつくられたルールに従うことに疲れたって？　海上に浮かぶカプセルで生活するアイデアを否定されるのにはうんざりだって？」と、番組ホストのマイク・ペスカは述べた。

ゴーカーはフリードマンをしつこくあざ笑い続け、彼のブログでの告白やソーシャルメディア配信を重箱の隅をつつくように精査して、どんな小さな突っ込みどころも逃さず掲載した。彼のポリアモリーに関する記事の見出しはこうだった。「リバタリアンのユートピアン、パトリ・フリードマンはあなたの赤ちゃんのパパになりたがってる」

クラリウムの従業員は、ティールが注目を浴びたことに怒り狂うだろうと予想したが、そうはならなかった。「何年もの間、私たちは（ティールに関する）あらゆることを隠そうとしてきたが、ある時点から彼は気にするのをやめたようだ」と否定的な報道の対応について元従業員は言う。

「ただ、受け入れるようになった。同性愛の件だけじゃなく、シーステッドや政治活動や、その他いろいろなネタについても」。ティールは「変わり者フラグを立てられるがままにする」心構えができたのだろう、と。

彼がより強く入れ込んだのは、永遠の命を得られるかもしれないテクノロジー研究への投資だった。それゆえ、アンチエイジングに関する研究を行っているメトセラ財団とそこから派生したSENS研究財団に資金を提供し続けていた。この2つの組織を設立したのはオーブリー・デグレイ。ワイルドな髭を生やしたケンブリッジ大学の元研究者で、2005年にはTEDトークに登場し、老化は逆行させられると主張した。ティールは2007年と2008年に彼の財団に100万ドル以上の寄付をし、2010年にはさらに200万ドルを寄付している。

2008年、ファウンダーズ・ファンドはハルシオン・モレキュラーというスタートアップに50万ドルほどの投資を行った。これはウィリアム・アンドレッグという人物が若干19歳で兄マイケルとともに立ち上げた会社で、金のかからないDNA配列技術を開発して老化防止ビジネスにつなげるという、控えめな目標を掲げていた。

2009年、変わり者フラグを立てられている真っ最中のティールはアンドレッグ兄弟に会い、彼らの熱意と提案内容に瞬時に夢中になった。ティールは感情的になることはめったにないが、このときは別だった。「実際、彼はぴょんぴょん飛び跳ねたんだ」とウィリアム・アンドレッグは振り返る。「『この謎を解明しないと、人類は滅びていく』みたいなことも言っていた。それが最初に交わした会話だった」

ティールは永遠の命を目指すこの会社に個人的に500万ドルを投資した。そしてファウンダーズ・ファンドからさらに500万ドルを投資したばかりでなく、同社のオフィスに頻繁に顔を出すようになった。「彼はあまりにもよく来るので、『アドバイスありがとう、もう大丈夫』と言わなくちゃならないほどだった」と、アンドレッグは言う。「実際の研究開発をはじめなくてはならなかったから」

ティールはさらに、シンギュラリティ・インスティチュートというNPOに100万ドル以上の寄付を行った。ここは超インテリジェントなコンピュータを研究している機関で、将来的にはそのコンピュータが人間の頭脳のホストとなり、脳がソフトウェア上永遠に生きられるようになることを目指している。この頃のティールは、こうした寄付が嘲笑の的になることをむしろ歓迎しているように見えた。シンギュラリティ・インスティチュートのイベントで、彼は両親に反対されたにもかかわらずデグレイに投資をしたのだと、聴衆に胸を張った。「ベイエリアに住む私の両親は怖気づきました」と彼は言った。「彼らは私に電話をかけてきてこう言ったんです。『なんて恥ずかしいことだ。隣近所にどう思われるだろう』ってね」

ヘッジファンドを立ち上げた当初は政治思想をなるべく封印するようにしていたティールだが、性的志向の暴露記事が出た後は元に戻っていた。クラリウムが2008年5月に投資家に宛てたレターは「政治における強気市場《ブル・マーケット》」と銘打たれ、「グローバリストのエリートたち」のコンセンサスに基づく政治は終焉を迎えるだろうと書かれていた。

グローバリストを名乗る者たちは、ここ何十年もの間、規制を緩和し貿易を増やすことが繁栄につながると主張してきた。ビル・クリントンとジョージ・W・ブッシュはこの概念に基づいて政策を立案したが、ティールはターニングポイントが来ていると考えていた。1年前、ブッシュは包括的移民制度改革法案を成立させようとした。不法滞在移民が市民権を得られる道を開き、国境警備を強化し、外国人労働者プログラムを創設するという内容の法案だ。しかし、ブッシュの努力にもかかわらず法案は否決された。ティールによればそれは「何ヵ月も前から続けられてきたインターネットによる前例のない反対キャンペーンの結果」だった。

ティールはレターに書いた内容以上に移民制度改革に精通していた。過去数年の間に、彼は密かに移民排斥主義の政治家を開拓していた。その一人がカンザス州務長官の共和党員、クリス・コバックだ。彼は反移民の団体、アメリカ移民改革連盟（FAIR）が不法滞在移民に州内出身者学費（州の出身者が州内の大学に進学する際に適用される学費。州外出身者より大幅に安い）を適用したのは違法だとして州政府を訴えた組織の弁護士を務めていた。FAIRは、米国は毎年受け入れる移民の数を減らしていくべきだと主張する極右NPO、ナンバーズUSAと手を組んでいた。

南部貧困法律センターによれば、創立者を通じて白人至上主義者たちとも繋がりがあるナンバーズUSAは、ブッシュが包括的移民制度改革法案を後押しするまでは比較的おとなしい団体だった。しかし法案が提出されると、彼らは移民が米国になだれ込んでくることのリスクについての抗議文を、議員宛に一斉にファックスで送りつけた。送られたファックスの数は100万件を超え、選挙を控えた多くの議員の電話回線がパンクしてしまうに至った。

2008年、〈バレーワグ〉はティールが仲介者を通じてこの団体に100万ドルの寄付をしたと報じた。この寄付がティールのリバタリアン思想と矛盾しており、彼は「自由を得ることに背を向けるようになった」と〈バレーワグ〉が指摘すると、ティールは文書で反論した。

2009年の初めに、チャールズ・コークが共同設立したリバタリアン系のシンクタンク、ケイトー研究所が発行したジャーナルに、ティールはフリードマンとともにエッセイを寄稿した。その中で彼は、オンラインフォーラム「ケイトー・アンバウンド」のテーマ「ゼロからのスタート」になぞらえ、通常の民主主義の枠組み（フリードマンはそれを欠陥だらけの「民族活動」と呼んだ）とはまったく別のところにリバタリアンの居場所をつくるべきだ、と述べた。

政党を立ち上げたり、そこに投票したりする代わりに、フリードマンは「競争力のあるガバナンス」というコンセプトを提唱した。意欲あるリバタリアンが国を離れ、新たな国を創始するという概念だ。地元のカフェが気に入らないと感じた起業家がそこにチャンスを見出し、競合するカフェをつくるように。

「リバタリアンへの教育」と題されたティールのエッセイは、同誌掲載の似たようなテーマを扱った他のエッセイよりも辛辣な内容で、反応を煽るような書き方がなされていた。「私はもはや、自由と民主主義が両立しているとは思っていない」とティールは書き、米国は前世紀のほとんどの期間、下降軌道に乗ったままだったと主張した。「アメリカ史上、人々が政治を純粋に楽観視できたのは、1920年代が最後だ。それ以降、福祉受給者の大幅な増加と女性の選挙権の拡大という忌まわしい2大要素によって、資本主義的民主主義という概念は、矛盾したものになってしまった」

彼は、人類が自由と富を取り戻し、福祉受給者と女性有権者がのさばる政治から脱却するための希望の光は3つある、と主張した。それはインターネット（とりわけフェイスブック）、宇宙空間（新たなロケット技術の開発により、宇宙コロニーの可能性が見えてきた）、そしてシーステッドだ。それは〈スタンフォード・レビュー〉のお家芸にのっとった奇想天外な文章だったが、ティールが大学で投稿していた多くの炎上ネタとは違い、彼自身が執筆したものだった。

言うまでもなく、タックスヘイブン特区をつくり、憲法修正第19条（女性に参政権を与えた憲法）を葬り去るべきだとするピーター・ティールの主張は、万人から支持されることはなかった。「フェイスブックの支援者は、女性の投票権が失われることを望んでいる」とトーマスは〈バレーワグ〉に書き、ティールを「頭のおかしい人」と呼んだ。

ティールは、釈明章をケイトー研究所のウェブサイトに掲載した。そこには、女性に対する彼のコメントについて、謝罪する言葉はなかった。「私はいかなる人間も選挙権を剥奪されるべきではないと考えていますが、その一方で、投票することで物事が良くなるという希望も抱いていません」と彼は書いた。

驚くべきことだが、この薄っぺらい説明はどういうわけか人々を納得させてしまった。普段はティールの思想を手厳しく批判している〈ニューヨーカー〉のジョージ・パッカーも「ティールは女性から選挙権を取り上げたいと思ったのではなく、自由と両立しない民主主義を避ける方法を模索したいと思ったのだ」と書いた。まるでそれが彼の無罪を示す根拠でもあるかのように。ティールは女性の選挙権を剥奪したいのではなく、みんなの選挙権をなくしてしまいたいのだろう、という解釈に変わっていた。

私は、政治の力が強すぎると思っています。だからリバタリアンになったのです。政治は人を怒らせ、人間関係をぶち壊し、ものの見方を二極化させる。あらゆる世界が、われわれ対あいつら、善人対悪人に分けられてしまう。政治は、人々の同意なくその生活に干渉してくる。過去、リバタリアンが政治の世界で活躍してこなかったのも、おそらくはそれが理由でしょう。私もまた、政治以外のもの、人によってはユートピアと呼ぶような平和的なプロジェクトに自分のエネルギーを注ぎたいと思っています。

数ヵ月後、彼は未公開株式投資の業界誌に〈バレーワグ〉は「シリコンバレーのアルカイダに相当する存在だ」と語り、同社の従業員たちは「ライターや記者などではなく、テロリストと呼ぶべきだろう」と発言した。「テロリズムというのはもちろんものの喩えだが、同業者よりも残酷に、よりセンセーショナルに書こうと純粋に思っているという点では、テロリズムのようなものだ。人より目立ち、人々にショックを与えることに情熱を燃やすテロリストと一緒だ。〈バレーワグ〉がこの世からなくなった場合、同じようなサイトが出現するかどうかは、理論的疑問として興味深い」

ティールはその後10年近くをかけて、その疑問の答えを導き出そうとしていくことになる。その環として同時に、政治的なプロジェクトを劇的に拡大していった。彼は自分のイメージを守りたかっただけでなく、それを傷つけようとした人々を破滅に追い込んだ。政府との契約を獲得しようとしただけでなく、すべてを独占しようとした。大学に対しポリティカル・コレクトネスの根絶を求めただけでなく、ポリティカル・コレクトネスに対する懸念を利用して、アメリカの選挙を動かそうとしていた。

# 10

The New Military-Industrial Complex

# 画期的なソフトウェア

アメリカのテクノロジーの歴史は、1957年9月、カリフォルニア州マウンテンビューのショックレー半導体研究所で、米国で最も優秀な若きエンジニアたちが辞職を決意したときからはじまった。

のちに8人の反逆者としてその名を知られるようになった彼らは、フェアチャイルド・セミコンダクターを立ち上げた。天才的な物理学者ロバート・ノイス率いるこのグループは、トランジスタ（コンピュータの基礎的要素）をガラス素材にエッチング処理する方法を開発した。これが初めて商品化されたコンピュータ・チップであり、シリコンバレーの名前の由来にもなった「シリコン」である。

アポロ計画はフェアチャイルドのチップを何十万個も購入し、これが火付け役となってサンフランシスコ半島は産業が発達し、のちにパソコン、ウェブサイト、デジタル通貨、スマートウォッチ、つまり21世紀の資本主義を体現するものすべてがここから生み出されるようになった。フェアチャイルドのメンバーはバレー全体に散っていき、数多くの有名なテック企業やベンチャーキャピタル会社を設立した。

シリコンバレーの成功、とりわけスティーブ・ジョブズがもたらした輝かしい実績のおかげで、フェアチャイルドの8人は反骨精神の具現者として語られることが多い。2000年代半ばに私がジャーナリズムの世界に入った頃、シリコンバレーは、反エスタブリッシュメントだとみなされていた。「すべてはヒッピーのおかげさ」と未来主義者で反体制文化活動家でもある作家のスチュアート・ブランドが言ったように、「60年代の本当のレガシーはコンピュータ革命」であるとされていた。

しかし、「本当の」シリコンバレーは、軍民共同体を否定する存在などではなかった。最も純粋なシリコンバレーの姿とは軍民共同体「そのもの」だったからだ。「8人の反逆者」という言葉をつくり出した本人であり、その8人が抵抗したボスでもあったウィリアム・ショックレーは、第二次世界大戦でB－29爆撃機のレーダーを開発した人物だ。その後、新しいトランジスタを発明し、会社をたたんでスタンフォード大学の電気工学の教授に就任すると、ジョーダンの思想を受け継いで優生学を支持するようになった。そして1960年代終わり頃からは、アメリカの政治家は人種的不平等への取り組みとして社会福祉プログラムを充実させる代わりに、黒人に不妊手術を受けさせるべきだと主張しはじめた。

これは極端な発言だったが、それでもこの業界の大半がきわめて保守的であり、反体制文化に特別な敵対心を抱いていたことは事実だ。フェアチャイルド、HP、インテルなどの企業は、いつまでも続く冷戦時代の防衛予算によって経営が成り立っていた。

ノイスは1968年にフェアチャイルドを離れてインテルを設立したが、これもまた防衛関連に負うところが大きい企業だった。彼は左派を、技術の進歩への抵抗勢力とみなしていた。「彼ら（反体制主義者たち）は新しい技術を破壊したがっていた」とは、1983年の〈エスクァイア〉誌で作家トム・ウルフがノイスのプロフィールに載せた言葉だ。

2000年代に入り、アップルやグーグルが個人のエンパワーメントを説き、ジョン・マルコフの『パソコン創世「第3の神話」―カウンターカルチャーが育んだ夢』（NTT出版）といった本が、インターネットはスピリチュアルな意味でLSDから生まれたようなものだと主張するにつれ、こうした事実は大方忘れられていった。しかし実際には、インターネットはペンタゴンの国防高等研究計画局（DARPA）からの予算によって生み出されたというのが事実だった。

ティールはノイスと同様、テック業界を西洋文明およびアメリカの国力の根幹をなすものとみなしていた。それに対しカウンターカルチャーは、テックの進歩の妨げになっていると考えた。〈ナショナル・レビュー〉でのエッセイでティールは、アメリカの衰退は月面着陸から3週間後のウッドストックから始まったと断定している。「これが、ヒッピーたちがこの国を乗っ取った瞬間だった」と彼は書いた。「そして技術の進歩をめぐるカルチャー戦争が負けた瞬間でもあった」。いまやそれは、アメリカの覇権そのものに対する脅威になっていた。

この事態を修正するためには、政府の支出を社会福祉政策などに振り向けるのをやめて、ノイスや彼の世代の人々が立ち上げたような超大規模なテクノロジープロジェクトに使うべきだ、とティールは考えるようになった。「国は科学を最優先すれば成功する。否定の余地はない」と。

これはティールにとっての最重要プロジェクトになっていく。軍民共同体をシリコンバレーに復活させ、自分の会社がその中心となることだ。

ティールは住宅ローンの崩壊だけでなく、国防費の増加も予測していた。2008年のクラリウムのレターでは、国防費の増加について「米国が熟練労働力、技術、貿易の面で利益を享受した唯一の主要セクター」と歓迎した。彼は抜け目なく、時代の潮目を読んでいた。バラク・オバマは反戦を掲げて立候補したが、彼が問題にしたのは主としてイラク戦争についてであり、ブッシュのアルカイダとの戦いではなかった。

実際オバマは、ブッシュのやり方は不十分だと批判していた。ウサマ・ビン・ラディンを捕えるべきときに、軍事資源をイラクに振り向けてしまい、「ボールから目を離した」結果、ウサマを取り逃がしてしまった。それはつまり、諜報活動への予算増加と、軍隊への「テコ入れ」を意味した。そして実際、2009年には3万人の兵がアフガニスタンに派遣された。

パランティアは、政治の風向きの変化にぴたりと呼応した。同年3月、カナダの調査機関が中国のマルウェアを発見したと発表した。ゴーストネットと名づけられたそれは、おそらくは中国政府に雇われたハッカーによって仕組まれ、電子メールやニセのウェブサイトを通じてソフトウェアをインストールさせ、ダライ・ラマの側近のパソコンや、各国大使館、領事館、報道機関、大学、そしてNATO本部のコンピュータにまで侵入できるようにつくられていた。研究者たちはこのマルウェアに関するレポートを発行したが、そこにはパランティアのソフトウェアのスクリーンショットも載せられていた。ペイパルが10年前ロシアの詐欺師を食い止めるために使ったような、蜘蛛の巣状の図だ。

この調査に占めるパランティアの役割は限られていたが、蜘蛛の巣状の図と、パランティアがペイパル出身者が設立した会社であるという事実が、会社にハクをつけてくれたのだろう。蜘蛛の巣状の図とパランティアを肯定的に紹介する記事が〈ニューヨーク・タイムズ〉に掲載された。〈タイムズ〉はペイパルの人脈についても触れたが、ある事実には言及しなかった。パランティアが、金を払って蜘蛛の巣状の図をレポートに掲載してもらっていたことだ。

レポートをちゃんと読んだ人ならば、パランティアは単にこの図をつくり出した会社に過ぎないということが分かるのだろうが、〈タイムズ〉の読者には、パランティアがこのオペレーションに不可欠な存在だという印象を残した。これはパランティアの何年にもわたる努力のたまものだった。世界に、そしてとりわけ米国陸軍に対し、既存のデータ分析ソフトを捨ててピーター・ティールのソフトに予算を使うよう説得し続けた努力の結果だった。

陸軍はすでにDCGS－A（「ディーシッグス」と読む）という独自のシステム構築に100億ドルほどの予算をつけていたため、パランティアが入り込むのは容易ではなかった。システム構築にはロッキード・マーティン、レイセオン、ノースロップ・グラマンといった伝統的な防衛企業が参加しており、陸軍との大型契約は不可能に近かった。

しかし、ティールは莫大な金を使って潜在ユーザーにサービスを直接届け、このサービスなしではいられないようにし、その影響をトップにまで波及させる。イーベイの取引者にペイパルを使ってもらい、最終的にはメグ・ホイットマンに別の決済会社を使うことをあきらめさせたのと、同じやり方だった。

パランティアは新技術に抵抗感が少なそうな中級レベルの陸軍司令官をターゲットにし、彼らにソフトウェアを無料で提供した。トレーニングやサポートのサービスもつけて、彼らがニーズに合わせてソフトを調整できるようにもした。第2歩兵師団の第5ストライカー旅団戦闘団を率いるハリー・タネル大佐も、ソフトを試した一人だった。

タカ派的思想を持ち、かつ既存の価値観に立ち向かうというタネルの姿勢は、パランティアの前線エンジニア部隊（同社はエンジニアと営業を兼ねた従業員をこう呼んでいた）の格好のターゲットになった。2007年、彼が率いる第5ストライカー旅団戦闘団がイラク配備に備えて訓練を開始すると、エンジニアたちは彼とミーティングを行った。タネルは、現地で武装勢力を見つけられるよう、パランティアのソフトを改良できないかと相談してきていた。

これはハードルの高い注文だった。情報分析は通常、巨大な政府専用サーバーに接続された高速コンピュータを使い、高速インターネットを通じて行う。前線の司令官は、多くの場合インターネット接続すらない環境で、ラップトップコンピュータを使うしかなかった。「最初の答えはノーだった、そんなのあり得ない。陸軍への配備は無理だ」と、プロジェクトの一員だったある人物は言う。

しかしそれから数ヵ月のうちに、パランティアのエンジニアは兵士たちがオフラインでもデータベースにアクセスできるようソフトを改良した。武装勢力を探して建物を探索するたびに情報を追加し、基地に戻ってインターネットが使えるようになり次第、データ更新が行えるようにもした。結果として、個別のチームがそれぞれの探索データを、グーグル・ドキュメントやスラックと同様、共有できるようになった。パランティアはこの改良を無料で行い、タネルに練習用のソフトを提供した。２００９年に前線に配備されたタネルは、２０１０年初めのアフガニスタン駐留時までに、陸軍がパランティアのソフトを正式導入するよう働きかけた。

のちに、ソフトの導入が数ヵ月遅れたために彼の旅団は30名以上の犠牲者が出てしまったと、兵士からクレームが出た。パランティアはその後何年もの間、ソフトの売り込みの際にこの話を持ち出すようになった。

アフガニスタンに配備された部隊の間で噂が広まり、他にもいくつかの旅団戦闘団がソフトを試すようになると、部隊間での情報共有が可能になり、ペイパル流のネットワーク効果が現れはじめた。これがアフガニスタン駐留の情報部トップ、マイケル・フリン少将の目にとまった。タネルと同様、フリンもまた米国の対武装勢力戦略に批判的であり、地上に配備された兵士から集められた情報を有効活用して、より強力な戦略を敷くべきだと主張していた。

２０１０年初め、パランティアの前線エンジニア部隊がフリンに対しソフトのデモンストレーションを行うと、彼はただちにパランティアのソフトウェアライセンスを購入してアフガニスタンの全部隊に配るよう、アメリカ国防総省に至急要請するとともに、現在国防総省が導入しているソフトを不適切だと非難した。「現在導入されている情報分析ソフトは、現地で集積された膨大な量の情報を十分に分析する機能がない」とフリンは書いた。「こうした不備が、作戦機会や人命の損失につながっていく」

軍の指導部は結局フリンの意見を無視しようとするのだが、それでも彼とタネルが支持を示してくれたことは、パランティアとティールにとって大きな価値があった。彼らはまた、サンディエゴ出身の下院議員ダンカン・ハンターという味方も得た。パランティアが２０１１年に契約したロビイスト、テリー・ポールを通じて開拓した人物だ（ポールはハンターの父で議員のダンカン・シニアと親しかった）。タネルは軍を去った後に、上層部はより良いソフトウェアの導入を求めた彼のリクエストになかなか応えようとしなかったと不満をもらし、ハンターに公聴会を要請するよう促した。フリンはオバマ政権下でアメリカ国防情報局（ＤＩＡ）のトップに就任し、軍にパランティアの導入を要求し続けた。

タネルとフリンは、どちらも最終的には軍を去ることになった。フリンは、表向きは管理不行き届きという理由でＤＩＡから追放されたが、ＤＩＡ在任中およびその後のロビイスト時代にロシア側と連絡を取り合っていたとしてＦＢＩの捜査を受けている。そしてまさにそれと同じ時期に、彼はパランティアのために非公式のロビー活動を行っていた。

一方タネルのほうは、旅団の配下の者が戦争犯罪で起訴された後に軍を去った。タネル自身は関与していなかったものの、彼の引退後に書かれた軍の報告書には、タネルの攻撃的な姿勢によって部下たちは一線を越えやすくなっていたと記載されている。そして議会におけるパランティアの支持者ハンターは、選挙活動資金法違反、共同謀議、不正通信行為で罪に問われた。彼はより軽微な罪での有罪を認め、2020年初めに議員を辞職した。

これらの行いはいずれもパランティアに直接関係するものではなかったが、パランティアがどんなタイプの人間を求める傾向にあるかを示していると、同社の内情に詳しい人物は指摘する。「われわれは協力相手として、頭の回転の速い人を求めた。少しエキセントリックで、少し大げさなところがあるような」と、当時パランティアでこの業務を行っていた元幹部は言う。

ティールはショーン・パーカーの薬物使用による逮捕をセールスポイントに変えてしまったような人間だから、倫理的に問題がある人物とビジネスをすることに何の抵抗感もなかった。パランティアの従業員とのミーティングにおける彼は、会社の仕事をイデオロギー的で革命的なものに見せようとする傾向があった。「彼は現行のシステムが腐敗しているという思想に私たちを導く、精神的指導者だった」とその人物は述べている。

パランティアは、既存の価値観に挑戦する仲間を探し求める願望と草の根的営業のために、トラブルに発展してしまったこともある。2010年、パランティアはHBゲーリーとベリコというセキュリティ会社と協力して、月額200万ドルの契約獲得を目指していた。仕事内容は、ソーシャルメディア上で商工会議所に対する批判的な投稿を見つけ出す仕組みを構築することだ。依頼内容に取り組んでいる間、3社はバンク・オブ・アメリカに対しても売り込みを行った。

それはウィキリークスを対象とした、似たような仕組みで、パランティアは、ウィキリークス擁護派のジャーナリストに圧力をかけることを提案した。その中には、ピューリッツァー賞受賞者のグレン・グリーンウォルドも含まれていた。「彼らはリベラルに傾いた、エスタブリッシュメント層のプロフェッショナルたちです」とパランティアが作成したプレゼンのスライドには書かれている。「しかし圧力をかけられた場合、彼らのほとんどは大義よりもプロフェッショナルを維持するほうを選ぶでしょう」

2011年2月、ハッカーグループ「アノニマス」のメンバーがHBゲーリーからの電子メールを公開し、この計画が明るみに出ると、対外的には一大スキャンダルになった。グリーンウォルドは辛辣なコラムを書き、自分が見たものについて「違法でやりたい放題だ……これこそ政府やコーポレート・パワーの枢軸だ」と評した。

しかし、パロアルトのパランティア本部では、この事件はスキャンダルというより、役割分担型の同社の営業手法（ティール界隈ではすべてが分担型だった）が裏目に出た不幸な出来事と受けとめられていた。「われわれは営業部隊に大きな裁量権を持たせたうえで、目標達成への圧力をかけてきた」と同社の元エンジニアは言う。「一生懸命に努力したことで誰かを責めることはできないよ」

アレックス・カープは公に謝罪し、HBゲーリーとの関係を断ち切ることを発表し、ジャーナリストに圧力をかけるという提案について自分は何も知らなかったと従業員に語った。そして「言論の自由、プライバシーの権利は、民主主義の繁栄に決して欠かすことのできない重要なものだ」と声明の中で述べた。さらに、社内に倫理ホットラインを設け、今後このような逸脱行為が発生した際には従業員が通報できるようにするとも発表した。

しかし、ティールやカープが影響力のあるジャーナリストへ圧力をかけるという提案を本当に悔いていたのかは不明だった。元エンジニアによれば、この計画に参加していた従業員(26歳のエンジニア、マシュー・ステックマンや、マネージャーのエリ・ビンガムなど)は、単に与えられた仕事をちゃんとやっていただけだ、と陰でささやき交わす同僚もいたという。パランティアはステックマンに長期休暇を取らせたが、彼はのちに戻ってきて昇進し、最終的には営業部隊のヘッドとカープのシニアアドバイザーを務め、２０１７年に退職した。ビンガムもまた昇進し、同社の機械学習事業の責任者になった。

彼らはどちらもティールのお気に入りであり続けた。ステックマンはのちに、パランティアのような防衛企業でティールが投資したアンドゥーリルの最高収益責任者に就任した。ビンガムは、レヴチンが設立しティールが後ろ盾となった、ペイパルのような金融会社アファームでエンジニアリング部門の副責任者になった。表向きには懲戒され、実際には厚待遇を受けたティールの仲間は、彼らだけではない。

パランティアの従業員がＨＢゲーリーの件に落胆させられたとしても、不満は長くは続かなかった。４月末になると、パランティアの極秘クライアントの一人が何かとてつもなく大きなことを成し遂げたらしいとの噂が、社内でささやかれるようになったのだ。「これから数日の間は、ニュースをこまめにチェックしたほうが良い」という言葉を聞いた従業員もいた。

５月最初の日曜日の夜、オバマ大統領がホワイトハウスのイーストルームに現れ、米国が全世界で指名手配されているテロリストを殺害したことを発表した。ウサマ・ビン・ラディンは、パキスタンのアボッターバードにある家屋に隠れていたところを米海軍特殊部隊（ＳＥＡＬＳ）に発見されたのだ。大統領は、その日行われた極秘作戦が成功したのは、ＣＩＡによる「骨の折れる」情報収集活動が功を奏したおかげだと、厳粛な口調で説明した。

「このような夜には、アルカイダのテロで愛する者を失った人たちに、こう声をかけることができます」とオバマは言った。「正義は成し遂げられた、と」。発表に続く熱狂的な時間の中で、パランティアには電撃が走っていた。電子メールで、社内会議システムで、そしてパロアルトとワシントンＤ・Ｃ・のオフィス内で、誰もがたったひとつの疑問を投げかけ合っていた。「これって、うちのシステムってこと？」

翌年10月に出版されベストセラーとなったビン・ラディン追跡の記録『The Finish』の中で、ジャーナリストである著者マーク・ボウデンは、アルカイダのリーダーを見つけ出すことができたのは2つの最新技術によるところが大きいと述べている。ひとつめは、プレデター・ドローンの進化である。ドローンが町のエリアを継続的に周回し、出入りするものや人の詳細映像を司令官に送ることができるようになった。２つめは、ドローンと連携して潜在ターゲットの動きや接触を解析する、インフォメーション・アウェアネス・プログラムだ。

ポインデクスターがはじめたトータル・インフォメーション・アウェアネス（ＴＩＡ）構想は公式には終了していたが、基本的な手法はシリコンバレーの支援もあって生き残っていたのだ。「たとえば、パランティアというスタートアップは、ＴＩＡがやろうとしていたことをより洗練された形で達成するプログラムを開発した」とボウデンは書いた。「この会社で開発されたソフトウェアは、アメリカの特殊部隊を高確率で標的を捕らえるハンターに変身させることになった」

オバマの記者会見後、パランティアの全員参加の会議においてカープは、何ひとつ認めないが、何ひとつ「否定も」しないよう気を配った。そしてパランティアが情報当局と連携していることは周知の事実であり、その当局が素晴らしい成果を挙げたことも事実だと述べた。「含みのある、照れたような微笑みを浮かべていたよ」と、その場にいた人物は言う。これもまた、カープが「インセプション」的セールスマンシップを垣間見せた瞬間だった。

パランティアはマスコミに対してもこの路線で行くことにした。ビン・ラディン捜索に関する公の質問には答えないが、オフレコでは、関与があったことをほのめかす。

初期の頃の従業員によれば、社員はボウデンの本を誰かに紹介することは禁じられていたが（機密情報が含まれていたためだ）、グーグルの検索バーに「パランティア　ビン・ラディン」と打ち込んでみるよう伝えることは許されていた。実際に検索すると、ボウデンがパランティアを評した文章がすぐに出てくる。「パランティアは、いわゆるキラーアプリをつくったのだ」。マスコミはこの文言を繰り返し引用したため、このグーグル検索はパランティアにとって何十億ドル級の価値があるものになった。

しかし、ゴーカーは、パランティアが売り上げを伸ばすためにこの引用を利用し、そこには「証明できる関係性はない」と指摘した。そして数年後、〈ニューヨーク〉のジャーナリスト、シャロン・ワインバーガーは次のように書いている。「私が国防省や情報局で話を聞いた中では、パランティアがビン・ラディン捜索に重要な役割を果たしたと言う人は誰もいなかった」

確かに、ボウデンはパランティアが果たした正確な役割については曖昧にしており、ソフトウェアの詳細についても書いていない。実際にはどういうソフトウェアだったのだろう？ 結局それは、同社がほのめかしているほどのものではなかった。当時パランティアのソフトウェアを使っていた元情報局分析官によると、このソフトは非常に限られた場面でしか使われなかったという。

一般には、集めた生データを細かく処理するソフトだと思われているが、この人物によれば、実際にはどちらかというと視覚化をサポートするツール——軍がすでに構築していたデータベースに基づき、データ同士の関係をチャート化してみせる——だったという。パランティアの内部関係者は、この説明は不公平であり、同社は有意義な分析ツールを提供したと主張したが、当時多くの人が思っていたほど機械化されたソフトではなかったことは認めた。

分析官がターゲットにしたい人物を特定すると、パランティアのソフトを使って蜘蛛の巣状のチャートを作成し、それを上司に送る。これはこれで意味はあった（上司はチャートを好むものだ）のだが、問題はチャート作成を手動で行わなくてはならないことだった。

「これは、最終レポートをまとめるのに使うツールに過ぎなかった」と分析官は語り、情報当局に大きな貢献をしたとするパランティアの主張は「完全なフェイク」だと述べた。ビン・ラディン殺害においてパランティアが実際に果たした役割は「きれいな絵を描いてそのスクリーンショットを撮り、上層部に送るパワーポイントの末尾に貼り付ける」だけだったようだ。

しかしカープにとっては、それで十分すぎるほどだった。パランティアはメディアから爆発的な関心を集めることができたからだ。カープの変人キャラと、会社が「マントと短剣」的な作戦に関わっているという分かりやすいイメージに、メディアは飛びついた。〈ビジネスウィーク〉はパランティアを「対テロ戦争の秘密兵器」と呼び、ＣＩＡがパランティアのソフトウェアを使用してディズニーワールドへのテロ攻撃を阻止するという、同社の宣伝資料まで引用した。

ついにアメリカ自由人権協会が介入し、パランティアは「何百万もの無実の人々の通信内容や行動を監視するという誤った戦略」を支持していると警告した。そしてメディアもまた、パランティアのテクノロジーの未熟さがその時点ではまだ判明していなかったにもかかわらず、それがはらむ危険性について報じはじめた。〈ガーディアン〉は「不吉なサイバー監視スキーム」について警告を発した。〈フォーブス〉は、表紙に笑顔のカープを載せ、「ビッグブラザーに会ってくれ」と書いた。その記事の冒頭は、パランティアが「ウサマ・ビン・ラディン殺害をサポートした」という「噂」（もちろんパランティアの従業員が流したものだ）で始まっていた。

カープとティールは、彼らのテクノロジーが政府の行きすぎた行為を可能にし、時には促すとすらあったという説にほとんど反論しようとしなかった。プライバシー侵害への批判が高まれば高まるほど、パランティアの監視技術が革新的だったという証明になる、と考えたからだ。人々がそれを危険だと思えば思うほど、都合が良かった。そもそも、「見る石」にちなんで社名をつけたのもそれが理由なのだ。ティールが友人に戦略を説明したときの言葉がすべてを物語っている。「無能だと思われるぐらいなら、邪悪であれ」

彼の読みは正しかった。潜在顧客たちは（金融サービス会社だろうと、企業のセキュリティ部門だろうと）パランティアが正義かどうかなどまったく気にしていなかった。むしろ、侵略的であればあるほど良かった。彼らは軍事レベルのテクノロジーでビン・ラディンを捕えた会社との契約を望んでいるのであり、ティールとカープはそれを提供することができた。「そのときは、世界の頂点に立ったような気がしたよ」と、昔からいる従業員は語った。「たくさんの会社が、うちと取引をしたがるようになった」。2011年には25億ドルだったパランティアの時価総額は2年後には90億ドルになり、ティールは劇的に金持ちになった。

さらに彼は、金以上のものを手に入れることにもなった。何年もの間、ティールは自分をより大きく見せようとしてきた。本を自費出版し、金を払って会議を開催し、影響力を見せつけられるあらゆる機会に金を出してきた。しかしパランティアが成功をおさめた今、彼は本物の影響力を手に入れたのだ。軍の上層部や政治家の目にとまろうとずっと努力してきたが、今は彼らのほうからパランティアに連絡をしてくる。彼はもはや、単なる技術屋《テッキー》ではなかった。国家安全保障に革新をもたらした会社の背後に立つ男なのだ。その名声を利用して何をするか、彼には壮大な計画があった。

# 11

The Absolute Taboo

# テック業界への貢献

2010年の夏、筆者はウェストビレッジのコーヒーショップでティールと会った。会う前までは漠然と、〈インク〉（アメリカのビジネス雑誌）で成功したビジネスパーソンが名声と富を得るまでの紆余曲折や苦労を語る「How I Did It」欄に出てくるような人物、というものだった。

ティールはパリッとしたブルーのドレスシャツを着て登場し、何も注文せず、社交辞令もないまま、私と同じテーブルについた。そして唐突に、最近の3つのバブルについての持論を語りはじめた。ひとつめは、テクノロジーバブルについて。それからサブプライムローンのバブルについて。そして3つめは、今われわれが渦中にあるバブル、「高等教育」について。

彼は何度か話を中断して私のノートに図を書き込みながら、自分の考えを説明した。大学の授業料は高騰しており、学生たちは政府が保証する学生ローンを組んで、増え続ける学費をまかなっている。ちなみにこれは、たとえ破産したとしても免除されることのないローンだ。いったい、何のためにそこまでするのか？　なぜ政府は、役にも立たない美術史の学位に助成金など出すのか？　実際には酒とセックスに明け暮れるだけの学生生活なのに？　いったいなぜ、われわれは4年間ばか騒ぎをして過ごすという特権だけのために、進んで15万ドルも差し出そうとするのだろう？

高等教育バブルは、サブプライムのバブルとは違う、と彼は言った。それよりはるかにひどいものだ、と。少なくともサブプライムローンにおいては、家を手に入れることができた。しかし大学に行っただけでは（たとえアイビーリーグの大学であっても）、何も手に入れることはできない。アメリカで最も優秀な学生たちは、大学をやめて会社を起こしている。

インタビューを終えたとき、私はティールの持論に納得する一方で、今しがた経験したことに混乱してもいた。私は普通のインタビューのような意見交換ができることを期待していたのだが、マクロ経済論を一方的に聞かされたからだ。

この感覚は、ティールと長時間過ごしたことがある人なら誰もが感じるようだ。彼の会話モードは、心に残るような言い回しを一方的に何度も繰り返し、話しながら内容を洗練させていく、というものだ。

しかしティールの反大学教育論は単なる心に残る言い回し以上のものだった。投資やテックという分野を超えて彼の影響力を拡大させるための、大きな戦略の一部だった。それは、3つの新しい分野で展開されていくことになる。政治、法律、そして私がたった今聞かされた教育、いや、反教育の分野だ。

当時はそうと気づかなかったが、私はこのとき、これまでで最も野心的なティールの取り組みを垣間見たのだった。現状に不満を持つ、アメリカのすべての優秀な若者を取り込むという野望である。

その年の10月、『ソーシャル・ネットワーク』が公開された。デイビッド・フィンチャー監督によるこの映画は、マーク・ザッカーバーグとエドゥアルド・サベリンがフェイスブックの所有権をめぐって争っていた際に公開された文書が掲載された、『facebook：世界最大のSNSでビル・ゲイツに迫る男』（青志社）という本に基づいて制作された。全体としては、シリコンバレーで最も優秀な者たちが勢いづいていく様子を辛辣に描いた作品となっている。

ジャスティン・ティンバーレイクは、ショーン・パーカーを強欲でパーティ好きな詐欺師として演じた。ジェシー・アイゼンバーグは、破滅的で冷酷で反社会的で、そして何よりも孤独だったザッカーバーグを本人以上にうまく表現した。そして、テレビドラマ『CSI 科学捜査班』での捜査官役で知られるウォレス・ランガムが、青いボタンダウンシャツを着たお堅い投資家のティール役を演じている。

アーロン・ソーキンの脚本にもあるように、フェイスブックは恋人にふられたザッカーバーグが性差別的なサイトを思いついたところに端を発している。彼はそこに出どころの疑わしい知的財産を取り込み、「いいね」ボタンを採用して、若者世代全体を巻き込んで社会現象へと発展していくサイトをつくり上げる。

少なくともこれが映画を観た批評家の多くの見方であり、多少の脚色はあるものの、基本的には現実に起こったことそのままだった。しかし、アメリカのテック業界の卵たちの見方は違った。彼らはこの映画を従うべきお手本とみなし、ザッカーバーグの、そしてさらにはティールの信奉者となったのだった。

ティールの戦略はシンプルだった。彼は映画の随所にちりばめられた、事実とは異なるストーリーに抗議するような愚かな行為はしなかった。代わりに、ザッカーバーグの「ものの考え方《マインドセット》」が誤って解釈されていると思われる箇所についてのみ、コメントをしたのだ。ティールによれば、ザッカーバーグは映画が暗示しているような復讐や、女の子をものにするためにフェイスブックを設立したわけではない。人類を前進させる何かをつくり上げたいという純粋な願望から会社を立ち上げたのだ。

「この映画を観た多くの人が、テック業界に入ろうと思ってくれた」と、当時の彼は語った。「だから、そういう意味においては、ポジティブな映画だったと思うよ」

彼はテクノロジーメディア〈テッククランチ〉が年に一度サンフランシスコで開催し、多くの人が参加するテック・イベント「TechCrunch Disrupt」でマスコミへの働きかけをはじめた。映画公開の数日前のことだ。イベントのステージに上がると映画を批判し、『ソーシャル・ネットワーク』がプロデューサーの悪意にもかかわらず、多くの人々にテック業界への就職を促したのに倣って、自分もまた意欲ある第二のザッカーバーグをテック業界に誘致するために行動を起こす、と宣言した。

「われわれがこれから数週間かけて取り組むつもりのプログラムは、何か新しいことをはじめたいと思っている20歳未満の20名の若者に、最大10万ドルの助成金を提供するというものです」と彼は述べた。「素晴らしい企業の設立者の中には、若いうちに起業したという人が大勢います。われわれは、実際にそうした意欲ある人たちを後押しすべきだと思うのです」

ティールはすでにこれと同じようなことを行っていた。2009年、ファウンダーズ・ファンドは〈テッククランチ〉と提携して「オタクのための天才助成金」なるものをはじめた。テック業界の将来有望な人たちにそれぞれ5万ドルを提供し、好きなスタートアップに投資してもらうというものだ。発案者はショーン・パーカーだった。

プログラムはベンチャーキャピタル企業が投資先の株の半分を得る仕組みになっており、ショーンは企業が新しい投資先を見つけ出す巧妙な手法だとみなしていた。しかし1年後、ティールはそれをさらにブラッシュアップしたのだ。新しい「20歳未満の20人」プログラムの対象者は10代の者に限られ、完全に慈善事業として行われた。10代の起業家の卵たちは「ティール・フェロー」と呼ばれ、助成金の使い方にも条件はついていなかった。唯一の条件は、彼らがザッカーバーグと同じように学校をやめなければならないことだった。

このプログラムは、テック系のメディアやティールが関わってきたリバタリアン系のブログなどで称賛された。しかし、(ティールにとっては幸運なことに)、主要メディアのジャーナリストからは非難を浴びた。オンライン雑誌〈スレート〉の編集長で今はポッドキャスト企業プーシキン・インダストリーズのCEOであるジェイコブ・ワイズバーグは、ティールは「おそらくは文字どおり」自分のクローンをつくろうとしていると、彼を非難した。

ティール・フェローたちは「大人になろうとしている大事な時期にスポンサー(ティール)のようになろうなどとすれば、その知的な発達は妨げられ、可能な限り若いうちに金持ちになるという視野の狭い考え方を教え込まれてしまう。そして、たがいに助け合うことや、今日のテック富豪たちをつくり上げる元となった基礎科学の進歩に貢献するといったことをしなくなるだろう」。彼の文章は雄弁であるがゆえに注目を集め、プログラムへの応募者をさらに増やす結果となった。ティールは彼の記事の一部を抜粋してプロモーションビデオに使った。挑発はうまくいったのだ。

2011年3月、ティールは44人のティーンエイジャーとその親たちをサンフランシスコに招待した。候補者たちはそこでアイデアをプレゼンし、講演を聴き、50人ほどのペイパルマフィアのメンバーと交流し、そして最終的には24人に絞られる。彼らはオンラインで申込をした約400人の中から選ばれた者たちで、「あなたならどうやって世界を変えますか?」とか、「他の誰も信じていないことで、あなたが信じていることはありますか?」といった質問をかいくぐって、ここに来ていた。

ティールがウェルカム・スピーチをするために入った部屋で待ち受けていたのは、ティールと同じ政治志向、関心、好みを持つ若者たちだった。提出したエッセイの中で彼らは、過激なリバタリアニズムや、大学がいかに馬鹿らしい場所であるかや、永遠の命を得ることがどんなに素晴らしいか、などについて述べていた。ほぼ全員がティールと同じく社会にうまくなじめないキャラクターの持ち主だった。

「われわれは何も教育に反対しているわけではない」とティールは彼らに語った。しかし、「優れた教育には独学の要素が含まれていると思う」と付け加えた。そしてこのフェローシップは「あなたがた一人ひとりにとっては小さな一歩となり、人類にとっては大きな一歩」となるだろう、とも述べた。

それからほどなくして、ティールは合格者に通知を送った。「未来は向こうから歩いてきてはくれない」と彼は書いた。「さあ、世界を変えていこう」。彼の財団は、合格した22名の男子と2名の女子の名前を発表した。彼らは米国でも指折りの大学を中退して、ティール・フェローになるのだ。

プレスリリースによれば、彼らはMIT、ハーバード、エールといったそうそうたる大学の出身で、中にはまだ10代にしてスタンフォードの神経科学分野の博士課程候補者、学業をいったん休んで起業に挑戦してみたいという者もいた。とある18歳は、小惑星を探査する夢を描いていた。別の若者は自分で質量分析計を組み立てようとしていた。人間の寿命を少なくとも300年は延ばしたいという17歳がいた。中国のインターネットアクセス制限をかいくぐる方法を編み出そうとする16歳がいた。

プレスリリースには、フェローシップ設立者の長い紹介文も掲載されており、このプログラムの反骨精神を強調するインタビューも載っている。「米国において人々がいまだに信頼を置くのは、もう教育だけになってしまったかもしれない」と彼は語っている。「教育を疑うというのは本当に危険なことだ。究極のタブーだと言っても良い。サンタクロースなんかいないんだと全世界に発表するようなものだ」

ティールは地元の映像スタッフを雇って最初の合格者たちを追跡させ、プログラムを称賛する短いドキュメンタリー映像を撮らせた。彼自身は暗い部屋でドラマチックな照明を当てられた姿でインタビューを受け、フェローの何人かはリアリティ番組風に、実家で荷物をまとめて両親に別れを告げ、地元の町を出発するところを撮影された。

ティールはまた、自分に好意的なジャーナリスト、アレクサンドラ・ウルフ・シフ（作家トム・ウルフの娘でもある）に依頼して、このプロジェクトについて本を書いてもらうことにした。父ウルフの作品『クール・クールLSD交感テスト』（太陽社）のリメイク版のような本にして、ティールが現代版ケン・キージーよろしくバスで旅をしながら、行く先々でフェローたちをピックアップし、シリコンバレーに連れていくというアイデアだった。

フェローシップと、それを持ち上げるメディアの後押しにより、自分のイメージを変えようとするティールの試みはうまくいった。２０００年代初め頃の彼は、ぜいたくな暮らしをするヘッジファンドマネージャー（そして異性愛者）という、本来の自分ではないキャラクターを演じていた。それが今、新しいキャラクターを生み出したのだ。既存のシステムを破壊するという熱い思いを抱いた、大胆でリスクをものともしない投資家というキャラクターである。

実のところ、ティールはイメージの再構築を必要としていた。ファウンダーズ・ファンドは新規の投資家集めに苦労していたが、その理由のひとつに、ティールが米国で最も有望なこのヘッジファンドをだめにした張本人として有名になってしまったことが挙げられる。そう、ティールはフェイスブックに投資はしたが、2006年の追加増資においては5億ドルという評価額はあまりにも高すぎるとして、投資を見送ったのだ。そして2010年になる頃には、それが愚かな判断であったことが誰の目にも明らかになっていた。「あれはピーターの最大の後悔のひとつとなった」と、ファウンダーズ・ファンドの投資家は語った。

ティールの最近の投資判断もまた、ぱっとしないものだった。彼はスペースXの3本目のロケットが爆発する前に同社に追加投資を行ったが、マスクが追加の資金調達を発表したのは事故の後になってからだった。彼はNASAや潜在顧客に対し、会社を存続するのに十分な資本があることを示すためにそうしたのであり、スペースXとしては優れたマーケティング判断だったのだが、ティール的にはただの巨大な火の玉に金を出したかのように見られてしまった。

イメージの一新により、ティールは彼に向けられた懸念をセールスポイントに変えることに成功した。2011年7月、彼は同僚たちとともに、「未来はどこに行ってしまった？」というタイトルの5000文字に及ぶ声明文を投稿し、最近の技術革新の遅れを嘆いてみせた。文章を書いたのはファウンダーズ・ファンドのパートナーであるブルース・ギブニーだったが、アイデアはティールが何年も前からあたためてきたものだ。大まかな内容は、ティールが少年時代に抱いたSF世界への夢と、現在世界で最も成功したテック企業の夢や目的のなさを比較するものだ。「われわれは空飛ぶ車が欲しかったはずなのに、手に入れたのは140文字だけ」（潜在的なフェイスブック・キラーとしてマスコミで喧伝されていたツイッターのことだ）

ベンチャーキャピタルはかつて、野心あふれる半導体企業や医薬品開発、ハードウェア企業に投資をしたものだ、とティールは訴えた。たとえばインテル、ジェネンテック、マイクロソフト、アップルのような。それが今、彼らは時代遅れの消費者向けソフトウェアを支援するようになった。「フェイクな問題」を解決する「フェイクなテクノロジー」だ。その結果、1999年以降、ベンチャーキャピタルの収益は横ばいにとどまっている。「1960年代に人々が見たいと思っていた未来は、半世紀たった今も、まだ夢のままだ」とギブニーは書いた。「カーク船長とUSSエンタープライズ（恒星間宇宙艦）の代わりにわれわれが手に入れたのは、プライスライン・ネゴシエーター（旅行の割引サイト）とリゾートへの格安航空券だけ」

このエッセイは実質のともなわない美辞麗句ばかりだ。ファウンダーズ・ファンドの投資ポートフォリオの大部分はまさにティールが批判しているような企業であり、彼の意識の高い野望にかなう企業はほんの一握りしか含まれていなかったのだから。ファウンダーズ・ファンドは（ツイッターと同じようなソーシャルネットワークである）フェイスブックをはじめ、パス、ゴワラ、スライドといったソーシャルメディア企業にも投資をしていた。スライドはティールとともにペイパルを共同設立したマックス・レヴチンがつくった会社で、ユーザーがフェイスブックの友だちをバーチャル上「平手打ち」、「パンチ」、「つかむ」ことができる、スーパーポークという機能で知られていた。ティールたちが標榜していたランドの理想からは限りなく遠い。

同様の美辞麗句と現実との乖離は、ティール・フェローシップにも起こっていた。ティールが「テック・イベント」でぶち上げ、20数名の若者が人生をなげうって飛び込んだこのフェローシップは、深い思慮のもとに生み出された制度ではなく、会議の前日ティールがサンフランシスコに戻る飛行機の中で思いついたものだった。

確かにティールには高等教育が抱える問題について一家言あったが、このときの彼が実際に解決しようとしていた問題は、はるかにくだらないことだった。

彼はフェイスブックでシェアされていたアーロン・ソーキンによる『ソーシャル・ネットワーク』の脚本を読み、自分が映画が描写しているような、権力争いに乗り出す冷血な投資家で、その行動が会社の横取りにつながっていく、という人物に仕立て上げられてしまうことを心配したのだ。

事実は映画のとおりだったのだが、知的な革新派というティールの新しいイメージにはそぐわなかった。「何か前向きなニュースを発表して、イメージを一新したかったんだ」と、フェローシップの元共同ディレクターのマイケル・ギブソンは言う。「私たちは彼の家に行き、車に乗り込み、例のイベントへと向かった。機内で打合せをして、『オッケー、じゃあこれを何て呼ぶことにする？　金はいくら突っ込む？　期間は？』という感じで決めた」

フェローシップの提案や、彼らに学校や仕事を辞める条件を課した背後に、これといった枠組みがあるわけでもなかった。課題図書や、行動指針もなかった。授業も、決まった拘束時間も、そしてプログラム責任者であるティール財団のスタッフの他には指導役もいなかった。

フェローたちは、四半期ごとにギブソンと財団スタッフのダニエラ・ストラックマンとミーティングを行い、ティールの自宅で開催されるネットワーキングイベントに招待された。一見期待できる内容に思われるが、このイベントはしばしば何十人もの若者たちがほんの数分でもボスと話せることを願ってひしめき合う、殺伐とした集まりだった。

運が良ければ、フェローはティールと朝食をともにすることを許されたが、その場合も5人から10人の起業家たちが同じテーブルにつく。ティールはお得意の政治ネタを延々と語り、45分後に朝食を一口食べてそれが冷え切っていることに気づき、新しい朝食を注文してまたしゃべり続ける、という具合だった。

10万ドルの助成金は、2回に分けて支払われた。つまり、フェローたちは当面5万ドルで生活することになった。彼らを支援するため、財団はサンフランシスコ郊外の家をひと夏借り上げ、フェローたちは1部屋に4人で寝泊まりした。しかし秋が来れば、独り立ちしなければならない。「それはまるで、『はい、ここに家があります。後は自分でどうぞ』と言われているみたいでした」とトーマス・ソーマーズは言う。２０１０年、14歳で初めてフェローシップに応募し、2年後に3期生として合格した人物だ。

一方、フェローシップには成功面もあった。プログラムは大きな話題となったため、フェローたちはあらゆる投資家やテック企業と、ミーティングまではこぎつけることができたからだ。

しかし多くの参加者、とりわけ若いフェローたちは途方に暮れてしまった。トーマス・ソーマーズのように16歳でサンフランシスコにやってきて、友だちも、家も、指導者もなく、その上グーグルよりも野心的な会社をつくれと言われるのは、気の遠くなるような課題だった。ソーマーズにはメンターがあてがわれたが、スタートアップ設立者のメンターになれるような経験を積んだ人物には思えなかったからだ。

多くのフェローはティール界隈の二級市民のように感じていた、と述べている。彼らは、ファウンダーズ・ファンドはお気に入りのアイデアをえこひいきすることがないよう、原則としてティール・フェローの誰にも投資はしないと聞かされていた。しかし原則は常に変化していき（いくつかの会社が少しずつ利益を出しはじめていた）、ティール自身がハローという会社に200万ドルを投資するに至った。

これは149ドルの目覚まし時計兼睡眠トラッカーをつくる会社で、設立者のジェームズ・プラウドは19歳でフェローシップに参加し、ティールによれば「初めから際立っていた」という。プラウドのスタートアップにとっては結構なことだったが、逆にティールから資金提供を得られないフェローは出来が悪いような印象を与える結果になり、それまで以上に資金調達に苦しむようになってしまった。

ティールがフェローシップを立ち上げたとき、念頭にあったのはハルシオン・モレキュラーだった。当時10代だったウィリアム・アンドレッグによって共同設立された、老化問題を解決するための会社だ。ティールはアンドレッグに入れ込み、2011年には〈ニューヨーカー〉の特集記事のためにジョージ・パッカーからインタビューを受けた際にアンドレッグ兄弟を同席させ、もっと多くのエンジニアを積極的に採用するよう促している。知り合いで最も優秀な者3人の名を挙げてみよ、そして彼らを採用せよ、と言ったのだ。

しかし、2011年にパッカーが寄稿した特集記事が公開されてから数ヵ月後、英国の企業が小型のDNA配列解読装置を世に出して、ハルシオンを打ち負かした。1台当たり900ドルで売り出されたこの装置は、ハルシオンが目標としていた1台1000ドルよりは高額だったものの、以前は1台1万ドルかかっていたコストを大幅に下回るものだった。アンドレッグは視点を切り替えてやり直そうとしたが、ティールは最終的に会社を閉鎖させた。

世界で2番目に優れたDNA配列解読装置をつくることに意味はない。2012年8月には、アンドレッグは自分の従業員がティール帝国内で新しい仕事を見つけられるよう働きかけていた。ティールはハルシオンの従業員で、物理学の博士号を持つアーロン・ファンデベンダーを採用し、ファウンダーズ・ファンドの主任科学者およびプリンシパル投資家に就任させた。

会社が閉鎖を発表した当日、ティールはアンドレッグを自宅に招待し、チェスで容赦なく打ち負かした後、それをビジネスレッスンの訓示に利用した。アンドレッグがチェックメイトに追い込まれる前の数手を示し、もっとましな手が数十もあったことを指摘した。「次の動きを決めるときは、十分に注意を払わなければならない。そうしないと、どんどん追い詰められていくことになる」とティールは言い、アンドレッグ兄弟を送り出した。

アンドレッグはその後、スーパーコンピュータ用の人工知能チップをつくる会社ファゾム・ラディアントを起業した。

ウィリアム・アンドレッグはティールに感謝はしていたが、20代前半の時期を、今になってみれば行き当たりばったりのビジネスモデルに費やしてしまったことを後悔しているという。「19歳の自分が構築した戦略に基づいて走ってはいけないということさ」と彼は言う。「後から考えれば、分かり切ったことなんだけどね」

ティール・フェローシップから成功者はほとんど出ず、不満を募らせたティールはギブソンとストラックマンを責任者から外し、ティールと政治思想を同じくする新進気鋭のベンチャーキャピタリスト、ジャック・アブラハムを後任に据えた。アブラハムは制度のルールを変更して応募年齢の上限を22歳に引き上げ、すでに資金調達に成功している起業家を勧誘しはじめた。ティールは若者によるスタートアップに投資するファンド、1517をギブソンとストラックマンに立ち上げさせた。

世界を驚かせるようなスタートアップをつくれなかったフェローたちは、電子メールの宛先から外され、毎年恒例の卒業生イベントにも招待されなくなり、最終的にはネットワークから外されていった。彼らは徐々に、ティールと過ごす時間を深遠で知的なレッスンではなく、むしろ、ある人が私に言ったように「超スマートなPR活動」の一環とみなすようになっていった。この元フェローはこうも言っていた。「彼は年間200万ドルで、莫大な尊敬を受ける権利を買っていたんだ。フェローシップがなかったら、あのクラスを持つこともなかっただろうし」

「あのクラス」——これがティールが若者の歓心を買おうとした試みの第二弾だ。2012年3月のスタンフォード大学のコンピュータ・サイエンス科の授業一覧には「CS183―スタートアップ」と掲載されている。ティールを講師とするこのクラスは「ペイパル、グーグル、フェイスブックといったスタートアップの始まりについて説明」し、「時価総額10億ドルを超える企業を設立した起業家や、フェイスブックやスポティファイを含むスタートアップに投資してきたベンチャーキャピタリスト」に焦点を当てる、とうたっている。

ここ1年半をエリート大学全般の批判に費やし、中でもスタンフォードを本や論説、スピーチなどあらゆる媒体を通じて罵倒してきたティールが、その母校をどのように説得したものか、起業についての授業を担当することになったのだ。

このクラスはキャンパスで大人気となった。250名の定員が数日で満席となり、学生時代のティールの言動を記憶する教授の中には異を唱える者もいて、ちょっとした騒ぎになった。しかし、ティールが気に入られたい相手はスタンフォードなどではなかった。「大学嫌悪者のピーター・ティール、キャンパスに行く」という〈ロイター〉の見出しが躍った。「私が課された仕事をきっちりやれれば、学生は今後大学で学ぶことは何もなくなるでしょう」と、ティールのスポークスマンは胸を張った。メディアの関心は高く、テレビ番組「60ミニッツ」で扱われた他、〈ニューヨーク・タイムズ〉のコラムニスト、デイビッド・ブルックスによるエッセイにも登場した。

ソーシャルメディアではさらに大きな成功をおさめた。クラスが始まると、ティールの若い子分ブレイク・マスターズが書いた授業の記録がインターネット上に掲載された。マスターズは前学期にファウンダーズ・ファンドで働いていたスタンフォード・ロースクールの学生で、ティール信奉者の典型と言えるような人物だった。ハンサムで、きわめて保守的で、話が長くてくどく、野心的。

彼はスタンフォード大学の学部生として政治学を専攻し、米連邦検事事務所で事務員として働いていた。キャンパスの連邦主義者ソサエティのメンバーであり、ジムに通いつめている点もティールと一緒だった。この春から、彼はティールの伝記作家よろしく、クラスの講義内容を詳細にわたって投稿した（ティールが提供したチャートやグラフまでついていた）。この投稿はあっという間に拡散した。ほぼ毎週、テック関係者や起業家の間で広く読まれているフォーラム、ハッカーニュースの一面を飾った他、フェイスブック、ツイッター、レディットなど、意欲ある若者が繋がりを求めて集まってくるあらゆるサイトに掲載された。

ティールの講義内容は、一貫性がなかった。しかしこのような平板で退屈なクラスも、マックス・レヴチン、リード・ホフマン、マーク・アンドリーセンといった彼の友人や元従業員をゲストに招くことで活気づくのだった。

しかしクラスが回数を重ねるにつれ、ティールはあらかじめ準備してきたアドバイスを披露するのをやめてより哲学的になり、ビジネス上のアドバイスと彼独自の終末思想を合わせたような発言をするようになった。教室の通路や床にまであふれるようになっていた学生たちを見渡して、この中の意欲ある者、そしてウェブでこのクラスをフォローしている何万人もの若者たちには、衰退する世の中を変える力があると述べた。

君たちならロサンゼルスの慢性的な渋滞を改善することができるし、永遠に生きる方法を見つけることだってできる。そしてその過程で、信じられないほど金持ちになることも夢ではない。君たちがリベラル思想や、高等教育がもたらすポリティカル・コレクトネスの世界から自分自身を解放しさえすれば、何だってできるのだと。

不況後のこの世の中で、経済的な安定や、金持ちになれる方法までも指南し、さらにエリートたちに対抗するチャンスも示したティールの講義は、テック通の若者たちには抗いがたい魅力があった。「世の中には、野心的でもOKなんだと思いたい野心的な若者がたくさんいるのです」と、イングランド南部の20歳の大学生だったルイ・アンスローは言う。アンスローは、ティールの理想主義的な未来思想と、死さえも科学によって克服できるというその自信に夢中になった。彼はまた、大学も好きではなかった。そこで彼は大学を中退し、ティールを教祖として崇める道を選んだ。

彼はティールの従業員や同僚宛にメールを送り、地元でのイベントを企画したいと申し出た。「できるだけ彼に近づきたいと思っていました」と彼は言う。最終的に彼はティール財団のサミット（熱意あるフェロー向けのイベント）をはじめ、いくつかの似たような集まりに招待されることになった。

アンスローや彼のような人たちにとっては、ティールのアイデアが時代の空気にぴったりマッチしているというだけではなかった。マッチさせる方法も絶妙だったのだ。ティールには超越的で深遠な雰囲気があり、彼のネットワークの中にいる人たちは外界の者がアクセスできない秘密を知っているように見えた。

2014年、ティールのスタンフォードでの講義内容をベースにした著書『ゼロ・トゥ・ワン』の見本刷りを彼の部下からもらったとき、アンスローは畏敬の念で胸がいっぱいになった、と語った。「自分がある男を崇拝し、その神聖なテキストを特別にもらえるなんて。すべてが神がかっていました」

ティールは昔からずっと、異形のリーダーだったが、何十年も前から忠誠心に基づくネットワークを構築してきた。フェローシップを創設する前はペイパルマフィアがあり、その前には〈スタンフォード・レビュー〉という、怒れる若き男子大学生の小さなグループがあった。しかし今、ティールはひとつの産業と呼べるほどの規模でそのネットワークを広げようとしていた。

若く、野心的で、彼と志を同じくする人々を集め育てる。

ティールのフェローシップに加わった学生たち、そしてアンスローのように単純に彼に熱狂した者たちは、ティールと彼の会社のために心身を捧げて働くことを誓うのだ。大きな動きに身を投じているように感じられた、とアンスローは言う。この動きはいずれ、ティールがビジネスと政治で発動することになる、もっと巨大な新しいマフィアの中核を成すようになっていく。

# 12

## Building the Base

# 新世代のカリスマ

2011年後半、〈ディテール〉誌がティールの特集記事を組んだ。彼はファウンダーズ・ファンドのオフィスからそう遠くないプレシディオを歩きながらのインタビューに応じ、きわめて野心的な投資家という定石のキャラクターを首尾良く演じてみせた。「テックトピアのビリオネア・キング」というのが記事のタイトルだ。しかし仕事を離れた私生活について訊かれると、ティールは凍りついてしまった。

「まあ、結局のところ、ええと……結局のところいろいろと、うーん……ほとんどの場合、ええと、何と言うか、ごく普通の人づきあいばかりですよ」と彼は早口で言った。この調子の受け答えが5行分続いた後、彼はようやく話を締めくくった。「何も……ええと、非常識なこともエキサイティングなこともありませんよ」

私生活について話をまとめられないような男がどうやって若者世代のカリスマになれたのか、理解に苦しむ人もいるだろう。しかし、ティールを信奉する意欲的な起業家たちは『ソーシャル・ネットワーク』を繰り返し視聴し、さらにティールのフェローシップから、知的で人間嫌いであるからこそ成功できるのかもしれないというメッセージを受け取っていた。ハーバードで頭角を現わせなくても問題ない。いやむしろ、エスタブリッシュメントから拒絶されることは、ルール遵守の退屈な同時代人よりもあなたを優れた存在にする、というのがティールのメッセージだった。

彼が発するメッセージは常にシンプルだった。大学教育や伝統的なキャリアは良く言って無意味であり、悪く言えば知識人が負債を抱えて破産に至る道のりである。野心を持つこと（世界を変え、その結果として自分も金持ちになる）は良いことだ。それはアイン・ランドが提訴した客観主義であり、ティールが若い頃に同作家を読んだときのように、若者を惹きつけるものだった。

アメリカ中の、そして世界の若者たちが、ティールに近づこうと必死だった。彼らはティールの代理人たちが投稿するブログに反応し、拡散した。ティールの側近を追跡し、彼の言葉を自らの言葉とした。ティールを信奉するこの若者の集団は（ほとんどの者は、できればティールから資金提供を受けて会社を立ち上げ、金持ちになりたいと願っていた）、テクノユートピアンや逆張り投資家であるかのような言葉遣いをするようになっていった。

彼らは独自の言葉遣いをした。多くが「合理主義的」とされる、自分たちだけの法則を持つ言葉だ。そこにはもちろん、トールキンやランドも含まれていた。他には『ハリー・ポッターと合理主義の方法』をはじめとする、テクノロジー崇拝の難解な小説などだ。これはJ・K・ローリング作の小説を、ハリーが魔法に科学的手法を取り入れるという前提で書き換えた、60万ワードを超える二次創作の大作だ。

ティールのお気に入りの一冊は『The Sovereign Individual』という政治を長々と語った本で、彼があちこちで紹介するまではほとんど知られていなかった。1997年にベンチャーキャピタリストのジェームズ・デール・デイビッドソンとジャーナリスト、ウィリアム・リーズ＝モッグによって書かれたこの本は、国家という形態の終わりを予想したサイバー・リバタリアンの政策表明だ。2020年に復刊された際にはティール自身が序文を書き、おそらくは1990年代後半から2000年代初めにかけて、彼のペイパル経営にも影響を与えたと見られる。

デイビッドソンとリーズ＝モッグは、裕福な人々は国籍というものから自らを解放するべきだと主張した。そしてもちろん、「国籍を持つ者が負担させられる税金」と「労働者による資本家の搾取」からも。個人で民兵を雇い、税率が低いあるいは非課税の国で市民権を獲得して、リバタリアンのための新たな楽園で人生を楽しむべきだ、とそこには書かれていた。このアイデアはシーステディング構想や、ティールが資金を出しフリードマンが運営するプロノモス・キャピタル（開発途上国に「憲章都市」をつくることを目指した）にも影響を与えた。

ティールはこの活動のために、政治哲学者を抱えていた。カーティス・ヤーヴィンだ。ティール界隈の多くの者と同様、彼もまた気難しくて話の長いオタクで、左派主流派に対し不変の嫌悪感を抱いていた。ブラウン大学卒業後、カリフォルニア大学バークレー校のコンピュータ・サイエンスの博士課程を中退し、就職したテック系のスタートアップがドットコム・バブルのさなかにＩＰＯをした後はフルタイムのブロガーになった。

ヤーヴィンのブログ「Unqualified Reservations」は、彼が暴力を減らすためのプロジェクトと位置付け、「形式主義（フォーマリズム）」と呼ぶ理論に焦点を当てていた。ヤーヴィンは、民主主義が「無力で破滅的な政府の形態」となってしまった今、米国政府は企業の形態をとり、独裁者を置くべきだと主張した。

ケイトー研究所のオンラインフォーラム「ケイトー・アンバウンド」における民主主義と自由は相容れないというティールのコメントは、ヤーヴィンの見解に沿った内容で、パトリ・フリードマンは同フォーラムの中でヤーヴィンのブログを取り上げ推奨している。スタンフォードで持っていたクラスでティールは、企業内の民主的な意思決定プロセスを批判していた。「スタートアップや創業者は独裁的なほうに傾きがちだ」と彼は言い、それはもちろん良いことなのだと述べた。「統制がとれない大衆よりも専制君主に任せるべきだ」

ヤーヴィンの主張はどんどんエスカレートしていき、最終的には極端なイデオロギー「新反動主義《ネオリアクション》」へと凝り固まっていった。それはたとえば気象科学はエリート層がつくり上げた詐欺だとか、米ドルのようなインフレ通貨は「極悪非道」だとか、人類は遺伝子学上、「支配者に適した」人種と「奴隷に適した」人種がいるなどとする思想だった。

ティールは、3つめの主張はともかく、最初の2つの見解にはもちろん賛成だった。ヤーヴィンはまた、アパルトヘイトについても学部生時代のティールと同様の意見を持っており（ティールは否定しているが）、ネルソン・マンデラをノルウェーの銃乱射事件の犯人アンネシュ・ブレイビクにたとえている。

ティールはまた、他の極右活動家とも繋がりを持つようになった。2010年、彼は新たに結成された保守派ゲイのグループ、GOProud にそれまでの最高額10万ドルを寄付し、結成を記念するパーティを自宅で開いた。ゲストには、扇動的な評論家で〈ダートマス・レビュー〉のコーネル大学版〈ザ・コーネル・レビュー〉の創設者でもあるアン・コールターが招かれた。GOProud は、同性愛者による政治グループの中では異質な存在であり、同性愛者の権利擁護に焦点を当てていないという点で、主流派のログキャビン・リパブリカンズとも異なっていた。

「非常に多くの共和党員が、一般的な同性愛者問題はもういいと感じている」と、彼は記念パーティを取材した〈ポリティコ〉の記者に語った。ティールが親しい友人であるコールターを招待したことがそれを示している。2007年、彼女は保守政治活動協議会におけるスピーチの中で、2008年大統領選の民主党候補だったジョン・エドワーズを「ファゴット」と呼んだことがある。そしてあれはジョークだった、とティール家のパーティで述べた。さらに彼女は同性婚に反対を表明し、アメリカにおいてゲイは抑圧されているという考え方に反論し、それを強調するような人種差別的なジョークを試みた。ウケを狙ってこう発言したのだ。「黒人たちはゲイを見て、『われわれに比べれば、ゲイなんて抑圧されているうちに入らない』と思っているかも」

ティールの思想はあまりにも極端すぎて、どの政治的イデオロギーともなかなかマッチしなかった。しかし、新反動主義や逆張り右派のための政党はなくても、大統領候補者は一人いた。ロン・ポールだ。テキサス州選出の、まつ毛の濃いこの下院議員は、ティール（そしてヤーヴィン）同様、異端とも言えるほどの極端な自由市場資本主義者だった。ポールはティールと同じく気候変動に懐疑的であり、ティールと同じく極右活動家として長年活動してきていた。

1970年代終わり頃から1990年代半ばにかけて、彼は「ロン・ポールのフリーダム・リポート」や「ザ・ロン・ポール・サバイバル・リポート」と称したニュースレターを発行し、キング牧師の祝日を「毎年恒例の白んぼを憎む日」と呼んだり、1992年のロサンゼルス暴動は「黒人どもが生活保護の小切手を受け取る日が来ると」収束した、などと述べたりしていた。南アフリカ共和国の人種差別問題についてもポールは懐疑的で、アパルトヘイトの終焉を「文明の破滅」と呼び、サハラ砂漠以南のアフリカ諸国最悪の悲劇だと述べている。

勝つ見込みの薄かった2008年の大統領選において、ポールはこの事実を経歴から排除し、経済的にはタカ派であることと（連邦準備制度理事会を廃止し、金本位制に戻すべきと主張した）、イラク戦争への反対を前面に押し出して選挙戦を闘った。この2つの主張は、共和党主流派からは大きく外れるものだったが、インターネット上では大人気となった。何万人もの若い有権者たちが、その反戦、反エスタブリッシュメントのメッセージに引き寄せられ、彼のソーシャルメディアのアカウントのフォロワーとなった。

選挙活動期間中を通じて、世論調査におけるポールの支持率は常に1ケタだったが、討論会の後に行われたオンライン調査では上位に入り、彼の陣営が「マネー爆弾」と呼んだオンラインによる資金集めでは、何百万ドルもの寄付を集めた。2007年12月16日（ボストン茶会事件から234周年の日）には、目標金額600万ドルの資金集めキャンペーンに対し、5万7000人のポール支持者たちは平均50ドルを献金し、一日の寄付金額としては最高の数字を記録した。

ポールは共和党主流派や高額の資金供与層からはほとんど何の支援も受けていなかったが、その1週間後、ピーター・ティールが2300ドルを寄付した。彼が大統領候補を支援したのはこのときが初めてだった。

ポールの2008年大統領選出馬は失敗に終わったが、当時アメリカを襲った大不況は、彼の知名度を大幅に上げることとなった。彼があちこちの大学キャンパスで開催したティーパーティ集会には、大勢の人が集まった。彼の著書『LibertyDefined：50Essential Ideas That Affect Our Freedom』は2011年にベストセラーとなった。メディア出演をすれば、ポールは若者の不満を拾い上げてそれを煽り、怒りを増幅させる天才だった。彼は学生が大学の授業料を払えなくなったのは連邦政府による学生ローンのせいだとしてその廃止を求め、すべてのドラッグを合法化せよという狂った要求まで行った。

当時、一部の民主党リベラル派の中には、医療用マリファナとシビルユニオン（異性婚と同様の権利が認められた同性婚）への賛成を表明する者もいたが、とがめられることはなかった。

ロン・ポールは2011年5月にサウスカロライナ州グリーンビルで行われた討論会のステージに上がり、FOXニュースのクリス・ウォレス相手に、自分はマリファナや同性婚を禁じている連邦法の破棄に賛成なだけでなく、コカイン、ヘロイン、そして売春も解禁すべきだと思っている、と述べた。彼は違法薬物の使用禁止を、宗教の自由に対する政府の介入になぞらえた。「宗教という精神面では、みんな自分のことは自分で決めたいと思うのに、個人的な嗜好のことになるとそう思わないなんて、びっくりしちゃうよ」と、ポールは歓声と笑い声の中、言い放った。

「ここサウスカロライナでヘロインが拍手をもって迎えられるなんて、思ってもみませんでした」と、ウォレスはあきれたように答えた。

12月に入り、アイオワ州の党員集会まで1ヵ月を切ってもまだ、世論調査におけるポールの人気は高く、献金金額もトップのミット・ロムニーに次ぐ2位だった。こうした興奮の渦中に、ティールはチャンスを見出していた。影響力を増大させるチャンス、そして何よりも、ポールの知名度に乗っかって自分も有名人になるチャンスだ。

12月12日、ティールはポールの立候補を支援する政治資金団体、Revolution PACに対し5万ドルの寄付を行った。4日後、保守派のまた別の記念日にポール陣営は前回と同様マネー爆弾キャンペーンを行ったが、今回参加したのは少額の寄付者だけではなかった。従来の支援者たちから得た400万ドルとは別に、ティールはさらに8万5000ドルを寄付した。彼はまた密かに、Endorse LibertyというスーパーPAC（高額の献金を受け取るための政治資金団体）に260万ドルの資金を提供した。ポールが一個人から得た献金額の中ではダントツの高額だった。

「自由と成長を望む人々は、行動を起こすべきだ」２０１２年１月下旬、寄付が明るみに出るとティールは声明を発表した。「行動しようという人はまず、ロン・ポールに投票するところからはじめると良い」

ポールやその側近は、テック・ビリオネアが自らの立場を利用してまで自分たちを応援してくれることをスリル（と、幾分かの当惑）をもって受けとめていた。ポールはビジネス業界にこれといった支持者はおらず、またそれが反エスタブリッシュメントをうたう彼の陣営の特徴でもあった。

さらに、ティールが資金提供するスーパーＰＡＣは異質だった。運営しているのは政治好きなタイプや頑固なリバタリアン活動家ではなく、スティーブン・オスコイをはじめとする政治の素人ばかりだった。オスコイはスタンフォード大学卒のオンライン・マーケッターで、ファウンダーズ・ファンドのルーク・ノセックや、Orabrush（口臭を防ぐ「舌クリーナー」で、１本５ドルで売られている）を世に広めたことで有名なジェフリー・ハーモンの友人だった。

以前であればOrabrushのような商品はおもにテレビのインフォマーシャルを通じて販売されたのだろうが、ブリガム・ヤング大学在学中にこの製品のことを知ったハーモンは、一連のYouTube映像を制作した。Orabrushがヒットした後、彼は兄弟の何人かと一緒にデジタル広告代理店をはじめ、Poo-Pourri（トイレ用の消臭スプレー）やSquatty Pottyというトイレ用の足置き（「これを使うと便通が良くなることは科学者も証言している」といううたい文句）といった目新しい商品の広告を手掛けた。

ハーモンの得意分野は、奇妙で受け入れづらいものを受け入れやすくすることであり『From

Poop to Gold（うんちからゴールドまで）』が彼の広告代理店に関する本のタイトルであり、彼のポッドキャストのタイトルでもあった。彼はティールのお金を使い、トイレ用品を売ったのと同じ手法でポールを売り出した。ティールが資金提供する政治資金団体（PAC）は「フェイク投資家ネットワーク」というバナーの下で一連の低予算パロディ映像を制作し、他の候補者のモノマネ映像を流すとともに、ポールを民主党にも、銀行にも、メディアにも屈服しない真の保守派として持ち上げた。

ビデオは10分以上の長さのものもあり、その長さと双方向性は、当時としては珍しかった。ハーモンは、マーケッターがお金を払って自分の映像内にリンクを貼れる、グーグルの新しい広告カテゴリーを採り入れた。「我が国の軍隊への賛辞」と題したドキュメンタリースタイルの広告映像では、9・11のテロの責任は米国の軍事行動にあるとし、ポールに投票するという退役軍人たちのメッセージを流した。視聴者はリンクをクリックすれば即座にフェイスブックのビデオを観ることができる。選挙広告としてこの方法が使われたのはこれが初めてだった。

結局、ティールとポールはそれぞれ食い違った行動をとったために、広告を誰に任せるかによる大きな違いは出なかった。ポールは小さな州での党員集会に焦点を定めていた。そのほうが開催費用も低く抑えられ、熱狂的なボランティアたちが選挙代理人の獲得に走ってくれるからだ。フロリダ州は無視しようというのが彼らの戦略だった。3つの主要なメディア市場であるタンパ、マイアミ、オーランドで広告を打つのは高くつくから、というのが理由のひとつだった。しかし、フロリダは Endorse Liberty が力を入れていた州のひとつだった。

ポールはフロリダで惨敗し、支持率は7％で4位に終わった。「あれは奇妙な感じだった」

と、ブライアン・ドハーティは言う。雑誌〈Reason〉の編集者として選挙陣営を追いかけ、『Ron Paul's Revolution: The Man and the Movement He Inspired（ロン・ポール革命――その人物像と影響を与えた活動について）』の著者でもある人物だ。「あんな馬鹿みたいな連中がどうやってティールに何百万ドルも出させることができたのか、不思議でしょうがない」

ポール陣営も同じように混乱していた。もちろん表向きには、スーパーＰＡＣと選挙陣営はそれぞれ独立して運営されることになっているが、通常ＰＡＣのリーダーは候補者とは緊密な関係にある同志だ。たとえ二人が話をすることがなくても、同じ戦略を共有しながら闘っていくのが当然とされる。

「ピーターとは、親密な関係を築くことはまったくできませんでした」と、ポール陣営の選挙対策委員長だったジェシー・ベントンは言う。ポールもベントンも、２０１２年の大統領選が始まるまで、ティールとは握手すらしたことがなかった。「われわれを支援してくれることも、メディアを通じて知ったんです」当時ベントンは〈Reason〉誌に対し、Endorse Liberty は望む結果をもたらしてくれなかったと語っていた。「彼らが費やしたお金が、われわれにとって効果的に働いたとは思っていない」と、ポールの敗北が明らかになった直後に述べた。

ＰＡＣは、その後間もなく運営を停止した。「これについて語れるような話はあまりありませんよ」とハーモンは言った。「ピーターと私の関係は、非常に短く、薄いものでした」 本当のところ、ティールはロン・ポールが共和党候補として指名されるかどうかは、どうでも良かった。ポールの活動を比較的コストをかけずに横取りし、最終的には自分のものにしようとしただけだった。

2月下旬にリバタリアン団体「Student for Liberty」で若い活動家を前に話をしたときなど、ティールはポールの名前すら出そうともせず、テック業界の低迷というテーマについてしゃべっただけだった。そこでは現在の旅客機がスピードアップしないことに不平を言い、FDAが独自の有効性や安全性の基準に基づいて医薬品を規制することをやめれば製薬会社はもっと発展するだろう、などと述べた。そして学生たちに向かって、もしFDAがフェイスブックの人気ビデオゲーム、Farmvilleに対し、それが無害であることを証明しろと言ったら世界はどんなひどいことになるか想像してみて欲しい、と言った。「バイオテクノロジー業界の基準をビデオゲームに当てはめようとすれば、ビデオゲームという産業そのものがなくなってしまう」

ジャーナリストがポールについて尋ねると、ティールは熱意を込めてしゃべることすらできなかった。では、彼はいったいポールを相手に何をしていたのか？　「次の選挙のために、リバタリアンのための基盤をつくろうとしているんだ」と彼は説明した。「本番は2016年だから」

2012年8月下旬、ハリケーン・アイザックのため予定の1日半遅れでタンパで開催された共和党大会のテーマは「より良い未来」だった。3日間にわたり、何名もの支持者たち、サウスカロライナ州知事ニッキー・ヘイリー、ニュージャージー州知事クリス・クリスティ、そして俳優兼監督のクリント・イーストウッドが登壇し、オバマ大統領がその約束を果たせなかったことや、ロムニーが金権的なビジネスマンであるという評判は誤っていることを主張した。

タンパの最も有名なセレブの一人であり、最近になってロムニー支持に回ったプロレスラーのハルク・ホーガンはFOXニュースに登場し、自身のビジネスや選挙に対する期待感についてしゃべりまくった。「今こそアメリカが自らを再発見するチャンスだ。俺が自分を再発見したように」と彼は言った。「これは新たなスタートなんだ」

大会では、ポールの欠席が目を引いた。ロムニー支持を拒否したために、スピーチの時間を与えられなかったのだ。ポールはメイン州の党員集会では2位でありながらほぼすべての選挙代理人を獲得したのだが、選挙管理委員会が党員集会で不正行為があったと判断したため、代理人の半数を失うことになった。代理人たちは抗議の意思を示すため会場から退場し、支援者たちは「メインに正当な票を！」と声を大にして抗議した。

ロムニー陣営は平和的な解決を試み、連邦準備制度理事会の監査を行うというポールの主張を党の綱領に付け加えることに同意し（ティールが築こうとしていた基盤にとっては朗報だ）、大会3日目の夜にポールの息子であるランド・ポール上院議員がスピーチを行う直前には、4分間のトリビュート・ビデオを流した。

これらはすべて、タンパに集結した何千人ものポール支持者の怒りを鎮めるためだった。そこには100名以上もの選挙代理人、陣営スタッフとボランティア、そして「より良い未来」を築くことについて独自の考えを持つ、きわめて付き合いづらいビリオネアがいた。ポールが選挙から撤退した後、クラリウム・キャピタルのパートナーであり当時ティールの政治フィクサー役を務めていたロブ・モローがポール陣営を率いていたベントンに電話をかけ、ティールがタンパに行きたがっていることを告げた。そしてベントンにチケットの確保を依頼したのだ。

ポールのアドバイザーたちが選挙運動期間中のティールの言動についてどんな疑念を抱いていたにせよ、これは双方の関係を深める絶好の機会だった。7月、ポールは連邦準備制度理事会の廃止という目標をもはや重要視しないという態度を示し、代わりに「インターネットの自由」、つまり大手テック企業ができるだけ規制を受けずに済むという課題に焦点を当てることにした。ポールは「ネットの中立性」（大手テック企業が金をかけて自社のウェブサイトやアプリのダウンロード時間を短縮することを禁じる規則）への反対、そしてテック企業に対する個人情報規制にも反対を表明した。

それはティールと彼の取り巻きたちの機嫌をとるためのなりふり構わない行動であり、共和党全国集会では、ポール陣営の者が会場のどこにでも入れるパスをティールとモローのために調達し、若い活動家たちのリストをつけた。そして父の陣営を継いで２０１６年の大統領選に出馬することが期待されるランド・ポールと、ティールとのミーティングをアレンジした。表向きのミーティングの内容はリバタリアン運動の未来だったが、ポール陣営はこれがある種の面接と理解していた。

ミーティングの詳細に詳しいある人物は、目標は「ランドが舵を取り、活動を拡大する」ことだった。ティールはすでに船に乗り込んでいるように見えた。「関係は良さそうに見えた」とその人物は続けた。タンパ滞在中、彼はポール陣営のボランティアのためにパーティを開き、若き代理人たちと一緒に写真におさまったりした。

ポールが負けると、ティールは共和党の未来に支援を振り向けた。上下院の超保守的な候補者に的を絞り、ティーパーティ派の Club for Growth Action（スーパーＰＡＣ）に１００万ドルを寄付して、テッド・クルーズのなかなか見通しの厳しい上院予備選挙を支援した。クルーズはテキサス州の元訟務長官で、２００９年に州の司法長官を目指した際もティールは彼を支援し、

24万ドル以上もの金をつぎ込んでいる。ワシントンD・C・の銃規制法を退ける活動や、テキサス州が国際法に基づく個人の権利を侵害しているというメキシコ人死刑囚の訴えを擁護するなどして、大きな注目を集めた。

クルーズはサラ・ペイリンをはじめとするティーパーティ派の主要人物の支持を受けたが、党の予備選挙では州共和党が支持し、根強い人気があった副知事の後塵を拝して2位に終わった。しかし彼はそこから死に物狂いの選挙運動を展開し、5月下旬には巻き返して決選投票に持ち込むところまで票を集めた。ティールはその間も資金を提供し続け、7月の予備選挙直前にはClub for Growth Action を通じてさらに100万ドルを寄付した。

クルーズは相手を14ポイントも上回り、〈ワシントン・ポスト〉が「間違いなく上院最大の番狂わせ」と表現する勝利をおさめ、本選挙をやすやすと勝ち抜いた。ティールはこうして、支援する議員を初めて議会に送り込んだのだ。

ティールが2016年大統領選の候補者と目されていたクルーズを支援したことで、ランド・ポール陣営は彼を単なる筋金入りのリバタリアンと軽視せず、何か画策しているらしいと気づくべきだった。たとえば極刑に反対していたロン・ポールは、クルーズが金融業界に尻尾を振っていると考えており、「金融業界は、あいつが自由市場を支持していると思ってるんだ」と2016年に吐き捨てるように言っている。「ゴールドマン・サックスに飼われてやがる」。そういうわけでポール陣営は、ランドにとって本番となる2016年大統領選は、ティールはクルーズでなく自分たちを支援してくれると考えていたのだ。

また2013年3月、売り出し中のランド・ポールは自分の支持層を広げたいと考えた。米国ヒスパニック商工会議所が開催するイベントでスピーチを行うことにしたのだ。これが全米候補としての彼の本気度を示すことになる、と政策アドバイザーたちは考えた。共和党主流派層に対し、父親のような人種的偏見はない人物だとアピールする目的もあった。そして結果として、未来のパトロンを失うこととなった。

ポールはまず、スペイン語があまり上手ではないことをスペイン語で詫びた。そして幼い頃ラテン系の子どもたちと一緒に遊んだことや、ラテン系移民の人たちと芝刈りのアルバイトをした10代の思い出を語った。一緒に働いたヒスパニック系労働者の一人にいくらもらえるのと尋ね、男が3ドルと答えたとき、ポールは時給3ドルだと思った（実際には日給だった）。この経験により、アメリカは、そしてとりわけ共和党は、移民たちを失望させてきたことを悟った、と彼は述べた。

「歴史のどこかで共和党は、移民がアメリカにとって負債などではなく資産である、ということを理解しなくなり、明言しなくなっていた」彼はまた、ビザの仕組みと国境警備の改善を提案し、それが「国境まで来ている人たちを強制送還せず、より多くの人々を受け入れることを可能にするだろう」と語った。そしてガブリエル・ガルシア＝マルケスとパブロ・ネルーダの言葉を引用し、「移民に対する新たな観点を、移民を負債ではなく資産とみなすことを」求めた。

スピーチは、彼の実際の政策よりも融和的なトーンで行われた。ポールは、一部の人が予想していたように、米国在住の不法移民に市民権を与えるべきだと主張することはなかった。陣営の狙いは、極端な保守派の支持をキープしながらも、それ以外の票もある程度集めたい、というものだった。

この頃から、ティールはポールの政治資金団体からの電話に出なくなり、人を通じて、別の候補者を支持すると伝えてきた。ポール陣営に近いある人物は、彼のスピーチ内容が移民拡大に反対するティールの考えと合わず、二人の間に溝ができてしまったのだろうと言う。ポールは何年も後になって、ティールの移民政策は「自由の女神を進入禁止のデジタル標識につくり替えさせる」ところまで行くだろうとジョークを飛ばし、のちにそのツイートを削除した。

ポールは、ティールとの仲を修復しようとはしなかった。父親が築いた若年層の支持を引き継げば良いと考えていたふしがあるが、そんなものは元からなかったということに気づいていなかった。「私はずっと、彼らが共和党のリバタリアン候補に投票してくれているのだと思っていた」とケンタッキー州の下院議員でポールの支持者でもあるトーマス・マシーは、ポール陣営の支持者についてこう語る。「でもじっくり分析してみたら、彼らが予備選で私やランドやロンに投票したのは、リバタリアン的考えに賛同したからじゃないということに気づいた。彼らは選挙戦で最もクレイジーなことを言っているやつに票を入れただけだった」

これこそがティールの政治的な天才ぶりを表している。彼が2016年が本番だと言ったのはこういう意味だったのだ。彼はロン・ポールの活動を自分の理想を実現してくれるという意味ではなく、利用価値があるという視点から見ていた。新しく出現したこの政治的モットーは、リバタリアン思想ではなく、ティール自身のように新反動主義的自由に基づいていた。ポールは人種差別的なニュースレターを書いていたことを否定し、自身の穏やかでない過去をおおむね一掃しようとした。しかしポールの支持者たちは、昔のロン・ポールが良かったのだ。

ティールの昔の〈スタンフォード・レビュー〉のような論調をぶち上げるロン・ポール、ワシントンD・C・の黒人男性の95％は犯罪者だと言い放ち、同性愛者の権利については「ゲイであることを隠すのが当然だった時代が懐かしい」と発言するロン・ポールを支持していたのだ。ティールと同様、彼らは昔のままが良かったのだ。そしてティールはそうした人々の受け皿をつくる準備に取りかかっていた。

# 13

Public Intellectual, Private Reactionary

# ティールが持つ２つの顔

「中に入れろ、中に入れろ」と彼らは大声で唱えた。「この国にはNSA（国家安全保障局）も警察国家もない！」

デモ参加者たちは講堂の外にいたのだが、（パランティアが一般アメリカ人の公民権を脅かしているという内容の）彼らの声は、ティールが座るステージにまで届いた。２０１４年12月の夜、カリフォルニア大学バークレー校のキャンパスは20人ほどのデモ参加者の他に、数百名の学生が講堂を埋め尽くし、学部生による広報グループ、バークレー・フォーラムのメンバーがティールの新しい著書、『ゼロ・トゥ・ワン』についてインタビューするのを待ち受けていた。

当時は、エリック・ガーナーとマイケル・ブラウンの死に関わった警察官に対し、ニューヨークとセントルイスの大陪審が不起訴を決定した直後で、ティールはそんなさなかにここへ来ることになったのを面白がっているようだった。「ワオ」と彼はニヤニヤ笑いながら言った。「ここは本当に（きわめてリベラルな学風の）バークレーなのか？」

大学関係者がステージに登場し、イベントを中止するのが賢明だと言った。ティールは肩をすくめ、両手を上げてみせた。「私はやるべきだと思う」

聴衆は歓声をあげ、ティールはうなずいて椅子に座り直し、次の質問を待った。しかしその数秒後、講堂の中にいた扇情的な学生がデモ隊のために扉を開くと、彼らは抗議の言葉を唱えながらステージに上がってきた。カオスのさなか、ティールのマイクはオフにされ、彼は人に付き添われて速やかに退場した。イベントは終了した。

ティールにとってそれは明らかにスリリングな瞬間だった（左派活動家についての彼の持論を証明することになったからだ）が、彼の立場の危うさが顕在化した瞬間でもあった。何年もの間、彼は主流派層の支持を得るために挑発的な行動をとるという、ぎりぎりの危ない橋を渡ってきた。デモ隊が来た際にイベントを続けようと言ったように、ティールの逆張り精神は彼の主張には欠かせないものだった。しかし、過激な政治思想をもてあそんだり、倫理的に疑わしいビジネスを敢行したりすることには、リスクが伴った。

だが、彼の評判はかつてないほど良かった。その年の初めに放映がはじまったパロディテレビドラマ「シリコンバレー」で彼は、クリストファー・エヴァン・ウェルチ演じる手に負えないが優秀な投資家として、愛を込めて描かれている。初期のシーンでは、ティールを彷彿させるキャラクターが、大学に戻ると脅す優秀なエンジニアに翻弄される。ドラマの脚本家たちはテック業界の他の有名人についても容赦なくパロディにしており、グーグルの創業者たちや、オラクルのラリー・エリソンを悪役のギャビン・ベルソン（フルタイムのスピリチュアルアドバイザーを雇っている、被害妄想の強欲な大手テック企業幹部）に投影している。

さらに、投資家でNBAチームのオーナーでもあるマーク・キューバンをパロディ化したキャラクターも登場し、自分の資産と、1990年代に自分がつくったテック製品（失敗作だが儲けが出ている）にしか興味がない人物として描かれている。一方ティールを連想させるキャラクターは、無邪気で愛すべき人物になっている。

ゴーカーは相変わらず批判的だったが、その他のマスコミはおおむね、ハリウッドが描いた彼の人物像を受け入れた。〈ワシントン・ポスト〉は「慈善活動を揺さぶる」人々とのQ&A特集の中で彼を取り上げ、不老不死研究に対する彼の支援に焦点を当てた。「私はずっと、死とはひどい、恐ろしいものだという強い感覚を持っていました」と彼は語った。「それは普通ではないことだったと思います」。彼はまた、寿命を延ばすという取り組みは自分のレガシーになっていくだろうとも付け加えた。

当時、ティールの投資会社ファウンダーズ・ファンドはシリコンバレーで最もホットなトレンドに金をつぎ込んでいた。「シェアリングエコノミー」だ。スタートアップがつくったスマートフォンアプリを使い、失業者や収入を増やしたい人が専門のサービスを提供するという仕組みで、ティールの会社は大手のほとんどに投資を行った。タクシーの代わりに一般の人が客を乗せるアプリ、Lyft（リフトが実現させたアイデアをウーバーがまねし、有名にした）などだ。ファウンダーズ・ファンドのポートフォリオには、自宅の空き部屋や旅行中の空き家を人に貸し出す宿泊サービス「エアビーアンドビー」や、「ギグワーカー」が洗濯や犬の散歩などの雑用を請け負うTaskRabbit、同じ請負い仕事だがギグワーカーがイケアの家具を組み立てるのではなくグルメ料理をデリバリーしてくれるPostmatesなどがあった。

アプリを批判する者もいたが、大半のマスコミは先進的な機能にのみ注目していた。「これはパワフルだ」とグローバリゼーションの永遠に楽観的なリーダーであるトーマス・フリードマンは〈ニューヨーク・タイムズ〉に書き、シェアリングエコノミーは非熟練労働者の現代経済への適応を可能にするだろうと予測した。〈ワイアード〉は、経済面よりも文化的なポテンシャルに焦点を当てた。「エアビーアンドビーとLyftはいかにアメリカ人に相互信頼をもたらしたか」と特集記事は書いた。そしてこれらシリコンバレーの企業はわれわれに「産業化以前の社会のような隣人的行動」をもたらしてくれる可能性がある、と主張した。

しかし、当然のことながら、エアビーアンドビーやLyftには隣人同志の助け合い以外の意味合いがあった。これらの企業は労働市場を再形成し、ニューディール以来労働者が享受していた保護を取り払うようにつくられたプロジェクトだった。ウーバーやLyftのドライバーたち、TaskRabbitとPostmatesのワーカーたち、そしてエアビーアンドビーのパートタイムのホテル経営者たちは従業員ではなく、法律上もそうはみなされなかった。

ギグワーカーはこなす仕事の対価としてお金をもらう仕組みのため、最低賃金制度は適用されない。さらに、この新しい労働モデルによって各企業は従業員をフルタイムから一回の仕事ごとの契約労働に切り替え、労働者の権利を取り上げていったのだ。

ティールの著書『ゼロ・トゥ・ワン』は挑発的な部分と主流派層からの支持を得られそうな部分とのバランスを取りながら書かれている。ティールと、スタッフ責任者の役割を担っているブレイク・マスターズは、彼のスタンフォードでの講義を手直しして、実際の講義内容よりはマイルドな、スタートアップの宣言書のようなものに仕立て上げた。ティールは、成功者はあらゆる手を使って競争を避け、市場の独占を目指すべきだと考えていた。彼はその典型としてグーグルを挙げ、彼らが未来の競争相手との衝突を避けたり取り除いたりすることによって、自らの独占状態をつくり上げたと説明した。

マスコミは『ゼロ・トゥ・ワン』を空港の書店で買うのにうってつけのビジネス書と位置付けた。〈アトランティック〉誌のデレク・トンプソンはこの本の「挑発的な主張」を「独創的な構成方法だ。議論を巻き起こす程度の強いテーマを取り上げてはいるが、同時に変化を好まない人にもその良さが分かるぐらいの常識も備えている」と称賛した後、「そう、これは起業家のための自己啓発本であり、スタートアップにしかつくれない未来に対する決まり文句や、楽観的な自信に満ちあふれている」と評した。そしてこう続けた。「起業家はまず最初に小さな市場を支配することを目指すべきだ。言い換えれば、ミニ独占状態を築き上げるべきだ」

ティールはこうした反応に満足する一方で、がっかりしてもいた。『ゼロ・トゥ・ワン』がもう少し炎上してくれることを期待していたからだ。しかし読者はテック業界が停滞しているという主張はほぼ無視し（ティールは社会保障への支出が停滞を引き起こしていると述べていた）、トンプソンはこの箇所を「スキップ可能」とした。

読者たちはまた、彼がグーグルの独占状態を非難したことを見落としているらしかった。有名なベンチャーキャピタリストが、世界最大の、そして最も愛されている巨大テック企業の独占状態を指摘しているのだ。規制措置が取られるとか、議会で論議に拍車がかかるとか、少なくとも物議を醸す論説文などが出ても良いはずなのに。

ティールが失望したことに、グーグルは解体されるべきだと声をあげるものは誰もいなかった。ティールの文章に別の意味が隠されていることを指摘する者は誰もいなかった。代わりに読者たちは自己啓発本の著者として彼の本を解釈した。グーグルは独占した。あなたもそうなれる！

死を回避する技術者としてティールが一時入れ込んでいた起業家ウィリアム・アンドレッグは、本とその宣伝方法に困惑したと述べている。「まるで誰かが中身を薄めてしまったかのような感じがした」。高等教育を激しく非難する男の本の出版記念イベントを、経営科学の権化であるハーバード・ビジネススクールで行ったのだ。破壊者であるはずの彼が〈フォーチュン〉誌の特集記事で「アメリカを代表する知識人」と評された際には、かつて海に浮かぶリバタリアンのユートピア、シーステディングを目指し物議を醸した過去を恥ずかしく思っているようだった。〈フォーチュン〉は彼がシーステディングについて「ほぼ過去形で語った」と書いている。

2015年4月、ジョージ・メイソン大学の経済学者、タイラー・コーエン（ティールからの100万ドルの投資によって創設されたEmergent Venturesというフェローシップを運営していた）との質疑応答において、ティールがケイトー研究所に寄稿したエッセイで女性の選挙権や民主主義に否定的だったことについて尋ねられると、彼は遠慮がちにこう答えた。「書くことには常に危険が伴います」そして、米国政府は「選挙で選ばれていない、テクノクラートたち」によって運営されているのだから、そもそも民主主義国家ではないという持論を延々と繰り返した。

イベントの冒頭でティールを「現代における最も偉大かつ最も重要な知識人の一人」と称し惜しみない称賛を送ったコーエンは、ティールの意見に反論せず、質問をニュージーランドへと振り向けた。「ニュージーランドは過大評価されている？　それとも過小評価？」とコーエンは尋ねた。ティールの回答は「過小評価」だった。

自身をしばしば「完全なインサイダーであり、同時に完全なアウトサイダーでもある」と表現していたティールは、さじ加減の難しいゲームに参加していた。表向きに彼は、物議を醸すような過去を捨てた新進気鋭の思想的リーダーだった。しかし実際には、知識人を演じマスコミとも仲良くする裏で、秘密裡に行動を起こしていた。

彼は単にニュージーランドが〈好き〉なだけでなく、秘かに市民権を取得していたのだ。そして出版記念パーティで記者たちの質問に真摯に答える裏で、メディアに対するクーデターを企てていた。長年彼を批判し続けてきたゴーカーと決着をつけ、ゴーカー以外にも彼の批判記事を書こうとするジャーナリストを牽制するためのクーデターだ。

ゴーカーを陥れる策略は、ハンサムな知的財産法の専門家、アーロン・ドスーザによって進められた。2011年4月、ティールは会議に出席していたベルリンでドスーザと夕食をともにした。当時オックスフォード大学に在籍していたドスーザは、ティールに会うためにわざわざベルリンまでやってきたのだ。

ドスーザは夕食会にやってきて、ティールがゴーカーに復讐する計画を提案した。そして自分を計画のメンバーとして使って欲しいと申し出た。ドスーザがダミー会社を設立し、その会社がゴーカーに対する訴訟活動に匿名で資金を提供する。そしてゴーカーが閉鎖に追い込まれるまで、圧倒的な資金力で訴訟を続ける。彼は1000万ドルの資金提供を求めた。午前3時には、ティールは計画に乗ることを決めていた。

ドスーザはニュージーランドやサンフランシスコにいるティールのもとを訪ねては、二人で計画を詰めていった。彼らはゴーカーの従業員を買収して業務を妨害させるとか、デントンの私生活をスパイして恥をかかせるとか、ゴーカーの編集部を盗聴する計画すら検討した。「やってみたいという欲望に駆られる案がたくさん出たのだけど、果たしてうまくいくのかがはっきりしなかった」とティールはのちに語っている。「そこで、とても早い段階から、完全に合法的な方法以外は採用しないことに決めた。それは大きな制約だった」

とはいえ、非倫理的な戦術をとったという人もいる。たとえば、ゴーカーのシステム管理者がパランティアからヘッドハンティングの誘いを受けた。面接は5回に及び、そのエンジニアによれば、パランティアの幹部たちは何度も話題をゴーカーのことに振ったという。サーバーはどんなの？　セキュリティ会社はどこを使っているの？　夜中にシステムを監視する人の人数は？　リナックスはどのバージョンを使っている？

彼は最終面接まで進んだが、その後パランティアからは何の連絡も来なかった。ハッキングするのに十分な内容をしゃべってしまったことに気づいたのは、後になってからのことだ。「あれだけの情報があれば、ハッキングは可能だ」。ティールがゴーカー訴訟に関わっていたことが明るみに出たのち、そのエンジニアは期せずして情報操作の情報源になってしまった可能性があることをゴーカー幹部に打ち明けた。

シリコンバレーの法律事務所からも、同様の探りが入ったことがある。プライベートエクイティ投資家の代理人を名乗り、ゴーカーにインタビューを申し込んできたのだ。ゴーカーはのちに、これもまた情報収集の一環だったのだろうと結論づけた。

ドスーザと計画を進める中でティールはエンターテインメント業界専門の弁護士チャールズ・ハーダーを雇い、何年も前にクラリウムで行ったよりも広範囲の敵陣調査を、ゴーカーに対して行った。ハーダーと彼のチームは、ゴーカーのサイトを綿密に調査してひどい投稿やネタになりそうな記事を探し、ニック・デントンを訴える際に法廷で使えそうな発言を掘り起こした。

スタッフに向けて、デントンはこう書いていた。「人々が食いつくイエロージャーナリズムの内容は今も昔も変わらない。すなわち、セックスと犯罪。性犯罪ならなお良い」。ティールの資金提供を受けたチームはやがてゴーカーの元従業員に聞き取り調査を行い、ゴーカーがインターンを無給で働かせていたことを突きとめ、その元インターンたちが会社を訴える手配を行った。

ハーダーはゴーカーに対し、いくつかの訴訟を起こした。その中で最も勝てそうだったのはテリー・ボレア、プロレスラーのハルク・ホーガンとして知られる男からの訴訟だった。

2012年10月4日、ホーガンお気に入りの候補がタンパの共和党大会に登場した数ヵ月後、ゴーカーはホーガンと彼の友人の妻へザー・クレムとの1分半のセックス動画を公開した。編集長A・J・ダウレリオによる見出しにはこう皮肉っぽく書かれていた。「ハルク・ホーガンが天蓋付きのベッドでセックスをするのを見たら仕事に遅れてしまうかもしれないが、とにかく見て欲しい」。ゴーカーは当初、本人の同意なく隠し撮りされたこの動画を削除しろというホーガンの要求を、二人とも公人であるという理由で無視していた。動画についてマスコミに不満をぶちまけるホーガンの姿がハーダーの目を引いた。

その月の後半、ハーダーはクレムがホーガンの同意なしに行為を録画したという訴えに従い、クレムに対して訴訟を起こした。そして12月には、クレムにデントンとダウレリオを追加した修正訴状を提出した。訴訟ではホーガンが「レスリングで12回も世界チャンピオンになった人物」だと指摘し、1億ドルの損害賠償を求めた。

ゴーカーの従業員は、世間の多くの人々と同様、ホーガンの訴訟は彼のパフォーマンスのひとつか、最悪の場合でも金満メディアから数百万ドルを搾り取る試みだろうと考えた。のちに分かることだが、彼はこれとは別の、よりダメージの大きい動画を隠そうとしていた。人種差別用語を使っていたのだ。「俺はある意味人種差別主義者だ」と動画の中でホーガンは言っている。「クソnー（黒人に対する差別用語）め」　ホーガンはのちに発言を認めた。「私は恐ろしいことを口にしてしまった」と彼は言った。「でも、それは本当の俺じゃない。俺はそういう人間ではない」。

デントンは、ホーガンの訴訟はクレムや情報をリークした者に向けられたものだと考え、ホーガンの弁護団と和解交渉をはじめるよう、自分の弁護士に指示した。

当初、ホーガンは和解に前向きだった。しかし和解が成立する直前になってホーガン側の弁護士たちは姿を消し、次に交渉テーブルに戻ってきたときには、和解は決裂したと宣言した。ゴーカーの従業員たちは、誰かが裏でこの件を操っているように感じたという。

ゴーカーのメディア保険は、プライバシー侵害に対する訴訟をカバーしていなかった。しかし人身傷害請求に対応するための一般的な賠償責任保険には入っていたため、ゴーカーはホーガンが訴訟を取り下げるよう交渉を続けるとともに、彼が「心の苦痛」を訴えていたことから賠償対象になるとして、損害保険会社とも交渉を行った。しかしその後、ホーガンは予想外の行動をとる。２０１４年12月、彼はゴーカーから心の苦痛をもたらされたという主張を取り下げたのだ。

これはゴーカーに決定的なダメージを与えた。保険金が支払われる可能性が消滅したからだ。同時にそれは、ひどく奇妙なことでもあった。賠償金や和解金が支払われることを原告が期待するのであれば、普通は被告が破産することを望んだりはしない。しかしホーガンは突如として、大金を受け取るよりもゴーカーの破産が最終目標であるかのような行動をとりはじめたのだ。なぜ彼は、ゴーカーの支払能力がそがれるようなことをしようとするのだろう？

もうひとつの謎はハーダーの法律事務所は他にほとんど仕事がなかったにもかかわらず、予算は無制限にあるように見えたことだ。裁判所に出廷する際、ホーガンの弁護士たちは市内で最も高級なホテルに部屋をとっていた。その金はどこから出ているのだろう？　誰かがホーガンの代わりに裁判費用を負担しているのか？

2015年の初め、ゴーカーの記者たちはこの件について調べはじめた。ホーガンは弁護士費用を自分で支払っているのだろうか？　そうではない場合、誰が支払っているのか？　彼らは自分たちの雇用主を敵視している人物をリストアップしはじめた。

ライアン・ホリデイの本は、ゴーカーには他にも敵がいたと触れている。そこには、若いオルト・ライト（オルタナ右翼）のメンバーと繋がりがあり、最近どんどん影響力を増している人物、チャールズ・ジョンソンも含まれていた。その活動は挑発的で、危険なほど極端だった。活動メンバーは人種差別、さらにはナチズムを（そしてリベラルが激怒しそうなネタなら何でもてあそび、リーダーたちはソーシャルメディアを使って、中道左派の主流派とみなしたものは片っ端から攻撃していった。民主党の著名人やブラック・ライブズ・マターの活動家、そして数名のゴーカーのライターなど。ティールが嫌気がさすと言っていたような人たちだ。「こういう人間はね」と彼はホリデイに言った。「イデオロギーの名のもとに何かをしたいわけじゃないんだ……ニヒリズムに似ているかな。何のイデオロギーもないことを隠すためのマスクみたいなものなんだ」　ホリデイはジョンソンもまたゴーカーを訴えたことを指摘したが、彼は「ピーター・ティールとは何の関係もない人々」の一人だと書いている。

実際には、ジョンソンとティールは10年近くも親しい関係で、ジョンソンはこの時点ですでにティールの重要な政治アドバイザーであり、なんでも相談できる友人になっていた。そしてその後、ゴーカーへの敵対キャンペーンにおいて、おそらくはドスーザ以上に重要な存在となっていく。二人が初めて出会ったのは2008年頃、ジョンソンは19歳の大学1年生のときだった。そして2年後、保守系のシンクタンク、クレアモント研究所が主催した会議の場で再会した。ティールの数多くの弟子たちと同様、彼もまた聡明だったが、戦闘的で、話は長く、周囲のリベラル派からは嫌われていた。

ジョンソンはマサチューセッツ州ボストン郊外の中流階級エリア、ミルトンの周辺で育った。奨学金を得て年間授業料2万5000ドルの町のプレップスクール、ミルトン・アカデミーに通い、優秀な成績をおさめた。学校に適応するのは簡単ではなかった。生徒はみな銀行家の娘や息子たちばかりで、自分は庶民だと痛感させられた。そしておそらくはその結果として、彼は〈スタンフォード・レビュー〉の読者ならなじみのある、強烈で敵対的な保守派となっていった。

学校のホッケーチームのメンバー5人が15歳の2年生と性的関係を持ったことで退学処分になると、ジョンソンは学校の集会で彼らを擁護した。彼はまた、ティールの大学時代の恩師、教育学部のビル・ベネット（2005年に、医師は「この国の黒人の赤ん坊すべてを中絶させるべきだ」と発言した人物）のオンラインフォーラムでの発言についての議論を吹っかけ、ちょっとした騒ぎを起こした。ジョンソンはまた、あり得ないことにハーバード大学ロースクールの教授で、O・J・シンプソン裁判で無罪を勝ち取ったことで有名なアラン・ダーショウィッツとも友だちになった。ダーショウィッツが講演のためキャンパスを訪れた際に知り合ったのだ。

ミルトンを卒業後、ジョンソンはロサンゼルス郊外のリベラルアーツスクールで、右派知識人の育成で知られるクレアモント・マッケナ大学に入学した。大学では「クレアモント・コンサバティブ」というブログをはじめ、キャンパスの右派活動家としてのアイデンティティを確立して、さらなる注目を集めた。

あるとき、彼がオンラインフォーラムで同性愛者の結婚について書き込んだコメントが、学生モデレーターによって削除されるということがあった。彼はロス・ブーマーという名のモデレーターが、同性愛者だから偏見があるのだと主張した。ブーマーの家族は彼のセクシュアリティについて知らなかったので、ブーマーはこれを本人の意志に反する暴露と判断した。〈マザー・ジョーンズ〉誌がこの事件を報じると、ジョンソンは、仲間にはカミングアウトしていたブーマーが、家族には隠していたとは思わなかったと言い訳した。そしてブーマーは「ゲイであることをキャンパスじゅうに言って回っていた」とも述べた。それから何年も経ってから、彼は事件を起こしたことを後悔し、それがあちこちで誇張されて伝わっているような気がすると、筆者に語った。当時のジョンソンは保守派知識人としての生活に没頭し、シュトラウスやマキアベリの作品を研究する会合に出席したりしていた。

ピーター・ティールと初めてじっくり話をしたのも、3年生の終わりに開催された会合の席においてだった。酒を飲みながらの夕食の席で、彼らはどちらもエリート機関、とりわけリベラルな大学が大嫌いという点で意気投合した。

ジョンソンが卒業した後も、二人の交流は続いた。彼はタッカー・カールソンの保守系ニュースサイト、〈デイリー・コーラー〉で定期的にライター仕事を請け負う一方、カルビン・クーリッジに関する本を出版した。この時点で、ジョンソンの名は右派サークルの中でかなり知られるようになっており、カールソン、上院議員テッド・クルーズ、そして弁護士ジョン・ユー（イラク戦争中の拷問事件についてブッシュ政権を擁護した）といった面々が、彼への支持を示した。

彼はその後、右派のためのゴーカーとも言うべき自身のサイト〈ゴットニュース〉をはじめ、ミズーリ州ファーガソンで非武装だったところを警察官に射殺され、その後一連のブラック・ライブズ・マター運動のきっかけとなった18歳の黒人男性、マイケル・ブラウンに対する批判を書き連ねた。

その後2014年後半に、ジョンソンは〈ローリング・ストーン〉誌に掲載されたバージニア大学での集団レイプ容疑についての記事が誤りで根拠のないものだと主張した。そして12月に（ジャーナリズムにおいても、法の執行という意味においても長年のタブーを破って）被害者とされる女性のフルネームと、彼女が反性的暴力の集会に参加したときのものとされる顔写真を公開した。ジョンソンが公開した名前は合っていたが、写真は別の女性のものだった。彼は写真については謝罪をした。

これがゴーカーの目を引いた。「チャック・ジョンソンなる人物は何者なのか、そしてなぜ？」彼が被害者とされる女性の名前を公表した直後、ゴーカーの見出しは疑問を投げかけた。そして彼を「ウェブ上最低のジャーナリスト」と呼んだ。6日後、ゴーカーは一連の「噂」を含む別の投稿をアップした。いずれの噂も情報源は匿名で、ジョンソンはそのすべてを否定した。投稿はジョンソンがやったことに目には目を方式でやり返し釘を刺すためのもので、彼が大学の寮の床で大便をもらしたというネタや、獣姦を行った話などが掲載された。「チャック・ジョンソンが羊を柵に固定してヤッたかどで2002年に逮捕されたと、証明するものはない」と、ゴーカーのJ・K・トロッターは書いた。「しかし彼は、羊を柵に固定してヤッたかどで2002年に逮捕されたという噂を人々が信じてしまうようなタイプの男である」

ジョンソンはツイッター上で闘いに乗り出し、トロッターとデントンに対抗した。彼は結婚がだめになったことや、信頼していた友人をたちを失ったのはすべてゴーカーのせいだと考え、ゴーカーを潰すことに取りつかれた。

２０１６年の初めにゴーカーがプーチンと繋がりのある億万長者ヴィクトル・ヴェクセリベルクから資金を調達すると、ジョンソンはゴーカーがロシアの諜報機関と関係しているという説を唱えた。ティールの長年の友人であり、１９９０年代後半に彼のヘッジファンドで働いていたこともあるジェフ・ジェシアがツイッター経由で連絡をしてきて、ピーター・ティールと話すべきだとジョンソンに伝えたのはこの頃だった。

サンフランシスコのティールの自宅で、ブレイク・マスターズや他の従業員とともに夕食のテーブルを囲んだときには、ジョンソンはすでに状況を理解していた。「あなたがゴーカー訴訟に金を出しているんですね」。ティールの目をじっと見つめながら訊いた。

「私は……ええと」ティールは言葉に詰まり、それから顔を真っ赤にして事実を認め、誰にも言わないで欲しいと言った。ジョンソンは、自分も仲間に入れて欲しいことを伝えた。「僕はこういうことに詳しいんです」

二人の男は共通の敵を得て結束し、頻繁に会って話をするようになり、ジョンソンは反ゴーカー・キャンペーンの2番目の協力者となった。二人はロサンゼルスとサンフランシスコのティール宅での夕食や朝食、そして電話を介して、時には何時間も話し合った。ティールはジョンソンを恐ろしい人間だと思うとともに、面白いやつだとも感じていた。

ジョンソンは、ティールの他の取り巻きと異なり、ティールに無礼な発言をすることもあった。テック企業（つまりティールが立ち上げ、側近の誰もが崇拝した会社たち）は寄生虫のようだと言い、何かを主張しているときのティールは「クソみたいにくだらないことしか言っていない」とまで言った。そして何よりもすごいのは、ティールがそれを気にしたり怒ったりする様子がないことだった。

ティールの側近たちの多くは、オンラインにおけるジョンソンの人間性が公人としてのティールの評判を傷つけるのではないかと心配したが、もしかするとジョンソンの影響力が増していくことにも腹を立てていたのかもしれない。ドスーザは名目上まだゴーカー裁判の担当者だったが、ジョンソンはより力ずくの戦略を唱えるようになっていた。

ジョンソンが提案したのは全面戦争だった。彼はソーシャルメディア上でゴーカーの幹部をこき下ろした。当時ゴーカーの顧問弁護士を務めていたヘザー・ディートリックは、和解交渉中に感情的になり、ホーガンがゴーカーを破産に追い込めば、職を失う人が大勢出てくると訴えた。嘆願は失敗に終わり、交渉中のやり取りの詳細を知ったジョンソンは、ゴーカーの弁護士が泣いていたらしいとツイッターに書き込んだ。

ティールという後ろ盾を得たジョンソンは、ゴーカーの被害にあった人を求めて、国じゅうを縦横無尽に探しはじめた。そして探し当てた中に、〈ビジネス・インサイダー〉の元幹部で、フェミニズムやリベラル全般に反対する内容の身もふたもないツイートをゴーカーの記者に掘り起こされた挙句に解雇された、パックス・ディキンソンがいた。彼はNワードも使ったことがあり、ティールの投稿を彷彿とさせるような感情のもとに「女性参政権と個人の自由は両立しない」とツイートしたこともあった。

さらに、ホーン・トンザットという、起業家として限界に挑戦する若いウェブ開発者も、ジョンソンにとっては有用に思われた。ゴーカーはトンザットが開発したスパムアプリをやり玉にあげて批判したが、その際彼のツイッターのプロフィールページに「アナーキーなトランセクシャル」とあるのをあざ笑うことも忘れなかった。彼は、オーウェン・トーマスが言ったように、「非常にサンフランシスコ的なソフトウェア開発者」だったが、ジョンソンは彼と仲良くなった。

もう一人仲良くなったのが、マイク・セルノビッチだ。ゴーカーがいわゆる男性の権利運動を支援していると報じた保守派の人物だった。「女に媚びるような男になるな」と、セルノビッチはツイートしたことがある。「乳がんだのレイプだの、どうだって良くないか？　俺はそうだ」デートレイプについて、ティールやデイビッド・サックスが『The Diversity Myth』に書いたのと同様の意見を表明したセルノビッチは、のちにツイートを削除し、政治活動に入っていった。

ティールはジョンソン独自の積極的な活動を喜び、財政的な支援を行った。ジョンソンは、ブラック・ライブズ・マターの主導者であるディレイ・マッケソンを「抹殺する」プロジェクトのために募金活動をするつもりだと書き込んでツイッターから締め出しを食らうと、「WeSearchr」というクラウドファンディング会社を立ち上げた。

これはキックスターターといったクラウドファンディング会社とは異なり、規制を設けないことを売りにしているため、オルト・ライトも参加できた。この頃、ティールは10万ドルから20万ドルほどの資金を彼に与えていた。

ジョンソンによればその金はもらったのであり投資ではなかったというが、結果的にティールにとっては気まずくなるようなことが起こる。ジョンソンはその後、掲示板型ニュースサイト〈レディット〉にホロコーストで600万人近くのユダヤ人が亡くなったという事実はないと投稿して注目を集め、彼のクラウドファンディング会社はネオナチのウェブサイト〈デイリー・ストーマー〉による15万ドルの資金調達を支援した。1992年当時のラボワのように、ジョンソンはどちらの件も言論の自由の限界を試すために行ったものだと述べた。レディットの投稿はこのサイトがユーザーを検閲しているのかを確かめるためのパフォーマンスであり、クラウドファンディングサイトはすべてのイデオロギーに対し門戸を開いている、と。どちらも彼の本当の信念を反映したものではないと言明した。

気が触れたような彼の人間性は、ティールの居心地を悪くさせた。しかしそこにはメリットもあった。翌年、ティールをドナルド・J・トランプの世界に連れていったのは、このジョンソンだったのだ。

ティールがオルト・ライトを完全に受け入れることはなかった。ジョンソンいわく「やつらは負け犬だと彼は思っていた」そうだが、その一方で、オルト・ライトに関心はあったようだ。利用価値があると思っていたのかもしれない。

2015年、ティールはマーカス・エプスタインという人物と親しくなった。彼は人種の多様性に反対する活動家グループ、「Youth for Western Civilization」の設立者で2000年代半ばにはクラリウム・キャピタルの従業員の間でも人気があった極右ウェブサイト、VDARE のライターでもあった。彼はまた、二人の著名な白人至上主義者、ケビン・デアンナとリチャード・スペンサーとともにもうひとつのグループ、「ロバートA・タフト・クラブ」も立ち上げていた。

エプスタインは彼の著作が人種差別的であることを断固として否定していたが、2007年のある晩、ワシントンD・C・を歩いているときにとある黒人女性に目をつけ、侮辱する言葉を叫びはじめた。それから女性に近づいていくと、裁判所によれば、「Nワードを発し」空手チョップを彼女の頭上に振り下ろした。エプスタインはいわゆるアルフォード・プリー（容疑は否定するが、有罪は認めること）を採用し、犯罪行為を認めることなく、裁判の敗北には事実上従った。

２０１６年半ば、ティールはタフトクラブの共同設立者でありVDAREにも頻繁に投稿しているデアンナと夕食をともにした。デアンナは、南部貧困法律センターが白人至上主義者の重要な「イデオロギー構築者」であると特定している。この頃、ジョンソンはティールとマイロ・イアノポウロスとの面談をアレンジしている。〈ブライトバート〉のテック担当編集者で、ジャーナリズムとビデオゲーム業界の女性数名に対する嫌がらせ運動、ゲーマーゲートを扇動したことでその名を知られるようになった。

ティールはこの派閥の中ではおそらく最も悪名高いメンバー、リチャード・スペンサーとの面談は断った。２０１６年、群衆を率いてジーク・ハイル風の敬礼をし、「ハイル、トランプ！ハイル、われら人民よ！」と叫んで注目を集めた人物だ。

「ピーターはナチ支持ではなかった」とジョンソンは言う。ティールの別の友人もまた同じ見解を示し、ティールはオルト・ライトのメンバーと会うことはあっても、そのミーティングがより深いものに進展したことはほとんどなかったと指摘した。「オルト・ライトは上昇気流に乗っていた」と、この人物は言う。「だから、彼がこういう人たちと会うことはまったく驚くに当たらない。未来を予測する足掛かりになるからだ」

しかし、ティールの親しい仲間であり、初期の頃のティール・キャピタルで働いていたこともあるジェフ・ジェシアは、スペンサーと知り合いだった。〈ハフポスト〉の記事によると、彼はスペンサーのNPO団体、「国家政策研究所」に5000ドルの寄付を行っている。元白人至上主義者でその後内部告発者となったケイティ・マクヒューは、ジェシアは広く配布されているガイドブック『オルト・ライトに資金を提供する方法』の著者であると主張している。スペンサーの団体や「デイリー・ストーマー」などのオルト・ライトのグループがリストアップされ、秘密裡に寄付をする方法が書かれた本だ。ジェシアはこれを書いたことを否定している。

この間、ティールはオルト・ライト一派のお抱え哲学者のようになっていたカーティス・ヤーヴィンとも接近している。2014年後半、ジョン・バーナムという理想主義者的な若者が、ヤーヴィンと設立した会社、トロンの運営をめぐって彼と争いになった。

バーナムはその3年前にティール・フェローシップに参加したフェローの一人だ。2014年にヤーヴィンが起こした訴訟によると、彼とバーナムは50・50のパートナーとして会社を設立し、バーナムがCEOを務めていたが、ヤーヴィンは彼を解任したいという。提出書類の内容を正当化するために、ヤーヴィンは、バーナムは求められればいつでも辞任すると約束していたと証言した。さらに、会社を設立したときのバーナムはまだ経験が浅く、「大学教育はほとんど受けていなかった」とも述べた。

それは、ティール・フェローシップの観点からすれば、奇妙な言い分だった。大学教育を受けていないということは（特にバーナムのようなティールと繋がりのある起業家にとっては）、望ましいことのはずだったからだ。

しかし、バーナムが辞任を拒否すると、ティールやリバタリアンのベンチャーキャピタリスト、バーラージー・スリニヴァサンといった投資家グループは、ヤーヴィンの側についた。バーナムは10月にトロンのオフィスを追い出され、その1ヵ月後、ヤーヴィンが「ジョンがもたらした災害」と呼ぶものを修正するための計画をティールや他の投資家と共有した。バーナムが持つ50％の株を取り上げる計画だった。最終的にバーナムは会社を辞めることを決めたため、訴訟は取り下げられた。

しかし、ザッカーバーグがエドゥアルド・サベリンを解雇した件を彷彿とさせるこの事件は、結果的にティールが創業者の権利を守ることを何よりも重要視する人物だという評判に水を差すことになってしまった。

# 14

Backup Plans

# 政治への傾倒

地元の人たちはそれをプラズマスクリーンハウスと呼んでいた。クイーンズタウン・ヒルに刻み込まれるように立ち、世界で最も美しい場所のひとつ、ニュージーランドのワカティプ湖を見下ろしていた。建物の名前は、その特徴的な外観から来ていた。15メートルも横幅があるピクチャーウィンドウがはめ込まれていて、外から見ると、巨大なフラットスクリーンのテレビのように見えるのだ。ピーター・ティールはこの家を購入した後、さらにあるものを付け加えた。避難用シェルターだ。

彼は世界中に家を所有し(日本、ブラジル、ニューヨーク、サンフランシスコ、ロサンゼルス)、実際にそれぞれで過ごしていた。オンラインで仕事をし続ける一方、パーティ三昧の日々。ニュージーランドの家、そしてのちに購入した、65キロほど北の200万平方メートル以上もある農地区画は、夜な夜なパーティをするために購入したわけではない。避難用シェルターが示唆するように、それは脱出計画だった。ティールは、「プレッパー」だった。「プレッパー」とは、自分が生きている間に世界の終わりか、少なくとも文明の終わりが来ると信じていて、金や銃器を隠し部屋などに備蓄するような人たちのことだ。

彼はこのことを公の場で口にすることはなかった。タイラー・コーエンとの質疑応答でニュージーランドの話が出た際も、ニュージーランドの市民権を取得したことは一切話さなかった。彼は米軍にとってはソフトウェアの重要なサプライヤー、世界を駆け巡るエリートたちに反発する極右政治家にとってはパトロンとして、いまや重要人物になりつつあり、彼らからすればティールが海外の市民権を取得することは、一貫性に欠けるように見える可能性があった。

その一方で、米国を捨てるという計画はもう何年も前からティール界隈の中にあった。ペイパルでティールが取り組んだこともそれが基礎になっていた。すべての顧客に追跡不能なスイスの口座と、広い意味での「国家形態の崩壊」を期待させていた。

ティールは、１９９７年に書かれた本『The Sovereign Individual』の影響を受けていた。その本にはエリートは外国の市民権を得て、国家という名の過度の負担から自分を解放すべきだと書かれていた。

ティールの出口計画は、２０１０年、彼がニュージーランドの小さくて比較的地味なテックシーンに関心を向けたときから始まった。同年、彼は会計ソフトウェアをつくっているウェリントンの無名メーカーに３００万ドルの投資を行った。〈ビジネス・インサイダー〉のフレンドリーなジャーナリストが登場して、ティールはニュージーランドが大のお気に入りで、「この地に長期的な投資をするつもりだ」と説明した。

記事には、ティールがより多くのディールを掘り起こすため、ニュージーランドでヴァラー・ベンチャーズというベンチャーキャピタルファンドを立ち上げる予定であり、すべてがこの国を「彼の夢であるリバタリアンのユートピア」に変える計画の一環だと書かれていた。

翌年4月、彼はクライストチャーチの地震で被害を受けた人たちへの支援活動に80万ドルを寄付した。ウェリントンの投資も、クライストチャーチの寄付も、彼らしくない行動だった。ティールがビジネスソフトウェアに投資を行うことはめったになかったし、彼のそれまでの慈善活動は、ほぼすべてがイデオロギーに基づくものだった。そして２０１１年の夏、彼は政府支援の非営利団体が主催する、ニュージーランドの起業家を支援する会議でスピーチを行うため、オークランドに飛んだ。彼が行う14分間のスピーチ（皮肉なことにグローバリゼーションの危険性に焦点を当てる内容だった）がイベントの目玉だった。

その頃、ティールはニュージーランドの市民権を得られるよう秘かに政府に働きかけていた。ニュージーランドの移民法は世界でも指折りのリベラルな内容で、熟練労働者または２００万ドル以上の投資資本を有する人は誰でも永久滞在することができた。しかし、完全な市民権を得るためには、通常は申請前にニュージーランドに移住し、一定期間滞在する必要があった。ティールはそんなルールに従うつもりなど毛頭なかった。そこで、彼の弁護士が6ヵ月以上にわたって政府に対し猛烈なロビー活動を行い、彼の最近の投資や慈善活動の実績を考慮して、法定要件を超越した取り計らいを求めた。その結果、通常は申請前に１３５０日間の国内滞在を要するところ、ティールは12日で済んだ。

入国管理局は要求の厚かましさに呆れ果てたが、ティールがキー首相との直談判をはじめると、最終的には要求に従わざるを得なかった。ティールは複数の政府要人との面談も行い、政府支援のベンチャーキャピタルファンドに投資すると約束した。そしてその後サンタモニカの領事館で行われた秘密の儀式で、未来のアメリカ・ファーストの国家主義者は、ニュージーランドへの忠誠を誓うことになった。

ニュージーランドでは、ティールの市民権を待機期間なしに与えたことがスキャンダルとみなされた。政府が外国の億万長者にニュージーランドのパスポートを売り渡した証拠だと。アメリカでは、ティールが単にプレッパーとしての衝動に駆られたのだと解釈された。マスコミは、ティールが新たに獲得した拠点の地下に構築しているかもしれない貯蔵庫について、あれこれ想像した記事を書いた。しかし彼をよく知る人々は、彼が市民権を取得した本当の理由は、核戦争でも、パンデミックでも、革命でもないとうすうす感じていた。本当の理由は、ティールが何よりも恐れていたもの、アメリカ政府だった。

はた目から見たティールは、最高潮にあるように見えた。しかし、彼の帝国はまだ脆弱だった。2014年、ベンチャーキャピタルとその投資対象であるテクノロジー産業は、ティールにとって脅威となる方向に変化しつつあった。彼はペイパルマフィアというネットワークを築き、言葉巧みな才能と逆張り本能を使ってその影響力を広げることによって莫大な富を築き上げ、有望なスタートアップの情報もいち早く入ってくる地位を手に入れた。

しかし、ソーシャルメディア、とりわけツイッターのおかげで、ネットワークや影響力といったものは突如として簡単に手に入るようになり、ティールはもはや若い崇拝者が憧れる唯一無二のベンチャーキャピタリストではなくなっていた。さらに、フィデリティやタイガーグローバルといった公募市場の投資家たちも私募市場の新たな収益源「ユニコーン」の成長ポテンシャルに注目するようになり、それまではシリコンバレーのベンチャーキャピタルが独占していたような企業の株式取得に乗り出しはじめた。

うま味の大きい取引が目減りするのを防ぐため、ベンチャーキャピタリストたちはファンドの規模をどんどん大きくしていった。ティールはこのゲームにある程度まではついていくことができたが、2014年3月、ファウンダーズ・ファンドの5番目のファンドは10億ドルを調達してもなお、フィデリティが調達した約2兆ドルという金額には到底及ばなかった。

それから政治の問題があった。ティールは、（自分が腐ったものとみなしてきた）多文化主義的な思想をベースに選挙で勝利したオバマを軽蔑し、同時に恐れてもいた。就任以来、オバマは医療制度改革や経済救済策などの政策を打ち出してきた。政府の金を使って銀行を救済し、自動車会社を支え、消費者に景気を刺激するための給付金を配る政策だ。ティールはそれを共産主義に等しいとみなしていた。

オバマはさらに、金融崩壊を避けるための経済政策を敢行し、結果としてクラリウムの運用成績はガタ落ちした。さらに悪いことに、オバマ政策の成功は、今後も長く続くように見えた。後継者ヒラリー・クリントンが次の大統領選挙に出馬すべく、控えていたからだ。ヒラリーはオバマ以上にティールを不利にするように見え、テック企業に独占禁止法の精査を行い、キャピタルゲイン税率を上げるだろうと予測されていた。保守系雑誌〈ナショナル・レビュー・インスティテュート〉の2013年のイベントで語ったところによると、ティールはこれを「上流層と最貧困層による、中流層への挟み撃ち攻撃」と感じたという。非現実的なことに、自分は中流層の一人だという口ぶりだった。

ティールにはこれを個人的な攻撃だと受けとめるだけの理由があった。2012年の大統領選挙中、ミット・ロムニーは自分の個人退職金（IRA）が1億ドル以上にものぼることを開示した。アメリカ人のほとんどは（そしてプライベートエクイティ業界の一部さえ）この開示金額に唖然とし、政府が年金積立金の上限を年3万ドル程度に制限している中、どうすればそんなにたくさんのお金を積み立てることができるのか訝しんだ。

オバマ政権で自動車産業の救済を担当したアドバイザー、スティーブ・ラトナーは、ロムニーは（自分と同様）プライベートエクイティで財産を築いた当時、倫理的に疑わしい方法で「限界を超えてやりすぎてしまった」のだろうと指摘した。「プライベートエクイティ業界の仲間たちに聞いてみましたが」とラトナーはCNNに語った。「私たちのうち誰一人として、こんなやり方が可能だということすら知りませんでした」。〈アトランティック〉誌のウィリアム・コーハンがプライベートエクイティの「錬金術」と呼んだロムニーのやり方は、投資家がごく少額の投資金額で莫大なリターンを得るという仕組みだった。適切な企業を選びさえすれば、それは可能なのだ。

ティールはもちろん、ロムニーの「やり方」について知っており、金額はロムニーの何倍もあった。さらに、ロムニーは払戻金額が通常の所得として課税される昔ながらのIRAだったのに対し、ティールはロスIRAだった。つまり、積立金には年間5000ドルというさらに厳しい上限が設けられていた。またこれは、彼が今後一切税金を支払わなくて済むことも意味していた。彼の財務構造に詳しい4つの情報源によると、ロスIRAは少なくとも35億ドル、おそらくはもっとあるだろうという。そして65歳の誕生日を迎えた後、彼が受給する金がすべて非課税となるのだ。政府がルールを変えない限りは。

ティールのネットワーク内にいる人たちの多くは、これはスキャンダルに発展すると見ていた。ロスIRAは1990年代後半に共和党多数の議会を通過しビル・クリントンによって署名された、一連の減税政策の一環としてつくられた。下院議長のニュート・ギングリッチは「アメリカとの契約（Contract with America）」に基づき、キャピタルゲイン税を削減しつつ、他のところで帳尻を合わせようとした。つまり他の方法で税収を伸ばす必要がある、その結論がロスIRAだった。昔からあるIRAに加入している投資家は、税金を前倒しで支払えば、IRAをロスI

RAに変更することができる。最も裕福なアメリカ人の一人であるティールが、巨額の、非課税の年金を手に入れたのはこの手法を使ったからだった。

ロスIRAは、世に出た当初は歓迎されたが、オバマ政権に入ると問題視されるようになり、大統領はロスIRAの積み立て金額に制限を設けるよう、繰り返し提案するようになった。その間、政府説明責任局（GAO）は2014年に、IRA残高が2500万ドルを超える納税者が314人程度確認されたというレポートを発表し、具体的に「IRAを使って自らが新しく立ち上げた会社の非公開株式に投資する、企業創立者」だと名指しした。つまり、ティールがペイパルで行ったのとまったく同じことをした人々だ。

レポートは米国国税局（IRS）がこうした保有形態を調査する予定であることを指摘し、米連邦議会はこのような行為を厳重に取り締まる法律を通過させるべきだと述べている。その後間もなく、ティールは米国税務当局から聞き取り調査を受けていると友人に語った。

彼が制裁措置を受けることはなかった。聞き取り調査から違法行為は発見されなかったためだ。しかし、彼は調査を受けたことで不安がふくらんだ。自分が設立したか、主要投資家の一人になっているスタートアップに投資を行うこと（ティールがフェイスブックやパランティアに対して行っていたこと）は、ティールが所有率を50％未満に保つよう気をつけていたため、理論上は問題なかった。それでもこの行為はグレー領域中のグレー領域だった。ティールがこれらの企業に対し多大な影響力を行使していることは、誰もが知っているのだ。

IRSがティールの30億ドルかそれ以上の年金全額に課税するには、会社への影響力に関わるルールの解釈を変更するだけで良かった。あるいは彼に不満を抱く投資会社の元パートナーが、ティールが会社に対して行使していた影響力の度合いが大きかったと言い出すだけで良かった。「彼がルールをひとつでも破れば、慎重さを欠く行動をひとつでもとれば、政府は彼のすべてを課税できる状態にあった」と、当時の状況に詳しいとある人物は言う。

これは恐ろしいことだった。何人かの長年の同僚によると、税制の変更あるいはIRSが影響力というものをどう解釈するかによって自分の立場が大きく変わってしまうという事実は、彼と周囲の人間との関係に暗い影を落としていたという。当時の彼はこの件で頭がいっぱいだった、とそのうちの一人は言う。彼らによれば、ティールは元同僚や友人の誰かが自分を裏切るのではないかと常に不安に駆られ、結果として、元パートナーたちがそんなことをしないよう、彼らがはじめたファンドに多額の資金を投資して口止めを図っていたという。

「ティールは非常に孤独だった」と、親しい友人は言う。ネットワークの力でキャリアを築き上げてきたティールには、仕事と完全に切り離された友だちや人間関係はほとんどなかった。彼の長年の恋人であるマット・ダンツァイセンは、彼のパートナーであると同時に（ティールと親しい人間のほぼすべてがそうであるように）従業員でもあった。ティール集団のあるメンバーは、ダンツァイセンとティールは公の場ではたがいに距離を取っているように見えたという。人前で隣同士に立ったり、手をつないだりすることはめったになかった。

ティールが抱いていた不安が彼のポートフォリオ企業に直接影響することは、日常レベルではほとんどなかった。パランティアの下位レベルの従業員やファウンダーズ・ファンドの従業員さえ、ティールが政治的なことに取りつかれているなどと考えもしなかった。しかし、ティール帝国本来の特質として——彼の信念や行動を自分のものとしたい人たち、彼から認められることが自分の自尊心と未来の中心にあると考えている人たちの集団として――彼の抱く感情は、徐々に周囲に広がっていった。パランティアがまさにそうで、彼らは高すぎる時価総額を正当化する方法を見つけようと必死になっていた。まるで、弱っているティールの心に呼応するかのように。そうすることで、弱気はさらに広がっていくのだった。

表向き、パランティアはティールにとってはサラブレッド的ユニコーンだった。彼の長期にわたる経済的成功と、聡明な未来派としての評判の鍵となる存在だったのだ。ビン・ラディンの居場所を突きとめた極秘のテクノロジー、そしてその設立者はアメリカを代表する著名な知識人というストーリーはよく知られており、尊敬を集めていた。2013年の終わり、パランティアは時価総額90億ドルの企業にして1億ドル以上の資金を調達した。これは当時最もホットだったスタートアップ、ウーバーの3倍の価値があることを意味する。

ティールが選んだパランティアのCEO、アレックス・カープは、自身の実力でビジネス界のセレブになりつつあった。その年の初め、〈フォーブス〉が少し大げさに彼をシリコンバレーのバッドボーイ的な存在として紹介し、彼が「いかがわしい」ナイトクラブ通いを自慢するような「社会から逸脱した哲学者」であり、折に触れ大麻を吸うことをはっきりほのめかす人物で、たまたま巨大なデータ企業を経営している、と書いた。

そこには有名な軍人からのコメントも載っていて、デイビッド・ペトレイアス大将はパランティアについて「既存のシステムを必要に応じて改良できる会社」と評価した。記事には、パランティアが膨大な数の顧客を抱え、その数はいまだに増え続けているとも書かれていた。パランティアは「スパイや特殊任務といった影の世界から姿を現し、アメリカのビジネス界に旋風を巻き起こした」と〈フォーブス〉は書き立てた。

パランティアの従業員の多くはこの記事を驚きをもって受けとめた。ＪＰモルガン・チェースは彼らの技術の導入をほぼやめてしまっていたからだ。実際、カープとインセプション・チームが取ってきた大口の企業取引は、ほとんどが決裂していた。「それは非常に不安定な状況でした」と、ヨーロッパで新たな事業部門を立ち上げるため２０１３年にパランティアに雇われたアルフレダス・ケミリアウスカスは言う。「われわれには売るものが何もありませんでしたから。絶望的な状況でした」。筆者がスペインの片田舎の自宅にいるケミリアウスカスに連絡をするまで、彼はその絶望的状況の結末について公に話したことはなかった。そして彼が筆者に語った話は、ティールが権力の座に昇りつめるストーリーの中でも、最も興味深い一章に光を当てることになる。ケンブリッジ・アナリティカのスキャンダルだ。

この英国のコンサルティング会社による、２０１６年米国大統領選挙の操作にパランティアがのめり込んでいくことになった背景には、この絶望的状況があった。パランティアの企業向けの主力製品、メトロポリスは、あるシニアエグゼクティブの言葉によれば「大惨事」だった。それはヘッジファンドマネージャーが、価格や過去の気候などのデータに基づいたモデルをつくれるように設計されたソフトだった。しかし、たとえばＪＰモルガンがこのソフトを使って担保価格を分析しようとした場合、パランティアはソフトを大幅に修正したうえで、単にプログラミングを維持するだけのために前線エンジニアの一大部隊をモルガンに送り込まねばならなかった。

シリコンバレーの製品開発者というよりは、コンサルタントのようだった。たとえば大企業のサプライチェーン用に原材料を追跡するため、メトロポリスをカスタマイズしようとすれば、さらに多くの修正が必要になった。このソフトは、カープのセールス能力に見合うようなものではなかったのだ。

パランティアの政府向けの製品はもう少しましだったが、同社はこのセクターでも悪戦苦闘していた。とりわけ、米陸軍内の最高意思決定者と、オバマ政権は厄介だった。確かにこのソフトウェアは諜報機関と少数の特殊部隊からは支持されていたが、軍の最大の支部でありパランティア最大の潜在的収入源でもある陸軍が、メインのデータベースソフトウェア、DCGSを廃止するそぶりはなかった。実際、陸軍参謀総長のレイモンド・オディエルノは、2013年の議会公聴会において、カリフォルニア州選出のパランティア支持の政治家ダンカン・ハンターが、陸軍はパランティアを導入しないことで前線の兵士を死なせているという内容の発言をしたことに、怒りを爆発させた。

「私が兵士の生命をないがしろにしていると言われるのには、もううんざりだ」と参謀総長は声を荒らげて言った。そしてDCGSは、彼が2003年に師団長としてイラクに配備されたとき以来、大幅な技術的改善がなされており、ハンターはそれを理解していないのではないかと反論した。ハンターが動揺したような表情を浮かべたこの場面は、防衛業界の中で拡散された。「オディエルノ、公聴会を騒がせる」と〈アーミー・タイムズ〉の見出しが躍り、陸軍長官ジョン・マクヒューはハンターの分析を「正しくない」と述べてオディエルノを擁護した。

「オディエルノの件があってから、将官連中の意見はがっちりまとまるようになった」と、パランティアの国防総省関連の仕事に関わっていた人物は言う。「あれで、流れは完全に変わってしまった」。その後、陸軍がDCGSの新しいバージョンの開発（約80億ドルの仕事だった）のため公開入札の準備をはじめた際には、パランティアのような商業用ベンダーからソフトウェアを買うのではなく、伝統的な防衛関連企業を採用したいという意向を示すようになった。

これはパランティアにとって大打撃だった。入札に応募することすら難しくなってしまったからだ。彼らはハンターを含む議会の味方たちを通じて軍に圧力をかけようとした。また、ティールの友人グレン・ベックが所有するメディア企業を通じて「Armed and Unaccountable（武装しつつ、責任は負わない）」というドキュメンタリー番組を放映し、政府がパランティアの製品を買おうとしないのは腐敗の証拠であると主張した。

これらの試みは、いずれもうまくいかなかった。パランティアの幹部たちは、政府の主要なソフト供給会社になる道をあきらめ、コンサルタント会社としてやり直す可能性を検討しはじめた。

２０１４年、カープは米国のビジネス業界から手を引き、パランティアのブランドおよびその欠点があまり知られていないヨーロッパに事業を移転することを決めた。そしてメトロポリスを捨ててそれに代わるソフトを一からつくるよう、エンジニア上層部に秘かに指示した。会社の情報分析能力とカープのカリスマ性の力を借りて、ゴッサム（情報機関向けに販売していたソフトウェア）をヨーロッパの大手製造企業に売り込むという計画だった。

アルフレダス・ケミリアウスカスが加わったのはちょうどこの頃だ。彼はカープやティール周辺の多くの人たちと同様、独特の思考を持っていた。共産主義時代のリトアニアで生まれた彼は１９９９年に大学で学ぶために西側に渡り、ティールと同様、２０００年代半ばにマクロヘッジファンドを立ち上げ、その後、経済学の博士課程で学んだ。政治的には不可知論者であり、ワイルドな髪型の、冒険心あふれる人物だ。彼はパランティアに入ってすぐ、ソフトウェアに欠陥がていることを見抜いたが、会社の社風を気に入った。特に情報分析を行う際の、スパイごっこをしているような雰囲気が好きだったのだ。

カープ特有の才能であるカジュアルな自由奔放さはヨーロッパではあまりウケなかった。米国とは違って、エグゼクティブはビジネス・パートナーにきちんとした格式を求め、カープがスポーツウェアを着て登場するのを面白がることはなかった。ケミリアウスカスがカープのすぐそばで一緒に仕事をするうち、彼らのやり方は社内で「チーム・悪党」と呼ばれるようになった。それはざっくり言って、時には倫理的な限界を超えることがあっても、やるべきことはやる、ということだった。

ティールがチーム・ローグという名前を知っていたとは思えないが、ケミリアウスカスによればパランティアの上層部は当然知っており、どちらにせよ、ケミリアウスカスはティール界隈の最も重要なルールどおりに行動する人物だった。必要とあらばルールは無視せよ。パランティアの評価を正当化するため彼がとった行動は、ペイパルがティールのリーダーシップのもと、起死回生を狙って活気づいた当時と同じ精神に基づいていた。

ヨーロッパの大手銀行が内規に従わないトレーダーを見つけるソフトのプロジェクト入札に参加した際、ケミリアウスカスのチームは銀行のＩＴ部門が従業員の電子メールを読めるツールを開発した。当初の依頼内容はトレーディングパターンの分析であってこうした情報収集ではなかったし、このツールは個人情報（たとえば誰と誰が寝ているか）を覗き見できるようになっていたため、プライバシー侵害に当たる恐れがあると彼は考えたが、クライアントはこれを気に入った。「私たちは、何でも、どんなことでも、やろうとしていました」と彼は回想する。パランティアはヨーロッパで初めての大口取引となるこの入札に勝利した。

言い換えれば、ケミリアウスカスは「速く動き、物事を壊し」ていた。そして壊していたのは、本人が想像していたよりもずっと大きなものだった。パランティアはＣＩＡと繋がりがあったため、クライアントは会社がスパイ防止活動の専門企業だと勘違いすることも多かった。そうした場合、パランティアは仕事を得るためなら勘違いをそのままにしておいた。「ケンブリッジ・アナリティカに関わる前から、もっと後ろ暗いことに手を染めていた」と彼は言う。

ケンブリッジ・アナリティカは、貴族の血を引く英国人アレクサンダー・ニックスによって設立された。ケミリアウスカスは２０１３年にニックスと出会った。高飛車な印象を与える社名だが、会社はケンブリッジ大学とはほぼまったく関係がなかった（実際、オフィスはロンドンにあった）。しかし、フェイスブックの個人データを使って人々の性格タイプを割り出すという仕組みを、ケンブリッジ大学で開発されたものとして売り込もうというのがニックスの計画だった。

彼はスティーブ・バノンや超保守派のマーサー一族（クオンツ・ヘッジファンドで大金持ちになったボブと、その娘レベッカが有名）から資金を集めた。マーサー家はバノンのニュースサイト、〈ブライトバート〉の支援者であり、フェイスブックのデータを選挙政治に利用するというニックスのアイデアに投資したのだ。うまくいけば支援する候補陣営が人々のソーシャルネットワーク上のプロフィールをスキャンして誰に投票しそうかを予測し、投票所に行くよう広告を送りつけることができる。

ニックスはパランティアの仕組みをモデルにしていると言ったため、パランティアのソフトウェアがカープのセールス能力に見合うほどのものではないことを知っていたケミリアウスカスは、ケンブリッジ・アナリティカとは基本的には詐欺なのではないかと即座に疑った。しかしニックスがパランティアを称賛する様子に興味を引かれ、彼と近づきになることにした。一部は好奇心から、そして一部はケンブリッジ・アナリティカがいつかクライアントになることがあるかもしれないと考えてそうした、という。確かに、両社は２０１３年と２０１４年に提携の可能性について話し合ったが、パランティア側が断った。のちにスポークスウーマンが語ったところによると、パランティアが政治活動に関わるのを嫌ったためだという。

そんな中でも、ケミリアウスカスは２０１４年には、ケンブリッジ・アナリティカが必要と考えるデータを効率良く取得する方法をニックスに対し提案するようになった。フェイスブックは外部のマーケッターにデータは売らないと明言していた。ザッカーバーグは断固とした原則があってそうしていると言っていたが、実際にはデータを自分たちだけのものにしておくことで、広告主にフェイスブックに広告を出すことの価値をアピールしたかったという部分もあるだろう。

ニックスの計画は、ケンブリッジ大学教授、ミハル・コジンスキーとデイビッド・スティルウェルがフェイスブックから合法的に収集したデータ（フェイスブックは、研究目的でのデータ収集は許可していた）を買うか、ライセンス化するというものだった。しかし、教授たちが50万ドルに加え、ケンブリッジ・アナリティカの今後の収益の半分を要求すると、ニックスはそんな金は払いたくないと考えた。

ケミリアウスカスは代替案を出した。フェイスブックのようなアプリを新しくつくって、フェイスブックのユーザーおよびその友だちの個人情報を収集できるようにしたらどうだろう？　それから数ヵ月の間、ニックスはケミリアウスカスの提案を採り入れ、実行した。コジンスキーのデータを買う代わりに、アレクサンダー・コーガンという別の研究者に金を出して、フェイスブックから8700万人分のアメリカ人のデータを収集させた。最終的にはドナルド・トランプの支持者を抽出し、約1億ドルもの金額を投入して彼らのフェイスブックに広告を送り、寄付と票を集めるのが狙いだった。

ケンブリッジ・アナリティカのスキャンダルは何年もの間、表沙汰にならず、内部告発者によって彼らが〈ニューヨーク・タイムズ〉とロンドンの〈オブザーバー〉紙に行ったことが暴露されて初めて表面化した。フェイスブックから取得したデータがトランプを勝たせた可能性があるという告発は、とりわけ民主党支持者からの激しい非難を呼び起こし、ザッカーバーグへの批判が殺到した。

フェイスブックの設立者は、自分の会社は個人データを盗まれた多数のアメリカ人たちと同じくケンブリッジ・アナリティカの被害者であると主張したが、フェイスブックの役員がこのスキャンダルに関係していることが明らかになると、もはや説得力はなくなった。

ケンブリッジ・アナリティカの元従業員で内部告発者となったクリストファー・ワイリーが、ケンブリッジ・アナリティカのオフィスでパランティアのエンジニアたちを見たと言い、彼らは社内のログインIDを与えられ、フェイスブックのユーザーからより多くの個人データを取得すべく、コーガンをサポートして追加のアプリを製作していたと証言した。もしフェイスブックがケンブリッジ・アナリティカの自発的な共犯者ではなく被害者なのだとしたら、なぜケンブリッジはザッカーバーグのメンターが運営する会社と協同しようとしたのだろう？

ケミリアウスカスは結局解雇され、パランティアは彼が「完全に個人的な立場で」動いていた悪党だったと釈明した。

これらの出来事はいずれも、パランティアの根本的な問題を解決するものではなかった。2016年に入る頃には、会社が、ひいてはティールが苦境に陥っていることがマスコミの知るところとなった。5月6日、〈バズフィード〉は、同社の主要な企業クライアントたちが契約を切ったと報じた。最近取引をやめた企業の中には、アメリカン・エキスプレス、コカ・コーラ、ナスダックなどが含まれていた。

この頃、ティールは秘かに大手データベース・プロバイダーのオラクルに会社を売却しようとしていた。ティールとオラクルの共同創立者ラリー・エリソンの両方と親しかったハリウッドの大物、マイケル・オーヴィッツが仲介者役を務めた。

3人の男たちと投資家のマーク・アブラモウィッツはランチをともにしたが、結局売却案は不成立に終わった。そして大統領選挙が熱を帯びてくるにつれ、ティールは自分の富が守られることを保障してくれ、さらにパランティアがつくっているソフトウェアを買ってくれる候補が何としても必要になっていた。候補者たち、カーリー・フィオリーナ、テッド・クルーズ、ランド・ポール、そしてワイルドカードのドナルド・トランプの中で、ティールが考える反動主義的な思想と完全に一致する者はいなかった。しかし彼はここ10年間の間に、社交的、政治的な人脈とともに、喜んで彼を助けてくれる極右の政治的同志のネットワークも築き上げていた。今こそがそのネットワークを使うチャンスだった。

# 15

Out for Trump

# トランプ支援の真相

2016年大統領選挙の共和党候補者指名において、ティールは当初カーリー・フィオリーナに賭けていた。知名度の高いテック業界のエグゼクティブで、AT&Tから分社独立したルーセント・テクノロジーズのシニア・エグゼクティブだった1988年には「最もパワフルな女性」として〈フォーチュン〉誌の表紙を飾り、のちにヒューレット・パッカードのCEOに就任した人物だ。「あのいまいましいアルゴリズムってやつを理解している唯一の候補者が彼女だった」とスティーブ・バノンは言った。「それが彼の魂に響いたんだろう」

しかし、ティールはフィオリーナに完全に入れ込んでいたわけではなかった。2005年、ちょうどコンピュータ業界が縮小しはじめた頃にフィオリーナはHPによるコンパック買収を押し進め、それが失敗すると、彼女のビジネスキャリアも悲惨な形で終わりを迎えた。この合併は現在、多くの人から現代史上最悪のビジネス取引のひとつとみなされており、結果として数回のレイオフを引き起こした。

合計3万人近くの人が職を失い、自らもその一人となったフィオリーナはその後、保守本流の共和党員として起死回生を図った。つまり、彼女は貿易や移民といった政策においてはティールよりもはるかに左寄りだったのだ。「彼はカーリーが勝つなどと思ってはいなかった」と友人は言う。彼女を支援することは「『私はどこの派閥にも所属していない』と示すためだった」

2015年8月、ティールはフィオリーナの政治資金団体(スーパーPAC)に200万ドルを寄付して大口の広告を打つことに貢献し、彼女の強力なディベート力も相まって、世論調査での支持率は一瞬上昇を見せた。9月には、フィオリーナは二人の華やかな候補者、トランプと脳神経外科医ベン・カーソンを追う3位につけていた。ほんの一瞬、共和党エスタブリッシュメント層の支持を集めるのは彼女になるかと思われた。9月中旬、苛立ったトランプが〈ローリング・ストーン〉誌で彼女の外見について性差別的な発言をすると、フィオリーナの支持率は最高点に達した。「あの顔を見てみろ！」とトランプは叫んだ。「あの顔に誰が投票するって言うんだ？」

しかし9月下旬、トランプが女性差別発言を控え、フィオリーナのビジネスマンとしての実績に矛先を向け、それを「大惨事」と呼ぶようになると、彼女の支持率は下がっていった。マスコミがコンパック合併について調べ上げ、トランプの言葉は裏打ちされた。このとき、ティールは彼女が釈明し反論する手助けができたはずだ。フィオリーナが合併をしくじった当時は、テック業界全体が惨憺たる状態で、ペイパルだって危機的状況に陥ったのだから。

ティールは当時の状況について証言し、彼女を擁護できる立場にあった。しかし、何もしなかった。追加の寄付を行うことも、フィオリーナのために発言することもなかった。結果、アイオワ州党員集会での彼女の支持率は2％、ニューハンプシャー州で4％にしか届かなかった。

フィオリーナが撤退を表明すると、候補者レースは即座に3人に絞られた。オハイオ州知事で中道のジョン・ケーシック、トランプ、そしてテッド・クルーズだ。ティールは2012年の上院議員選挙でクルーズを支持し、寄付を行った過去がある。ティールは、自身と同様エリート層との関係に矛盾を抱えるクルーズをリスペクトしていた。クルーズはティールと同じく、アイビーリーグのポピュリスト的存在で、プリンストン大学在学中はリベラル・エリートと一般アメリカ人という階級間の争いを肌で感じ、ティールと同じく、その後トップクラスのロースクールに進んだ人物だ。

2014年、ティールは〈デイリー・コーラー〉のインタビューでクルーズを称賛し、彼は「議会の反対側の人々と比べてややIQが低い」典型的な共和党議員とは一線を画している、と持ち上げた。つまり、次に支持する候補者がクルーズになるのは当然の流れだった。

フィオリーナが2月11日に撤退を表明した後、ティールとチャールズ・ジョンソンは、投資家でありクルーズの政治資金担当者でもあるハル・ランバートとダラスで夕食をともにした。ティールはクルーズがネバー・トランプ派の票を集約して共和党主流派層の支持を獲得し、大統領候補者指名を得ることを期待して彼に100万ドルを寄付するつもりだと、周囲の人たちに伝えていた。しかし、夕食が終わっても、ティールは支持を表明する動きを見せなかった。

「何を考えている?」。支持の確約を得られないままランバートが去った後、酒を飲みながらジョンソンは尋ねた。

オバマ大統領が労働者階級の白人有権者について語った悪名高いコメントのことを考えていた、とティールは答えた。オバマは、2008年サンフランシスコで行われた資金集めの集会でこう述べていた。「たとえばペンシルベニア州のとある小さな町にやってくる。中西部の数多くの小さな町と同様、ここも25年前から仕事がない。なくなった仕事に代わるものもない。そして、人は苦しくなると欲求不満のはけ口として銃や宗教にしがみついたり、自分とは違っている人たちを憎んだり、反移民や反貿易の感情を抱いたりするようになる」

驚いたことに、ティールはオバマのこの分析には同意見だった。銃や宗教にしがみつくという部分ではなく、グローバリゼーションに対する超党派のコンセンサスという感覚は失敗に終わったという点にだ。アメリカ人は、国の貿易と移民政策に腹を立てている、とオバマは言った。なぜならそれによって自分たちが以前より貧しくなってしまったからだ、という見解も正しい。そして彼らは、情報のグローバリゼーションにも腹を立てていた。自分たちの文化が、大手インターネット企業に操られるようになってしまったからだ。

国境を越えて金を動かすことでキャリアを築いてきた移民のテック起業家にとっては、自分で自分を否定しているともとれるほどの強烈な告白に思われるが、ティールはそんなことはどうでも良かった。

「これからの政治はグローバリゼーションが焦点となってくる」と彼はジョンソンに言った。「つまりトランプが勝つ」

ティールはトランプを公に支持するつもりはまだなかったが、ジョンソンにお願いがあると言った。共和党全国大会にトランプの選挙代理人の一人として出席できるよう、取り計らってもらえないだろうか？

ティールはトランプが特に「好き」だと思ったことはなかった。彼らは、ほぼすべての点において正反対だった。思ったことを何でも口に出してしまう好色なニューヨーカーのトランプ。3つの国を渡り歩き、準備され確認された言葉しか口にしないティール。クルーズの知性を称賛した〈デイリー・コーラー〉のコラムの中で、ティールはトランプを「ニューヨークのだめなところすべてを象徴するような人物」と切り捨てている。

それでもなお、トランプは多くの点において、ティールが追求していた政治プロジェクトを完璧に具現化できる存在だった。彼はロン・ポールと同様、不法移民への極端に厳しい取り締まりを支持していた。彼の陣営は、2012年のポールの選挙陣営と同様、出生地主義の市民権の撤廃と国境警備の強化を主張していた。さらにトランプは、ポールと同じく、白人至上主義を嫌っていなかった。彼が1980年代、90年代のニューヨークで人種について発言した内容は、同時期にポールがニュースレターに書いていた見解とほぼ一致する。そして何よりも重要なことは、トランプがポールと同じく、「この選挙戦で誰よりもクレイジーなやつ」という役割を完璧に演じられることだった。彼は言ってはならないことを進んで口に出す候補であり、それゆえにティールは彼を愛するのだ。「それは心の繋がりと言ってもいいような感じだった」とジョンソンは言う。「彼はトランプは特別な存在だと考えていた」

この不動産王は、まさにティールが政治に足を踏み入れるきっかけとなった問題を掲げて、立候補に乗り出していた。リベラルなポリティカル・コレクトネスがもたらした大惨事だ。「われわれはこの国を正さねばならない」共和党の大統領候補者指名が迫ってきた頃、トランプは〈ミート・ザ・プレス〉に語っている。「この国を再び偉大にしなければならない。そのためにはエネルギーと熱意が必要だ。そしてこのポリティカル・コレクトネスというやつは、この国を完全にだめにしている。誰も、何も発言できない。何を言ってもやつらは、それが正しくない理由を探し出してくるんだ」

ティールは、秘かにトランプに近づこうとしている間も、ゴーカーの件の進捗をチェックすることは忘れなかった。裁判はほんの数週間先に迫っていた。ホーガンの弁護士チームは幸運をつかんでいた。事件は連邦判事に却下されたため、彼は州裁判所でゴーカーを訴えた。つまり裁判は、ホーガンが住むタンパベイ地域で行われる。

担当の判事、パメラ・キャンベルはホーガンに同情的であると見られ、メディアによる報道合戦に悪印象を抱くタイプでもまったくなかった。全米を騒がせたテリー・スキアーボ裁判（脳死宣告をされたスキアーボの栄養チューブを抜くよう希望した夫に対し、両親がそれを阻止する裁判を起こした）では、両親側の弁護士を務めたこともある。裁判が行われる場所、そして陪審員の中には「ハルクマニア」が複数いることが確実であることから、ホーガンの弁護団はサディスティックなニューヨークのメディア会社が地元のヒーローに無実の罪を着せたという流れになることを確信していた。

ゴーカー編集者のとある発言によって、裁判はいっそうホーガン側に有利になった。宣誓供述の最中、ゴーカーの元編集者A・J・ダウレリオが皮肉を込めて、小児相手のセックステープを公開することだってできたと発言したのだ。ニック・デントンは、セックステープを公開したのはホーガンの「人間味のある一面」を伝え彼を肯定的に扱うためだったと主張し、口先だけの言い訳をする、反省の態度が見られない人間だという印象を与えていた。この発言を受けてホーガン側の弁護士は、ゴーカーが「従順なフェラ」と呼んだ当該性行為の詳細記事を読み上げるようデントンに要請した。「最も人間味のあるトーンで読んでください」とホーガンの弁護士は述べた。デントンは要請に従い、法廷で記事を読み上げた。それは裁判中の劇的な出来事だった。

ホーガンの事件が秘かに資金援助を受けていることをゴーカーが証明できていたら、潰されずに済んだかもしれない。実際、彼らは証明できる直前まで行っていた。1月、危機管理作戦のために雇われたデイビッド・ゴールディンは、タンパに人脈がある地元の弁護士からの噂話をつかんだ。情報源によると、ハルク・ホーガンの裁判は、息子が同性愛者であることをゴーカーに勝手に暴露されたビリオネアが裏で資金援助をしているという。

ゴーカー編集長のジョン・クックと記者のJ・K・トロッターは死に物狂いでサイトのアーカイブを探し回った。条件にぴったり合うビリオネアを見つけることはできなかったが、可能性がある人物は数名浮かび上がってきた。最も可能性が高いと思われたのは、ヘッジファンドマネージャーのピーター・ブラントだった。彼の息子ピーター・ブラントⅡ世は同性愛者で、18歳のときに母親でスーパーモデルのステファニー・シーモアにキスしているパパラッチショットがゴーカーに掲載された際、父親から怒りの手紙が送られてきたことがあった。

それより少し確率が低い二番手がピーター・ティールだった。彼はビリオネアの息子ではなかったが、同性愛者のビリオネアで、ゴーカーを憎んでいることは明らかだった。3月に裁判が開始された時点で分かったのはそこまでであり、疑惑を公開するには証拠不十分だった。

法廷では、ゴーカーにチャンスは訪れなかった。ハーダー率いるホーガンの弁護団は、狡猾かつ下品な主張を展開した。ホーガンが過去に自分の性生活について話した際――ラジオのインタビューでは自分のペニスの長さを自慢し、〈TMZ〉のインタビューでは動画の公開を笑い飛ばしている――彼はハルクという、筋肉ムキムキで性的アピールムンムンの「キャラクター」を演じてそのような発言をしたのだ、とハーダーは述べた。ええ、おそらくハルク・ホーガンにはニュース価値があるのでしょう、とハーダーは認めた。しかし同時にゴーカーは、ハルク・ホーガン役を演じる一個人のプライバシーを侵害したことにもなるのです、と彼は指摘した。「テリー・ボレアのペニスは25センチもありません」と元レスラーは陪審員の前で述べた。裁判中、最も現実離れした瞬間のひとつだった。

裁判がはじまると、弁護士でメディア起業家でもあるダン・エイブラムスが「ゴーカー嫌い」がホーガンの弁護士費用を支払っているらしいという憶測をブログに投稿した。そして裁判が終了した後、ゴーカーの営業チームの一人は、最近フェイスブック社のパーティに参加した友人からティールがホーガンを支援していたと聞かされた、と報告した。奇妙なことに、ティールはそれを単なるついでのように話していたという。まるで誰もがすでに知っている事実であるかのように。

結局、ゴーカーはホーガンに1億1500万ドルを支払うこと。さらに損害賠償金2500万ドルが追加されるという判決が下された。ゴーカーは6月に破産を申請したが、サイトはまだ運営されており、デントンは判決に対して上訴する計画を発表した。ジョンソンは形勢有利のままどんどん行こうとティールを促し、ハーダーは攻撃を続けた。もはや支援者がいるという秘密をあまり気にすることなく、彼はホーガンよりもずっと非同情的な何名かのクライアントに代わって、名誉毀損の申し立て手続きをはじめた。

そのうちの一人は、フリーランスのジャーナリスト、アシュリー・テリルだ。彼女は出会い系サイト、ティンダーとの争いについてゴーカーが書いた記事が中傷に当たるとして訴えた。その内容はめちゃくちゃなもので、事件とはほとんど関係がないと思われる一般的な不平不満や苦情も含まれていた。

もう一人は、起業家シヴァ・アヤドゥライだ。彼は1978年に電子メールを発明したと言っているが、歴史学者のほとんどは電子回路を使ったメッセージの送信はその何年も前から行われていたと考えている。どちらも、編集長クックとゴーカーの若手ライター、サム・ビドル（ティールの仲間やオルト・ライトのメンバーを頻繁に批判していた）を名指しで訴えている。アヤドゥライは、ビドルが不安とうつ病について書いた個人的なエッセイを読み、彼を信用できない麻薬乱用者だと考えている。そういう皮肉に満ちたエッセイはまさにゴーカーが得意とするところで、この若き従業員にもそれが受け継がれていたのだろう。

5月9日、トランプ陣営はカリフォルニアの共和党予備選挙における選挙代理人名簿を提出した。カリフォルニアの第3議会地区にリストアップされた3名の中に、ピーター・ティールの名があった。マスコミは困惑し、シーステディングや20歳未満の20人といったティールの今までの逆張り行動と今回のトランプ支持とを無理やり結びつける記事が紙面をにぎわせた。しかしこれは2週間後に起こったことの前触れに過ぎなかった。

〈ニューヨーク・タイムズ〉のアンドリュー・ロス・ソーキンによるインタビューで、デントンがゴーカー事件の裏にはシリコンバレーのビリオネアがいたと思うと語ったのだ。ティールの親しい友人たちがついに事実を暴露しはじめたのは、ソーキンのこの記事がきっかけかもしれない。記事が出た翌日、ライアン・マックとマット・ドレンジが、あれはティールだったと〈フォーブズ〉で明らかにしたのだ。

その後ティールは自分からソーキンに電話をかけて事実を話し、翌日そのインタビュー記事が掲載された。ソーキンのコラムでティールは、判決後にしたのと同じようなコメントをした。ネガティブな記事を書かれたことで小さなメディア会社を潰そうとしたのは、支配者のおごりからではない、公共心からだ、と主張したのだ。彼はマスコミを攻撃しようとしたのではなく、悪い芽を取り除くことによってマスコミの役に立とうとしたのだと。「私はジャーナリストをリスペクトしているからこそ、私がゴーカーに反撃したぐらいで彼らの立場が危険にさらされるとは思っていない」と彼は言った。「これは復讐などではなく、特定の抑止力を行使しただけなんだ」

ティールがトランプ支持者であること、そして10年という年月をかけてひとつのメディア会社を潰す計画を裏で操っていたことへのメディアの反響は激しかった。

非難の声をあげたのはマスコミだけではなかった。IT系メディア、リコードの毎年恒例のカンファレンスにおいて、ジェフ・ベゾスはティールが行った類の裏で手を回す訴訟は違法とされるべきだと述べた。「公人としての自分について気に食わないことを書かれた場合の最善の策は、ツラの皮を厚くすることだ」と彼は言った。「書くのをやめさせることはできないんだから」

ティールに注目が集まったことにより、彼とオルト・ライトとの繋がりも表面化しつつあった。その年の初め、彼はトルコのProperty and Freedom Societyという団体が主催する会議で「企業独占」について話すことになっていた。彼がゴーカー訴訟の後援者だったことが明るみに出ると、南部貧困法律センターは、トルコのその会議がリチャード・スペンサーを含む白人至上主義者の集まりであることを指摘した。翌月、ティールはイベント参加を辞退した。

ジョンソンはまだ舞台裏で動いており、ティールがこの騒動から少しでもメリットを享受できるよう努めていた。たとえば、ティールがゴーカーを成敗したことに感謝するメッセージをツイッターにあげたところ、右翼活動家のネットワークを中心にたちまち広がり、Thank You Peterというハッシュタグがトレンド入りした。またジョンソン自身のクラウドファンディング会社WeSearchrを使い、デントンが犯罪を犯した証拠を暴き、彼を刑務所に送り込むキャンペーンのための資金を募った。

WeSearchr のサイトにはデントンが囚人服を着て牢屋に入っているイラストが描かれ、キャンペーンには5万ドルの資金が集まった（その大半はジョンソンが出した金だった）。極右政治という後ろ暗い世界の外にいる人々は、ティールがオルト・ライトに資金支援をしていることなど知る由もなかったので、マスコミはこれを草の根の蜂起と誤解した。〈Quillette〉（ジョンソンによれば、ティールが秘かに金を出している雑誌だそうだ）はハッシュタグがトレンド入りしたことを「普通の人たち」がティールの味方だという証拠だと述べた。ジョンソンの情報操作はうまくいったのだ。〈ブライトバート〉や〈フォーチュン〉も同様のやり方で主張を展開するようになった。

ティールとの繋がりはこの時点ではまだ内密にされていたが、ジョンソンは少しぐらいなら自分が露出しても大丈夫だろうと考えた。そこで〈デイリー・コーラー〉のタッカー・カールソンによるインタビューに応じ、自分は「和解」を申し出ているのだと述べた。そしてデントンがひどい記事を書いたすべての被害者によるエッセイを掲載したら、彼に対する訴訟を取り下げると語った。「彼はピーター・ティールに会わせろと言っているらしい」とジョンソンは言った。「私のほうは、いつだってピーターに会うことができるけどね」

それは不思議なコメントだった。デントンは公にティールとの面会に言及したことがなかったからだ。しかし実際には、二人はその月の後半に会う予定になっていた。ティールのペイパル時代の同僚であり今も Yelp を運営しているジェレミー・ストップルマンはデントンとも親しく、彼が仲介役となって実現したミーティングだった。ストップルマンは二人の男に対し、和解を模索し裁判の継続による様々ないざこざを回避するよう説得した。

和解を提案する理由は明白だった。ティールが訴訟の支援をやめればデントンは財政上救済され、何らかの形でゴーカーを存続させることができる。一方、ティールは情けを見せることによって彼が主張する「世のため人のため」を（現実にはメディア会社をひとつ潰すことなしに）実現させることができる。ウィンウィンじゃないか。

しかし実際は、二人の面談中、およびそれに続く数ヵ月間にわたり、ティールは自分の優位性を強調し続け、自分はゴーカーのビジネス存続にも、デントンの尊厳をほんの少し保つことにも、まったく興味がないことを明確にした。彼はゴーカーがこの世から抹殺されることを望み、ニック・デントンが一文無しになることを望んだのだった。

この時点でゴーカーは破産を申請していたが、主力のウェブサイトは記事の掲載を続けていた。デントンは会社が所有していた他のサイトを売りに出し、フロリダの裁判所に控訴するつもりだった。しかしティールの意志がデントンのそれに打ち勝ち、8月上旬に彼は自己破産に追い込まれた。

3週間後、50歳の誕生日を目前に控えた彼はゴーカー最後の投稿をアップした。「ピーター・ティールは、自分に都合の良い言葉で論点をずらすことで、単なるけちな復讐行為を正当化したに過ぎない」とデントンは指摘した。そしてティールをニューエリート層の一員と呼んだ。「独占的利益を享受するテック貴族」のこのグループは「他の支配階級と同じように批判に敏感なだけでなく、政府からマスコミに至るまで相手が誰であろうと関係なく、あらゆることを修正させ、口をはさむことができると思っている」

デントンはのちに自己破産を脱するが、それもゴーカーが控訴を取り下げ、会社からホーガンに3100万ドルと、デントンからもいくらか支払うのに合意した後のことだった。アシュリー・テリルは50万ドル、シヴァ・アヤドゥライは75万ドル、ジョンソンは80万ドルほどを手に入れた。11月、和解内容を説明するブログ投稿の中でデントンは、控訴を取り下げたのはティールが決して引き下がることはないと明言したためだと説明した。ティールの妥協を許さない姿勢と無限の資金力をもってすれば、デントンが訴訟を続けるためにさらなる資金を調達することは不可能だった。こうしてこの件は終わりを迎えた。ティールは大手メディア会社のオーナーを潰しに行き、成功したのだ。

ピーターはいったいどうしてしまったのだろう？　親しい友人たちは訝しんだ。彼は突然、世界中を相手に喧嘩を吹っかけはじめたのだ。ゴーカーの裁判に対する頑なな姿勢、トランプへの支持、そしてオルト・ライトとの関係を隠さなくなってきたこと。

「ピーター・ティールがトランプを支持しているという記事を読むたびに、ついカレンダーに目をやってしまうんだ」とマックス・レヴチンは言う。「今日は4月1日だったかなと思ってね」

しかし、ヘッジファンド時代からティールを知る人たちはそこまでのショックは受けていなかった。ティールには、たぶん、自分たちが知らない思惑があるんだろう。

その夏、〈ブルームバーグ〉のリゼット・チャップマンと筆者は、ティールの2016年大統領選への取り組み方の裏にあるものを探ろうと、彼の友人や元同僚と連絡を取りはじめた。そして、ティールはトランプへの支持をローリスクハイリターンの賭けと見ているという結論に達した。賭けに勝てば、スペースXやパランティアが政府の仕事をもらいやすくなる。フェイスブックもグーグルのようにホワイトハウスとお近づきになれるだろう。「あれは私がしてきた中で最も逆張り度の低い賭けだった」とティールはのちに冗談を言った。

もちろん、彼はヘッジなしに何かをすることはめったになかったし、中でもパランティアは、万が一ティールが読みを外してトランプが負けた場合の代替案が必要だった。同社はヨーロッパにおけるソフトウェア販売にいまだ苦心しており、200億ドルというさらに高い評価額を得て追加の資金調達を行うことはできたものの、陸軍との契約は進捗していなかった。

ティールはパランティアの経営見通しについて非常に悲観的で、ファウンダーズ・ファンドによる評価額は200億ドルという公の数字より40％も低かった。政府担当の従業員もまた必死だった。彼らは、社内で「トロイの木馬」と呼ばれた戦略を考え出した。パランティアは陸軍の幹部たちとの関係を修復し、80億ドルのDCGS契約を獲得した企業の下請け会社になれるよう努力する。そして後日、何らかの手を使って親会社の契約を自分のものにする、という計画だった。

しかし6月下旬（ティールがゴーカーに対する訴訟を支援していたことを認め、トランプ支持に切り替えてからほんの1ヵ月後）、ティールの会社は防衛業界に衝撃を与える行動に出た。米国陸軍を訴えたのだ。それは、ゴーカーに対する訴訟がメディア業界に与えたのと同じくらいの衝撃だった。

パランティア側の弁護士で有力法律事務所ボーイズ・シラー・アンド・フレクサー所属のハミッシュ・ヒュームは訴状の中で、陸軍は大規模なソフトウェア契約の入札からパランティアを除外したことで、連邦政府の過剰支出を防ぐため1994年に制定された法律に違反していると主張した。国防総省がトイレの便座をひとつ600ドルで購入していたことへの批判を受けて制定されたその法律によれば、陸軍は防衛関連企業から提案された高価格の商品をそのまま購入するのではなく、可能な限り安価な商品の検討に努めなければならない。情報支援システムとしてDCGSを指定した時点で、陸軍はパランティアの商品を締め出している、という言い分だった。

陸軍のみならず、防衛業界全体が仰天した。防衛企業は普通、役人に媚びへつらうものだ。それが時には一線を超えて、賄賂になってしまうほどに。パランティアはそこまでしたことはなかったが、カープを中心に、自分たちなりのオタクっぽいやり方で媚びる努力はしていた。それが今、顧客に対して攻撃をはじめたのだ。

この行動は陸軍を驚愕させたが、ティール界隈にとっては驚くことではなかった。2年前、スペースX（イーロン・マスクが設立し、ティールが投資をしているロケット企業）が同じ手を使って成功していたからだ。スペースXは、空軍が競合他社ユナイテッド・ローンチ・アライアンス（ULA）との契約を決めると、空軍相手に訴訟を起こした。「誰もが『未来の顧客であるNASAを訴えたりしたら、彼らは二度とあなたとは仕事しないよ』と言った」とマスクは回想する。「だからこう言ったんだ。『オーケー、われわれが「訴えなかったら」彼らは間違いなくわれわれと仕事なんかしない。訴訟を起こして勝てば、ほんのわずかだけどチャンスはある』ってね。つまり可能性ゼロ対可能性わずか、という状況だった」。マスクは訴訟を起こすとともに議会に現れてULAはロシア製のエンジンを使用していると述べた。空軍は態度を翻してスペースXが入札に参加することに同意し、同社の株価は急上昇した。

パランティアは同じ試みをした。訴状には、パランティアがご機嫌をとってきた中堅司令官の長々とした証言や、同社を支持するマイケル・フリンのメモからの引用なども含まれていた。さらに、パランティアの政府向け主力商品、ゴッサムを称賛する記事を陸軍がもみ消したとも書かれていた。パランティアはDCGSの入札を停止し最初からやり直すよう、連邦判事に訴えた。

この件にたずさわった人によると、この訴訟は「計算されたリスク」だった。また、11月の選挙結果がどうであろうと、ティールが勝ち組に残るための潜在的なヘッジとしても機能していた。トランプが勝って陸軍を混乱に陥れるのも結構。しかしたとえ彼が負けたとしても、パランティアが同じことをしてやる。

7月中旬にクリーブランドで開催された共和党全国大会は、異様な雰囲気に包まれていた。トランプはやすやすと指名を勝ち取ったが、共和党エリート層の大部分を侮辱することによって勝てたという部分がある。最後まで争ったケーシックとクルーズは、彼を支持する気はさらさらないことを表明していた。トランプはまた、ジョージ・W・ブッシュ元大統領や、以前の候補者ミット・ロムニー、ジョン・マケインのことも繰り返し嘲笑していた。過去の候補者たちは大会に顔を見せることすらなかった。

ビジネスコミュニティの主流派たちもトランプとは距離を置いていた。アメリカの100大企業のCEOの中でトランプ支持を表明した者はただの一人もおらず、長年共和党に寄付を続けてきた党員の多くも、今回ばかりは支持を断った。イーベイ時代にティールとやりあったメグ・ホイットマンなどは、公然とトランプを批判していた。

中でもシリコンバレーは特に反トランプだった。ザッカーバーグはティールから習得した意図的な曖昧さをただよわせながらも、トランプを批判した。4月、トランプが米国とメキシコの国境に壁をつくると発言したのを受け、ザッカーバーグは、「われわれは壁をつくる代わりに、人々の間に橋を架けていきたい」と述べた。6月、国内に巨大な生産拠点を持ち、トランプの経済的ナショナリズムの恩恵を受けることに意気揚々としていたインテルの当時のCEOブライアン・クルザニッチは、トランプおよびテック業界のエグゼクティブたちを自宅に招待する計画を立てていたが、そのニュースがリークされると直前にイベントをキャンセルした。

クリーブランド会場の空白を埋めていたのは、トランプの近親者たち、およびバノンが「有象無象の」と筆者に語った雑多な支持者たちだった。その中には反移民で有名なアリゾナの保安官で、最近レイシャルプロファイリング（犯罪捜査を故意に特定の人種に絞って行うこと）で法廷侮辱罪に問われたジョー・アルパイオ、1990年代に下着モデルとして活躍したアントニオ・サバト・ジュニア、テレビドラマ「ハッピーデイズ」のチャチ役として知られるスコット・バイオなどがいた。

クリーブランドにも会社経営者はいるにはいるはずだが、その顔ぶれはぱっとしなかった。リアリティ番組「ダック・ダイナスティ」で有名になった狩猟用品会社の創設者、ウィリー・ロバートソン。総合格闘技界の大物ダナ・ホワイト。ラスベガスのサーカス・サーカスのオーナー、フィル・ラフィン、そしてトランプをポール・マナフォートに紹介した不動産王トーマス・バラック。これらの男たちの誰一人として、トランプが約束するアメリカ製造業の復興を牽引する人物には見えなかった。

「そういう」人たちのほとんどはヒラリー・クリントンに投票するか、今回は投票を見送る予定なのだ。大会のほんの数日前、150人ほどの著名なテック・エグゼクティブおよび投資家のグループがトランプに公開状を送り、彼の「怒り、偏見、新しいアイデアや新しい人々に対する恐れ、そしてアメリカが弱体化し衰退しているという基本的な信念」を非難した。

もちろん、アメリカが弱体化し衰退しているというのは、ティールが何年も前から唱え続けてきたことだ。トランプの基本的なメッセージに同意するバレーのCEOはティールだけではなかったが、公にそれを口にするのは彼だけだった。トランプの内部関係者によれば、それがティールのサポートを非常に価値のあるものにし、だからこそ大会主催者は彼にスピーチを依頼した。

ティールはビジネス・セレブリティだったが、トランプの取り巻きに非常にありがちな媚びへつらう様子は微塵もなかった。「トランプワールドは、成り上がってやろうと思っている人だらけだったが、外の世界でまともな実績がある人はほとんどいなかった」とバノンは説明する。「アイビーリーグの大学を出た人はほとんどおらず、企業や金融業界での実績がある人はもっと少なかった。ティールがそういうブレインたちをトランプ陣営に連れてきてくれた」

トランプが大統領候補指名を正式に受諾する木曜日の夜、ティールのスピーチはゴールデンタイムに設定された。彼の前にはジェリー・ファルウェル・ジュニア（リバティ大学学長）、すぐ後にはトーマス・バラックが控えていた。テック業界の大物と不動産王がトランプの主要なメッセージを力説する。すなわちビジネスで成功した彼こそ、大統領にふさわしい。その後すぐにイバンカ・トランプが続き、最後に大統領候補自身が登場する、というシナリオだった。

ティールのスピーチは、自らをトランプ同様「築く者」だと述べるところからはじまった。そこから、彼らしくないことだが、個人的な話をした。自分の両親クラウスとスザンネについて語り、二人は彼が今聴衆を前に立つまさにこの地に移民として来たのだと言った。「彼らがここにやってきたとき、私はまだ1歳でした」と彼はクリーブランドについて語った。「この場所で、私はアメリカ人になったのです」

カメラはドナルド・トランプ・ジュニアと当時の妻ヴァネッサ、そしてティファニー・トランプが座る観客席を映し出した。彼らは落ち着きなくたがいに身を乗り出しておしゃべりに興じ、ティールが米国のテクノロジー産業の現状を痛烈に批判するのを大して聞いてはいないように見えた。スピーチをちゃんと聞いていた人、そして彼の著作の愛読者にとっては、このテーマは身近なものだった。米国は1980年代のどこかで道を見失ってしまい、もはや未来を実現させるという野心を持たない、と彼は述べた。そしてトランプこそが、それを取り戻してくれる人だと。「我が国の政府はだめになる一方です」とティールは述べた。アメリカの原子力発電所はいまだにフロッピーディスクを使用している。一部の戦闘機は雨が降ると機能しなくなる。政府のソフトウェアは使い物にならない。「マンハッタン計画を完遂した国がこの落ちぶれようだ」と彼は言った。「シリコンバレーではこんな機能不全は通用しない。そして、政府にも通用させるべきではない」

自分の少年時代、「世の中で議論の的になっていたのは、どうやってソビエト連邦を負かすかだった」とティールが語りはじめると、聴衆は静かになった。「今、大きな議論になるのは誰がどのトイレを使うべきかについてだ。われわれが抱えている本当の問題から注意をそらしているだけだ。誰がそんなこと気にするんだ？」最後の言葉を大声で、怒りを込めて言うと、聴衆から初めてちゃんとした拍手が起こった。トランプの子どもたちでさえ拍手した。

それから、ティールは誰の記憶にも残るであろう言葉を述べた。「もちろん、すべてのアメリカ人にはそれぞれ比類無きアイデンティティがある。私はゲイであることを誇りに思っています。共和党員であることを誇りに思っています。しかし何よりも、アメリカ人であることを誇りに思います」。一般的には同性愛者にも移民にも敵意を抱く党の集会会場から「ＵＳＡ！　ＵＳＡ！」という声がかすかにわき起こった。聴衆が立ち上がると、トランプ一族も立ち上がった。

チャールズ・ジョンソンはＶＩＰ席でスピーチを聞いていた。ゴーカーにひどい記事を書かれたウェブ開発者、ホーン・トンザットも一緒だった。彼らはゴーカーに対する訴訟を通じて友だちになり、ティールの支援のもと新しい会社を起こす計画を立てはじめていた。集会が行われた週、ジョンソンはトンザットをティールに紹介し、二人はゴーカーの破産をめぐって意気投合した。

「あなたのことをもっとよく知っていたら、今ここでキスしたいぐらいだ」とトンザットは言った。

ティールは少しだけ身をかわすような仕草をしたが、うんうんとうなずいた。「そうそう、そうだね！」と顔を輝かせて答えた。

彼は自分のアイデンティティを語る、スピーチの最後の部分について悩んでいた。「同性愛者は昔からアメリカの一部だったし、アメリカは同性愛者にとって最高の国だということを、みんなに知ってもらいたいんだ」とティールはジョンソンに語った。彼が自分のセクシュアリティについてこんなふうに公に話したことは今までなかった。それどころか、友だちと個人的に話したことすらほとんどなかった。しかし今、彼は「私という人間のすべてを知ってもらいたい」と言った。「彼にはカミングアウトするチャンスがなかったんだ」とジョンソンは言う。「あのときがそうだった」

個人的なカミングアウトは功を奏し、ポリティカル・コレクトネス（PC）が偉大なアメリカ《アメリカン・グレイトネス》の邪魔をしているというティールの主張は受け入れられた。そしてトランプが単に不寛容を煽っているだけだという批判をかわすのにも役立った。

トランプ陣営がまとめた共和党の政策は、「伝統的な結婚と家族制度」を支持していた。全米50州において同性間の結婚は合法であるとした2015年の最高裁判所の判決を批判し、オバマ政権が1972年の教育法（アメリカの高等教育機関における機会均等を定めた法）の解釈に基づいて進めようとしたトランスジェンダーの法的権利の平等は米国を「アメリカの歴史と伝統にそぐわないイデオロギーの型」にはめるものと主張していた。しかしティールのスピーチのおかげで、トランプはそれまでの反PC言動（保護されている階級の人たちを侮辱したり、自由を声高に主張するだけ）に突如として大義を与えられたのだ。

さらにこのスピーチは、ティールと彼の会社を戦略的に有利な立場に置くことになった。トランプが大方の予想に反して勝つことができれば。壁の件は別として、トランプは自分が勝った場合の政治運営についてあまり考えていなかった。ティールのスピーチはそこにも大まかな枠組みを提案していた。

トランプは、ティールが長年主張してきた大規模なテクノロジープロジェクトを推し進めるのだ。国境に大きな美しい壁をつくる？　どうぞやってください。しかし、トランプのインフラプロジェクトは現在の政府が使っているソフトウェアを改善したうえで行うべきだ。米国政府には、シリコンバレーに目を向けてもらう。とりわけ、ティールが投資しているシリコンバレーの企業たちに。

# 16

## The Thiel Theory of Government

## ティールの考える政府とは

「君のスピーチは素晴らしかった」大会の終わりにトランプはティールに言った。「私たちは生涯の友人だ」

とはいえ、ニューヨークの不動産王はこのシリコンバレーの支持者に実際には無関心だった。「ピーターはトランプの視覚の外にいる人間なんだ」とバノンは言う。トランプがティールに惹かれたのはその資金力と、自分の言動に正当性を与えてくれたこと、そして彼を通じて他のテックビリオネアと近づきたいという思惑からだった。

ティールもまた、トランプの有用性を即座に認めたわけではなかった。大会後、彼は共和党全国大会の舞台で自身のセクシュアリティについて公に語った初めての同性愛者となったという役割を楽しんだが、バノンや他のトランプ陣営のさらなる支援を求められると、それを断った。トランプの支持率は、大会直後の世論調査ではクリントンに追いついたものの、その後どんどん落ちていった。それを見たティールは、トランプと一定の距離を保つことにした。

その後、10月初旬の金曜日の午後に、ティールは〈ワシントン・ポスト〉が公開した流出映像の存在を知らされることになった。その中でトランプは、ゴシップ番組「アクセス・ハリウッド」のホスト、ビリー・ブッシュを相手に自分の性的奔放さを自慢し、とあるＴＶ司会者と性的関係を持とうとして彼女を買い物に連れ出した話をしていた。「彼女とヤろうとしたんだ」と、9ヵ月前にメラニアと結婚したばかりのトランプは説明していた。「でもだめだった」。彼はまた、自分は女性を好きなようにできるとも自慢した。「ただ彼女たちにキスするんだ」と言った。「相手がスターであれば、彼女たちは何でもやらせてくれる。アソコをつかむことだって、何だってできる」

トランプは終わりだ、というのが大方の見方だった。上院多数党院内総務のミッチ・マコーネルはトランプの発言を「不快」と呼び、「あの映像での発言が示す、女性に対する尊敬の完全なる欠如について、全面的に責任を取る」よう求めた。下院議長ポール・ライアンは「吐き気がした」と述べ、彼の故郷の州で翌日に予定されていたイベントに、トランプはもはや歓迎されないと言った。共和党有力者の多くが、身を引いて副大統領候補のマイク・ペンスにその座を譲るよう、トランプに要請した。

ティールはジョンソンから別の見方をするよう説得された。政治的観点から見てあのテープが最悪なのは、性暴力や不倫をあからさまに肯定しているからではない。相手に迫ったが失敗したことがまずいのだ。情けなく見えるという意味で。それ以外は、ノーマルの男たちがよく仲間内で交わす会話に過ぎない。ノーマルの男たちはトランプを前より好きになることはあっても、嫌いになることはない、とジョンソンは言った。「トランプ勝利のためにもっと資金を投じるべきだ」

ジョンソンはある計画を提案した。ティールがレベッカ・マーサーのPAC、「Make America Number1」に多額の寄付をするというものだ（この政治資金団体はもともと、「Defeat Crooked Hillary PAC（ゆがんだ悪徳ヒラリーを倒せ委員会）」として知られていたが、やや穏便な名称に変更したマーサーはスティーブ・バノンおよび〈ブライトバート〉の長年のパトロンなので、多額の寄付をすればトランプの側近になる道が開け、万が一トランプが勝利すればティールは選挙の守護聖人という立場を確立できる。

ティールの寄付は、ジョンソンが計画した、窮地に立たされたトランプ挽回作戦の第一弾だった。第二弾はセントルイスで開催される次の大統領候補討論会だった。ジョンソンと保守派作家のキャンディス・ジャクソンは、ビル・クリントンから性的暴行を受けたとして長年彼を非難し続けている3人の女性に加え、4人目の女性キャシー・シェルトンもセントルイスに来て討論会直前の記者会見に出席できるよう、手はずを整えた。

3人のビル・クリントン糾弾者、キャスリーン・ウィリー、ポーラ・ジョーンズ、ファニタ・ブロードリックは、反クリントン派の間ではよく知られた存在だったが、シェルトンはあまり知られていなかった。彼女は1975年、12歳のときに41歳の男にレイプされたと告発した。当時、法律支援相談所を運営していた若き弁護士ヒラリー・クリントンは、シェルトンは「情緒不安定で、年配の男性を求める傾向にあった」ことを理由のひとつに挙げて男性の弁護を行った。男性は最終的に、より軽い罪での有罪を認めた。

ジョンソンの会社WeSearchrはシェルトンの話をウェブサイトに掲載し、彼女がセントルイスに行くための旅費を募った。トランプは討論会直前にこれらの女性たちとともにフェイスブックのライブ配信に登場し、討論会で自身の下品な発言についてヒラリーから問い詰められると、シェルトンの話を持ち出した。「キャシー・シェルトン、例の女性は、今夜私たちと一緒にいる」とトランプは言った。「だから私の言葉遣いについてあれこれ言われる筋合いはない」

翌週、ティールに対して最後の一押しをする者がいた。LGBTQ雑誌〈The Advocate〉が、ティールのトランプ支持を批判する記事を掲載したのだ。「シリコンバレーのビリオネアで、共和党全国大会でドナルド・トランプへの支持を表明して今夏の話題をさらったピーター・ティールは、男性相手にセックスをする人だ」と、作家でゲティスバーグ大学教授のアメリカ研究学者ジム・ダウンズは書いた。「でも、彼は同性愛者なのだろうか?」。ダウンズは、ティールの政治理念――特に共和党大会での演説でトランスジェンダーの権利について触れなかったこと――がゲイ・カルチャーへの裏切りになるのではと指摘した。ティールが個人的なカミングアウトの瞬間ととらえていた演説を、ダウンズは常識を突き破る画期的な出来事どころか、LGBTコミュニティの妨げになると主張したのだ。

翌日、ティールがトランプの選挙活動に125万ドルを寄付すること、その大部分がジョンソンのアドバイスどおりマーサーの団体に行くことが、彼の側近によってリークされた。数週間後、彼自身がナショナル・プレスクラブでこれについて説明した。「私はドナルド・トランプの言動すべてに同意しているわけではない。そして彼に投票する何百万人もの人たちも同じだと思う」とティールは語った。「私たちが彼に投票するのは、この国のリーダーシップがだめになったと判断したからだ」

ティールは、トランプの「アソコをつかむ」発言を理由に彼に投票すべきではないと主張するリベラル派のほうがモラルに欠けていると述べた。今この国にはもっと差し迫った問題があるのに、彼らはそれを無視している、と。そして〈The Advocate〉のコラムを持ち出した。「『多様性』という流行語の裏にひそむ嘘が、これほどよく分かる記事はない」と彼は吐き捨てるように言った。「自分に従う人間でなければ、その人の個性など関係なく、多様性に反するというわけだ」。それはトランプの擁護というよりは、トランプ擁護者の擁護だった。スタンフォード時代からの得意技である。

スピーチ後の質疑応答でティールは、メディアはトランプの怒りや侮辱ではなく、彼に対する批判の本質に焦点を当てるべきだと述べた。「トランプの言葉を、文字どおりに受け取ってはならない」と。たとえば、イスラム教徒の移民の入国を禁止するとか、メキシコとの国境に万里の長城のような壁を建設する等のトランプ発言は、イメージとして解釈されるべきだ、とティールは説明した。

トランプは文字どおりイスラム教徒を締め出したいわけでもなければ、1600㎞もの壁をつくりたいわけでもない。彼は、「コストと利益のバランスが適切な、より健全で、よりまともな移民政策」を望んでいるだけだ。

この寄付およびスピーチは大きなニュースになった。テック業界からめぼしい寄付を得ていなかったトランプ陣営にとっては、選挙活動が崩壊寸前だという印象を覆すのにも役立った。しかし、ティール帝国が彼を支援したのはこれだけではない。当初は反トランプに見えたマーク・ザッカーバーグが、彼独自の方法でトランプを支援していたのだ。

これは公表されていないことだが、2016年5月に、影響力のある右派の評論家とフェイスブック幹部との会合が、ティールの橋渡しで開催された。出席した保守派メンバーは、フェイスブックのリベラルな従業員たちによるリベラル擁護の行動は、フェイスブックそのものとは関係ないと理解するに至った。なぜなら、フェイスブックは保守派メディアに反対バイアスがかかっているどころか、保守派メディア「そのもの」だったからだ。これは、同社のニュースフィードが人気コンテスト形式で運営されていたためで、フェイスブック利用者の間では白人の社会的地位向上と経済的ポピュリズムを組み合わせたトランプのイデオロギーが他の誰よりも人気があった。

「シリコンバレーはこの件に真剣に取り組んではいないようだ」とフェイスブックとの会合に出席したデイビッド・ボゼルは言う。グーグルが長らく主要メディアに焦点を当てたニュースサイトをつくっていた一方、フェイスブックはニュースマックス（保守派のニュースサイト）や右派サイトでトレンド入りした記事や投稿を載せていた。そのほうが、〈ニューヨーク・タイムズ〉の記事や左派サイトの投稿よりもシェアされる確率がずっと高いのだ。

クリック数が最も多いのは右派コンテンツだった。トレンディング・トピックスを採用したのは、フェイスブックを左寄りというよりはもう少し正当なニュースソースに導こうという工夫の表れだった。しかしザッカーバーグはティールのアドバイスに従って人気コンテストに戻る道を選び、ネットミームのためにつくられたようなドナルド・トランプに大きなアドバンテージを与えることになった。

フェイスブックのアルゴリズムは、ケンブリッジ・アナリティカよりもはるかに優れたターゲティングが可能だった。フェイスブックのエンジニアチームはトランプ陣営に入り込み、デジタル担当の第一人者ブラッド・パースケールに、有権者の中でもきわめて特定のグループにターゲットを絞って広告を送ることができる技術を教え込んだ。

ターゲットの中にはトランプに好意的な人たち——たとえば、トランプ陣営のウェブサイトを訪れた履歴はあるけれど寄付はしていない人たち——もいたが、クリントンよりはトランプのほうがまし、という女性や黒人のグループもいた。ヒラリーがビル・クリントンのセクハラ疑惑の際には夫を擁護し、1996年にはギャングによる暴力について差別的表現「super-predators

（超凶悪な略奪者）」を使ったという広告を送りつけられた人たちだ。

クリントン陣営はこの種のネット上のテクニックを使うことを断った。フェイスブック上層部がのちに語ったことだが、彼女はこれが原因となって敗北した可能性がある。ザッカーバーグと親しいアンドリュー・ボスワースは、パースケールの仕事を「デジタル広告キャンペーンの最高水準点」と呼んで大絶賛した。「フェイスブックはドナルド・トランプの当選に貢献したのか？私は答えはイエスだと思う」

選挙の夜、ティールはサンフランシスコのプレシディオの邸宅でパーティを開き、トランプの支持者と思われる知人たちを招いた。参加者は多くなかった。ティールのアシスタントたち、大学生ぐらいの若さのイケメン数人、そして著名ＣＥＯがちらほら、全部で20人ほどだった。当時エンジェルリストのＣＥＯだったナヴァール・ラビカント、ペイパルの共同創設者でイーロン・マスクのスペースＸへの投資をティールに促したルーク・ノセック、新反動主義ブロガーで当時ティールが投資したトロンのＣＥＯだったカーティス・ヤーヴィンらがそこにいた。

最初は静かな雰囲気だった。ＣＮＮにチャンネルを合わせた大きなテレビの前に、椅子が数列並べられていた。ティールは最前列に座り、客の相手をしながらテレビ画面を見つめていた。

場が盛り上がってきたのは８時頃。トランプがノースカロライナとオハイオで立て続けに勝利し、クリントンが絶対勝たねばならない２つの州、ミシガンとウィスコンシンでもリードを奪っていると、各局のニュースが報じたのだ。クリントン楽勝と言われていたペンシルベニア州もほぼ拮抗していた。トランプは銃にしがみつく中西部の有権者と相性が良いはずだというティールの予測は当たった。

「これ、本当に現実？」と誰かが言った。

シャンパンが配られ、テレビはフォックスニュースに切り替えられた。ティールは自分の読みにどれぐらい自信があったのか、と別の誰かが訊いた。「１００％確信していたわけではないけど」とティールは言った。「でも彼には勝つための要素がたくさんあった。人々の注意を引くような道化の部分と、政治に対する真剣味を合わせ持っていた」

ティールには、異様なペースで電話がかかってきはじめた。タカ派の元国連大使で、イラク戦争を公に支持していた最も有名な人物だ。彼はその電話で、ティールに国務省のポストを打診した（ボルトンはその時間帯はフォックスニュースに出演しており、選挙の夜ティールに電話をかけた事実はない、とボルトンのスポークスウーマンは述べている）。その後間もなく、ティールはその場から姿を消した。

出席者たちは近くのファウンダーズ・ファンドのオフィスに移動し、引き続き飲みながら、今起きていることを解説し合った。あのピーター・ティールが（オタクで人づきあいもうまくないテッキーが）ジョン・ボルトンのような人からオファーを受けるなんて、どういうこと？ティールは、少なくともこの時点ではハト派であることを公言しており、共和党全国大会で「愚かな戦争の時代」を批判した人間だ。その愚かな時代をつくり上げた人物であるボルトンが、政治的には素人のベンチャーキャピタリストにすり寄ってくるなんてあり得るんだろうか？　それは現実離れしていた。ティールは、その大博打が当たっただけでなく、新政権で発言権を与えられようとしている。彼の専門分野からはかけ離れた分野に至るまで。

ティールの側近たちは、トランプ勝利が地球上で最も当たり前の出来事であるかのようにふるまっていた。若い役職付であるマイケル・クラツィオスやティール財団会長のジム・オニールは、すでに政権移行について噂話をしていた。ティールは数日のうちに政権移行実行委員会のメンバーに指名されるだろう、と彼らは言った。それにトランプ陣営は、彼に重要なポストを与えると約束したとも。

パーティに参加していたある人物は、「話題はつまり、『どこで働きたい？』ということだった」と言う。彼らは、望めば政府の重職に就ける可能性があることを理解しはじめていた。

ティール界隈に属していてこれほどエキサイティングな時間は、今までなかった。ティールの側近である数少ないリベラル派は渋々ながら敬意を表し、保守派は有頂天になっていた。トランプが好きだという者はほとんどいなかったが、選挙の勝利とティールの関与によって、彼らには突如として新政権で仕事をするという未来が開けた。

トランプは混乱を招く要注意人物ではあったが、何だかんだ言ってもビジネスマンであり、それはティール界隈のロジックから言えば普通の政治家よりはましだということだった。おそらく彼はシリコンバレーの知識人たちが期待する政策を受け入れる程度には方向転換してくれるだろう。

彼らは、ビジネスフレンドリーな税制政策が4年から8年は続くこと、軍民共同体がシリコンバレーの技術を導入すること、そしてＦＤＡ（食品医薬品局）の規制が緩和されること（ベンチャーキャピタルが投資するバイオテクノロジー企業に有利に働く）を期待した。もしかすると、トランプはビットコインのような暗号通貨だって採用するかもしれない。

トランプの反中国的立場ですら、見た目ほど悪くはないかもしれない。米国の貿易規制は、中西部の一部の工場にとっては痛手かもしれないが、マスクの会社スペースXやテスラ・モーターズ、チップ会社インテルのように国内で製造を行っているハイテク企業にとっては追い風になるだろう。それどころか、テック・フレンドリーな政策はさらに拡大される可能性だってある。反トランプだったシリコンバレーの経営者たちでさえ、ティールがホワイトハウスで影響力のある地位を得ることを、期待できる兆候と見るようになっていた。

「彼こそがテック側のサポーターだ」とティールの側近メンバーの一人は、当時の全般的な雰囲気をこう表現する。「それこそがティールの近くにいる意味だった。ティールのサポートさえ得られれば、トランプは何でも言うことを聞いてくれるだろう、と」ファウンダーズ・ファンドでは、ティールの権力への期待に盛り上がるあまり、従業員たちは、新しい呼び名を彼にたてまつった。「影の大統領」だ。

11月11日、トランプはティールを政権移行チームの実行委員会に任命すると発表した。メンバーには最高戦略責任者という肩書を与えられたバノン、レベッカ・マーサー、トランプの身内ジャレッド・クシュナー、それにラインス・プリーバスなどがいた。

バノンがトランプ内閣の組閣を担当し、ティールは「行政主導的な状態」をぶち壊せるような人材を探す役割を担うことになった。内閣の下にぶら下がる行政機関たち、たとえばＦＴＣ（連邦取引委員会）、ＦＣＣ（連邦通信委員会）、ＳＥＣ（証券取引委員会）、ＦＤＡ（食品医薬品局）

や、より小さな組織ＯＳＴＰ（科学技術政策室）などのことだ。これらの機関は数万人もの人たちを雇用していたが、そこには政治任用制度によるスタッフが何百人も含まれており、政府の中の政府という状態がつくり上げられていた。バノンによれば、ティールの仕事は、「それをぶち壊す」ことができる人たちを任命することだった。

　ティールはリバタリアンとしてこの役割を楽しんでいるようだった。彼はキャリアを通じて政府による規制を非難してきた。ペイパルでスイスの銀行口座の夢を描き、２００９年のエッセイでは民主主義を攻撃し、２０１５年のタイラー・コーエンによるインタビューでは「通例に凝り固まり、まったく機能していないこれらの機関」について不満を述べている。

　トランプ政権はその後このレトリックを採用し、行政機関の組織が握る権限はあまりにも強大で、バノンいわく「闇の政府《ディープステート》」という言葉が控えめに感じられるほどだ、と非難した。「闇に隠れているどころか、どこにでも顔を出す」とバノンは筆者に言い、これを「ティールの考える政府」と呼んだ。

「進歩主義者たちが理解していたことがある」とバノンは続けた。「選挙に勝つこともあれば負けることもあるが、連邦政府の機能をこれらの機関に広げ、それぞれの機関の中に政府直轄の法務部門、行政機関、裁判所をつくってしまえば、選挙に負けても影響力は残る。これがまさにピーターが追い求めたものだ」

　ティールがニューディール政策や偉大な社会政策の枠組みをそのまま導入する意志のある人材を探し提案する一方、トランプはシェブロン判決の教義に懐疑的なリバタリアン裁判官を任命しようとしていた。これは１９８４年、レーガン政権下の環境保護庁が大気清浄法の解釈を変更することができると最高裁判所が下した判決で、ジミー・カーターが署名して成立させ、石油会社シェブロンが有利に仕事を進めることが可能になった。これによって、連邦政府機関は法の解釈が合理的である限りは法の執行方法を調整することができるようになった。

結果として、政治任命者は大きな裁量を与えらえることになった。フェデラリスト・ソサエティといったリバタリアン寄りの法務グループは長年これに異議を唱えてきた。バノンはフェデラリスト・ソサエティの長年の会員であるティールに、内部から政府機関を解体する計画を立てて欲しいと依頼した。

選挙から約一週間後、ティールはやる気満々でトランプタワーに現れた。トランプ側のスタッフたちは、彼をどうとらえて良いものか戸惑っていた。イチかバチか環境保護庁の長官あたりを希望してくるのか、それとも単に記念写真を撮って、大統領に直接面会して、ムシのいい政策案を出すだけのつもりなのか。トランプの周辺にいるのは所詮、なりふり構わず自分を売り出したい恥知らずな連中ばかりで、政権移行チームのスタッフは隙あらば次期大統領と数分でも面会したいと思っていた。そんな中、ティールはトランプに会いたいとは一言も言わなかった。

これは奇妙なことだった。しかし、ティールが連れてきた取り巻きはもっと奇妙だった。政権移行チームのメンバーが側近を一人か二人伴ってくるのは珍しいことではない。しかしティールは6人も引き連れてきたのだ。全員が若い男性で、当惑するほど魅力的だった。「男性モデルかと思ったよ」とバノンは言う。バノンはスティーブン・ミラー、ピーター・ナヴァロ、カート・エリス（トランプの政策チーム）が使っていたトランプタワー14階の薄汚いオフィスを明けさせて、そこをティールに与えた。長いテーブルが運び込まれ、筋骨たくましいイケメンたちがラップトップを開く、まさにシリコンバレー・スタイルだ。11月から1月にかけて、彼らは熱心に作業をし、指名候補者をリストアップしていった。他のチームのスタッフが帰った後も、遅くまで残っていた。

ティールは150名からなる、政権上層部の候補者リストを作成した。多くが超リバタリアンか反動主義者だった。「ピーターの考える政府をぶち壊すとは、『度を超えた内容』なんだ」とバノンは言う。「人々はトランプがぶち壊し屋だと思った。彼らは(ティールから)何を吹き込まれたか知らないからそんなことが言える」

ティールはトランプの科学顧問にプリンストン大学のウィリアム・ハッパーを推薦した。気候変動に対して究極の逆張り的立場をとる、地球温暖化懐疑派として知られる物理学者だ。ハッパーの主張は、二酸化炭素は地球に有害「ではない」のみならず、樹木の成長には二酸化炭素が必要なので実際は地球のためになる、というものだった。

彼は「化石燃料の悪者扱い」をヒットラーのユダヤ人の扱いになぞらえることを好んだ。ティールは彼に会ってその説に魅了されたが、トランプやその側近たちがどれほどその説に同意していようが、彼を指名して議会の承認を得ることはあり得ないという現実にまで考えは至らなかった。

2018年、トランプはそれより低いポジション、国家安全保障会議の新興技術担当にハッパーを任命した。「私はピーターをテクノロジーに強い人間だと思ったことはなかった。テクノロジーの定義をインターネットから利益を得ることにまで絞り込むなら別だが」とハッパーはのちに筆者に語った。彼は気候変動が危険なものだと「洗脳された」ホワイトハウスの職員たちによってないがしろにされたことに抗議し、2019年にトランプ政権を去った。

ティールは、大統領の科学顧問のポストにもう一人候補を挙げていた。エール大学のデイビッド・ガランターだ。反PC主義者であり、その著書『America-Lite：How Imperial Academia Dismantled Our Culture（and Ushered in the Obamacrats）〔アメリカの軽量化：帝国アカデミアはどのようにわれわれの文化を壊し、オバマ派を送り込んだか〕』は、『The Diversity Myth』の2000年代バージョンのような内容だった。

彼はリベラル派がアカデミアを支配するようになったのは「ポスト宗教、ポスト・グローバリスト（世界支配主義）時代の知識人たち」のせいだと非難していた。それ以上に物議を醸したのは、ガランターの言うグローバリストとはユダヤ人を指すと、彼自身が明らかにしていたことだった。彼は、ユダヤ人は生まれつき思い込みが強く好戦的な人種だと主張していた。地球科学についての意見はハッパーほど極端ではなかったが、気候変動への懐疑論は「客観的で偏見のないニュースを読んでいる人なら昔から知っている常識」のひとつだと述べたこともある。

彼の名前がリークされると、マスコミはガランターが主要な科学団体に一切所属していないことを指摘した。これはホワイトハウスが様々な危機（たとえば自然災害、石油流出事故、そして〈ワシントン・ポスト〉が予知していたかのように指摘したパンデミックなど）に緊急対応しなければならない際に困ることになる。

バノンは初め、トランプの前でガランターの名前を出すことをやめるよう、ティールを説得しようとした。しかし、ティールは譲らなかった。ガランターは自分が知る中で最も聡明なコンピュータ科学者だ、と彼は言い、さらにユナボマー爆破事件の被害者でもあると付け加えた。1993年、バーチャルリアリティが世界を席巻すると予測する本『Mirror Worlds』を出版して間もなく、彼はテッド・カジンスキーから小包みを受け取った。カリフォルニア大学バークレー校の元数学者で、ディストピア的未来をつくろうとしていると判断した科学技術者などに手紙爆弾を送りつけていた人物だ。ガランターは送られてきた爆弾で重傷を負い、右手の一部を失った。

ガランターはこの事件によってテクノロジー界の一種の殉教者のような存在にまつりあげられ、ティールはそこに惹かれて彼を推薦したのだが、逆にこの事実がトランプとの面談の失敗につながってしまった。トランプはガランターのケガのほうに関心が行ってしまい、彼に爆発当時のこと、現在の健康状態、そしてユナボマーについてあれこれ尋ねた挙句、素っ気なく面談を終わらせた。「君は不合格だよ」の一言とともに。

食品医薬品局（ＦＤＡ）長官には、自分と同じくＦＤＡのおもな役割――薬の承認や規制――は不要だという意見を持った人物を推薦しようとした。

医薬品開発の業界は（たとえそれがシリコンバレーの会社であっても）「個人をリスクにさらしてはならない」というコンセンサスのもとで運営されてきた、とザック・ワインバーグは言う。シリコンバレーのキャピタリストが投資した医薬研究会社フラティロン・ヘルスの共同経営者だ（現在は巨大医薬品企業ロシュの傘下にある）。「ピーター・ティールは、そのコンセンサスが研究開発のスピードを遅くしている、という見解だった。傷ついたり病気になったりする人が出たとしても、それによって進歩がもたらされるなら自分はそちらに賭ける、というのが彼のやり方なんだ」

ティールの改革運動の同志であり、彼がFDA長官として真っ先に推薦したのがバーラージー・スリニヴァサンだった。スタンフォード大学でコンピュータ・サイエンスを教えていた暗号通貨の起業家で、ティールとともにカーティス・ヤーヴィンの会社に投資をし、ティールの意見に同意して、シリコンバレーのエリートたちに対し国を出るよう勧めたこともある。

2013年に行われた講演で彼は、テッキーたちに対し「米国の外で、テクノロジーが運営するオプトイン社会をつくる」べきだと勧めた。スリニヴァサンはまたFDAについても存在すべきではないという意見をもっていた。「サリドマイドなどの医薬品は、承認が遅いために多くの人が亡くなっている」と彼はツイートし、トランプとの面談の前に削除した。

これはティールが主張してきた意見とほぼ同じだったが、FDAを率いる候補者としてはあり得なかった。1960年代初めにFDAが睡眠薬サリドマイドの承認を却下した件は、米国行政機関の偉大なサクセスストーリーのひとつとされているからだ。アメリカよりも市場の規制が緩いヨーロッパでは、サリドマイドが妊婦に処方された結果、四肢の形成が不十分な赤ちゃんが数千人も生まれることになった。

この事件を受けアメリカ議会は、承認申請をする前に医薬品の効果と安全性を十分に検証するよう製薬会社に求め、これが現在の医薬品規制の原型となった。しかしスリニヴァサンの意見は、厳正に管理された臨床試験によって医薬品の効果を証明する代わりに、分散型データベースをつくって医師や患者たちがそれぞれの実験的治療の評価を書き込めるようにすれば良い、というものだった。彼はそれを、ティールが投資するレストランの格付けサービスにちなんで「医薬品業界のYelp」と呼んだ。

ティールが挙げたもう一人のFDA長官候補はジム・オニールだ。ティール財団の運営にたずさわった後は、アジェイ・ロイヤンのベンチャーキャピタル会社、ミスリルで働いていた。オニールはスリニヴァサンよりは慎重な意見の持ち主で、政府機関での実務経験もあったが、科学的な見解を求められるポジションで仕事をしたことはなく、キャリアのほとんどをPR畑で過ごしてきた。彼はまた、医薬品の効果検証についてはFDAの権限を縮小していくべきだという意見だった。

バノンはオニールとスリニヴァサンをトランプに会わせたが、どちらも推薦はしなかった。「バーラージーは天才です」と彼は言う。「しかし、極端すぎた」。彼を採用すれば、トランプには過激派というレッテルが貼られるだろう。バノンは続ける。「ティールの人選は、就任100日後に評価されるタイプのものではなかった。寄せ集めの政権だったし、共和党主流派はわれわれのやることなすことに呆れ果てていた。ティールはそれに嫌気がさしたんだ」

1月、ティールの長年の仲間ジェフ・ジェシアが若いオルト・ライト活動家たちを集めてパーティを開いた。ヒラリー・クリントンが共和党の「人種差別主義、性差別主義、同性愛嫌悪、外国人嫌悪、イスラム嫌悪」の党員たちに言及し、トランプ支持者たちを「嘆かわしい（deplorable）連中」とこき下ろしたことへの皮肉を込めて「Deploraball」と名づけられたこのパーティは、ティールが長年たずさわってきたタイプの保守派メディアを招いた大統領就任パーティでもあった。ティールはもちろん出席予定だった。

このようなパーティを開きつつも、そしてティールがホワイトハウス内で最大限の混乱を煽り、バノンと協力して徹底したリバタリアンをトランプ政権に送り込もうと努力しつつも、彼のネットワークは徐々に狭まっていた。

12月、ジェシアが関わる政治団体の主催者の一人、ティム・ジオネット（オルト・ライトのツイッターアカウント、ベイクド・アラスカの運営者として有名）が、ユダヤ人がメディアをコントロールして陰謀をたくらんでいるというツイートを「JQ」という言葉を使って投稿しはじめた。「JQ」とはオルト・ライトが使用する「ユダヤ人問題（Jewish Question）」の略で、ヒットラーが1942年に制定したユダヤ人問題の最終的解決計画から名を取っている。ジェシアとマイク・セルノビッチはジオネットをスピーカーのリストから外し、彼は歓迎されないことを伝えた。彼らはまた、親トランプ派のリチャード・スペンサーがヒットラースタイルの敬礼をしたとして彼を排除した。

ティールはパーティに出席したが、目立たない場所でたたずんだ挙句きっかり30分でその場を立ち去った。彼はこの2ヵ月間、（少なくとも彼の配下の者たちにとっては）影の大統領だったにもかかわらず、目に見える成果を挙げることができなかった。彼が政権の重要ポジションに推薦した150名ほどのうち、仕事を得たのはほんの10人程度だった。

もちろん、成功例はいくつかあった。彼のヘッジファンドの長年のアイデアマン、ケビン・ハリントンは、国家安全保障会議で大統領の副補佐官に任命されることになっていたし、彼の役職付の部下であるマイケル・クラツィオスは副TO（最高技術責任者）に内定していた。クラツィオスはその後2019年に最高技術責任者に昇格し、ティールが行った中で議会で承認された唯一の人事となった。彼は2020年半ばには国防総省の研究エンジニアリング部門の高官となり、トランプ政権末期における国防総省の研究開発予算を担当した。

政権が選んだ人たちは（ティールの長年の仲間たちからも尊敬を集めるハリントンは別として）、どれもティール周辺の連中が認めるようなタイプではなく、彼が重要ポジションに押し込もうとした天才的な破壊者でもなく、ほとんどが人畜無害な官僚タイプだった。

バノンやティール周辺の過激なメンバーは、同志を大勢ホワイトハウスに送り込むというティールの計画は大失敗に終わったことを悟った。「彼は目いっぱいの賭けに出て、いくつか勝ち、たくさん負けた」とバノンは語る。「彼が負けたのは、トランプが実は革新派ではなかったからだ」

ホワイトハウスで7ヵ月しか生き延びられなかったバノンと手を組んで賭けに挑んだことも、失敗の一因だった。「彼らは基本的にオルト・ライトの連中と組んでいた」ティールとその代理を務めたブレイク・マスターズについて、政権移行チームで働いていた人物は言う。「彼らは普通であることよりも普通をぶち壊すほうを選択し、それが裏目に出たんだ」。その人物の見解では、トランプの娘と義理の息子が率いる穏健派が、バノンとティールが計画した革命を握りつぶしたという。

しかし、ティールは革命など当てにしてはいなかった。彼にはいつだって代替案、ヘッジ計画があった。そしてトランプ政権の始動とともに、次の動きへの準備も万端に整っていた。

# 17

Deportation Force

# テック業界の大物たちの思惑

ティールが政権移行チームに加わってちょうど1ヵ月後、そして大統領就任式1ヵ月前の12月14日、彼はトランプタワー25階の会議室の長テーブルの中央付近に座っていた。大統領はいつもどおりテーブルの中央にどっしりと座り、満足げな表情を浮かべていた。彼の側近たちもそこにいた。バノン、ペンス、プリーバス、クシュナー、スティーブン・ミラー、イバンカ・トランプ、さらにエリックとドン・ジュニア。しかしその場の主役はアメリカ最大かつ最重要のテック企業のCEOたち、そして彼らをトランプのもとに導いたピーター・ティールだった。

彼はトランプのすぐ左側に、反対側にはペンスが座った。彼の左側にはアップルのティム・クック。トランプの側近や子どもたちの間に散らばるようにテーブルを囲む面々の中にはフェイスブックのシェリル・サンドバーグやアマゾンのジェフ・ベゾス、そしてマイクロソフト、シスコ、オラクル、インテルおよびIBMのCEOの姿があった。

「すごい会社ばかりだ」とトランプは顔を輝かせ、ティールのことを「誰も気づかないほどの早い段階から先々を見通せる人物」だと称賛した。ティールはトランプの広い肩幅に場所を譲るように両腕をテーブルの下に引っ込め、萎縮するようなそぶりを見せたが、トランプがそうはさせなかった。大統領は話をしながらもテーブルの下に手を伸ばし、ティールの手を探り当てると、それをつかんで高く持ち上げた。「彼は素晴らしかった。共和党全国大会でも最大の拍手喝采を浴びていた」とトランプは言い、ティールの拳を熱を込めて握った。「君に感謝するよ。君は本当に特別な人だ」

ティールはこの親しげな瞬間に照れを感じながら、同時にわくわくしてもいた。今年初めにフェイスブックで行われた会議で会ったときはぎこちなかったが、そこにいたシリコンバレー選りすぐりの人たちが、今回は自分に敬意を表するためトランプタワーまでやってきたのだ。

このミーティングにはアメリカで最大規模の時価総額を誇るテック企業の代表たちが集まっていた。ティールはそこに、小さな企業を2社入れていた。どちらも彼の投資先だった。ティム・クックの左側にはイーロン・マスクがおり、彼の自動車会社テスラの当時の時価総額は、その場で2番目に大きな企業シスコの5分の1ほどだった。テーブルの反対側にはテスラよりもさらに小さな会社のCEO、アレックス・カープがいた。

既述のとおり、カープはティールの親友の一人であり、ティールが設立し、今も実権を握る会社の経営者だった。カープもまた、突如としてドナルド・トランプから多くを得ることになった男だ。選挙の直前、連邦判事は、パランティアが陸軍に対して起こした訴訟において、パランティアに有利な判決を下していた。それは陸軍が入札のやり直しを行い、パランティアをはじめとする民間のソフトウェア会社が何億ドルもの発注を受ける可能性が開けたことを意味していた。

裁判所の命令は、陸軍にパランティアのソフトウェアを購入せよという内容ではなく、同社の弁護士ハミッシュ・ヒュームが言うように「よくよく検討せよ」という内容だった。そんな中、カープは国の最高司令官に個人的にアピールするチャンスを与えられたのだ。彼は自分の会社が「国家安全保障を強化し、無駄を減らす手助けができる」とトランプに約束した。

のちにこのミーティングについて尋ねられたカープは、なぜ自分があそこに呼ばれたのかはまったく分からない、分かっているのはティールがミーティングをアレンジしたということだけだ、と言った。もちろん、ティールは陸軍の入札でカープの競争相手となったレイセオンを含む他の防衛企業をその場に招待することを却下した。

２０１６年の選挙活動中、トランプとシリコンバレーとの隔たりは何度となく取り沙汰されてきた。大統領がアマゾンとその創設者ジェフ・ベゾスを嫌っているのは有名な話だった。ベゾスがリベラルな〈ワシントン・ポスト〉の所有者であること、そしてトランプいわく「アマゾンの独占的傾向が百貨店や小売業全体の崩壊につながった」ことが理由だ。

選挙活動中、トランプは〈ポスト〉が自分に否定的な記事を書く報復としてベゾスに独占禁止法違反を適用すると繰り返し述べていた。また別のときには、中国で携帯電話を製造しているいると言ってアップルを攻撃し、大手テック企業お気に入りのプログラム、Ｈ－１Ｂビザ（特殊技能職ビザ）を縮小させると述べた。特殊技能を持った労働者に一時的な居住権を認め、シリコンバレーでは非常に一般的であるこのビザについて、フェイスブックやグーグルなどは「もっと普及を拡大させるべきだ」と言っていたにもかかわらずだ。

テック創設者が好む立ち位置、そしてテック創設者という存在全般に対するトランプの敵対心を考えると、この部屋にいたほぼすべてのゲストが選挙でクリントンを支援していたことは驚くに当たらない。選挙の数日後、グーグルの創設者であるラリー・ペイジとセルゲイ・ブリンは全員参加の会議を開き、ブリンがトランプの当選を「非常に不快なこと」であり、「われわれの価値観の多くと矛盾している」と述べた。ベゾスはかつて、トランプを宇宙空間に送ってしまいたいと冗談を言ったこともあった。

評論家たちは、選挙後のゴタゴタによってトランプはこうしたリベラルなリーダーたちとは対立することになるだろうと予測していた。そして実際、ミーティングの部屋にメディアの入室が許された最初の4分間ほどは、予測どおりだと思われた。〈ビジネス・インサイダー〉は顔をゆがめたサンドバーグ、ペイジ、ベゾスの写真を「これが、トランプと彼を支持しなかったテックCEOたちとの初顔合わせのすべてを物語っている」という見出しとともに掲載した。

しかし、マスコミが部屋から出ていくと、その場の空気は変わった。カメラがいなくなった後のCEOたちは打って変わって好意的な態度になり、トランプが引き続き彼らを侮辱したにもかかわらず、彼に会える機会を与えられたことを何度も感謝した。トランプは〈ポスト〉を所有していることでベゾスに、そしてアップルの賃借対照表のことでクックに文句を言った。「ティムには問題がある」とトランプは言い放った。「キャッシュを持ちすぎなんだ」。

CEOたちはその間じゅう笑みを絶やさず、トランプにお世辞を言い、彼の側近たちの機嫌をとって、個人的には彼らに不賛成であることなどおくびにも出さなかった。トランプに投票した者はほとんどいなかった。しかし今、彼らはトランプと手をたずさえてビジネスを進められることを示そうとしていた。「あの人たちはとても感銘を受けていたよ」とバノンは言う。「ひいきのフットボールチームのクォーターバックについにランチに誘われた、みたいな感じだった」

トランプは、H-1Bビザのコメントについて追及されるのだろうと身構えていた。しかし、エグゼクティブたちはトランプがこの件をちゃんと説明してくれるものと信じ切っているようだった。「われわれは、この問題について非常に心配している従業員たちを抱えています」とシスコのCEOチャック・ロビンスは言った。「大統領がこの件について直接話してくだされば、彼らも気持ちが落ち着くでしょう」。それはこのミーティングの中でトランプが遭遇した最大のピンチだった。彼は何も譲歩することなく、明快な回答を避けた。

「われわれは移民問題に全力で取り組むつもりだ」とトランプは言った。「われわれは悪いやつらを捕まえる」。キャンペーン中繰り返し述べてきた、何百万人もの不法滞在アメリカ人を国外追放するという約束への言及だった。

誰もこれに反論しなかった。さらに、トランプが検討を示唆していたもうひとつの政策について異論を唱えるCEOもいなかった。米国に入国するイスラム教徒の台帳を作成して、行動を追跡するという政策だ。

彼らはトランプ側と議論するのを回避し、大統領が彼らの会社に十分な熟練労働者を供給してくれる限りは、不法移民を取り締まるのは問題ないという態度を示した。「国境警備と、専門知識がある人材とは、分けて考える必要があると思います」とクックは言った。そして米国は「専門性が高い人材の独占」を目指してはどうかと提案した。

移民を、アメリカの価値観を受け入れる者とそうでない者に区別したティールは、米国もニュージーランドと同じようなシステムを採用してはどうかと言った。ポイント制を導入して語学力と教育水準が高い移民に対しては入国のハードルを下げ、熟練度の低い移民に対しては難しくするシステムだ。

スティーブン・ミラーはティールが提案したポイント制のシステムを支持したうえで、トランプはH－1Bビザを誤用している企業を厳しく取り締まることになるだろうと付け加えた。ミラーはキャンペーン中も移民に対する過激主義で注目を集めた。高くそびえ立つ壁をつくると演説して群衆の怒りを煽っていたし、大学時代は黒人の赤ん坊を中絶させるべきとしたビル・ベネットの発言を擁護し、人種問題に関するきわどい一連のコラムを書いていた。

テックCEOたちは、この計画のもとでは米国への入国を許されず、国外退去処分の可能性もあるメキシコ移民のために声をあげようとするどころか、この話に感銘を受けたそぶりすら見せた。グーグルのエリック・シュミット会長は、トランプの移民改革へのアメとムチ的アプローチに名前をつけようとまで言い出した。「これを米国雇用法案と呼びましょう」

間もなく世界最大の権力者になるこの男に対し、テックCEOたちがぶつけたい懸念材料はたくさんあった。独占禁止法のもと自分たちの業界を解体すると脅した彼の発言は本心なのか。あるいは、反移民政策が現状の労働市場に大きなダメージを与えることを彼は理解しているのか。パリ気候変動協定からの離脱発言は本当なのか。２０１４年に初めてツイートして以降主張し続けているネット中立性規制の撤廃はどうなるのか。選挙活動を通じてトランプが様々なやり方で敵対心を見せた、テクノロジー、科学、そして未来はどうなるのか。

しかし、その場にいた人々はそれらをすべて無視し、会話をトランプが得意とする課題、中国に振り向けた。ベゾスはアマゾンが中国で営業免許を取得するのに何年もかかったことに不満をもらし、中国政府がイーコマース大手アリババを保護していると非難した。「免許が取得できる直前まで行くと、彼らはルールを変更してくるのです」と彼は言い、中国企業は彼の会社の知的財産を盗用し、「経済スパイ行為」に手を染めていると付け加えた。さらに、米国郵政公社が商品を米国に郵送する中国メーカーに課している郵便料金が安すぎる、と抗議した。他のCEOも中国に対する同様の不満を表明した。

「彼らは理解したんだ」とバノンは言う。「H－1Bビザは余興に過ぎないことを。本命は中国だった。中国はアメリカの最大の敵になるはずだったし、彼らはそこを理解して国家主義的な姿勢を見せようとしていた」

バノンをはじめとする側近たちは、ティールがトランプ政権にもたらした最大の貢献はこの点だと考えている。アメリカで最もパワフルでリスペクトされるビジネスマンを10人以上も集めてきたことではなく、彼らがトランプに調子を合わせるよう仕向けたことだ。たとえ個人的には彼を見下していたとしても。2011年にシリコンバレーで行われたオバマ大統領との夕食会にも業界の大物たちが出席したが、全員が大物というわけではなかった。そしてオバマとスティーブ・ジョブズが意見の相違を見たその夕食会とは異なり、ここでは異議を唱える者は皆無だった。

これはシリコンバレーが表向き見せている姿勢とは異なっていた。通常は急成長中の抵抗勢力という立ち位置を演じているからだ。トランプもまた、その後4年の間ずっと大手テック企業を課税し、規制し、場合によっては解体すると脅し続けた人物にしては、その場はおとなしかった。こういう状況を表すのにティールが好んで使う言葉がある。「ケーフェイ」、プロレス用語で演出を意味する。TVプロデューサーが闘い方の台本を書き、両サイドのレスラーはその台本を見事に演じるというわけだ。

1月、トランプは大統領行政命令に署名し、イスラム教徒が大半を占める7ヵ国（イラン、イラク、リビア、ソマリア、スーダン、シリア、イエメン）からの入国を禁止した。命令は難民にも、そしてホワイトハウスが撤回するまではグリーンカード（永住ビザ）保有者にも適用された。この命令にはまた、入国禁止令が解かれた後も、「少数派の宗教」を信仰しているために迫害された者を優先して入国させる、と記されていた。トランプはこの命令によって、イスラム教徒よりもキリスト教徒のほうが米国ビザを取得しやすいことを明らかにしたのだ。

これが、トランプが選挙活動中に宣伝していたイスラム排除だった。リベラルと市民的リバタリアンからは即座に非難の声があがった。この命令は人種差別の一線を超えてしまっただけでなく、長年米国に住んでいてその1月たまたま国外を旅行していた人たちがひどい状況に置かれてしまったからだ。700人以上ものそういった人たち（その多くが米国内に家族がいた）が米国に合法的に入国しようとして空港で拘束され、当局から強制送還されそうになった。

翌日、ニューヨークJFK空港の国際線到着エリアに抗議者たちが集まった。タクシー運転手はストライキを起こし、夜には数千人もの人々が集結し、連邦判事は強制送還の停止を命じた。ニューヨークのデモが広く報道されると、全米の抗議者が地元の空港に集まりはじめた。

サンフランシスコでは、グーグルの共同創設者セルゲイ・ブリンが記者たちにこう語った。「私がここに来たのは、私自身が難民だったからだ」。ブリンは「個人的な立場」でここに来たと述べたが、グーグルのCEOであるサンダー・ピチャイは、それはグーグルの企業としての価値観も反映していると明言した。従業員に宛てた電子メールにピチャイは「この命令がもたらしたインパクト、そしてそれがグーグルの従業員およびその家族に影響を及ぼす可能性があるという事実に動揺している」と書いた。同様のコメントがネットフリックス、アップル、マイクロソフトからも発表された。

企業からの反応は、もともと左寄りでシリコンバレーの企業トップたちを英雄視しがちなサンフランシスコのテックプレスから際限なく称賛された。「テック・レジスタンス、目覚める」と〈ワイアード〉は宣言した。事実はもっと複雑なものだった。確かにグーグルに代表される一部の企業は従業員の反応に応えて反トランプの立場をとったが、ほとんどの企業は大統領と敵対することを避けるための落としどころを探っていた。

ティールが影響力を持つ企業ではその姿勢が特に顕著だった。移民促進のロビー活動グループ、FWD.usを共同設立したマーク・ザッカーバーグはイスラム排除には反対だと思われていたし、実際にそのとおりだった。しかし彼の反対声明は仲間たちのそれより明らかにトーンが弱かった。彼は「最近トランプ大統領によって署名された命令が及ぼす影響を懸念している」とフェイスブックの投稿に書いたが、子どものときに米国にやってきた不法移民で、オバマ大統領の行政命令によって法的身分を保証された者について「何らかの解決策を考える」と約束したトランプを称賛してもいる。

トランプはこの曖昧な約束を完遂することはなく、9月にプログラムを中断させた。ザッカーバーグはまた、トランプが高度なスキルを持った移民の入国には協力的だとして称賛している。フェイスブックにとっては有利な措置だからだ。当時〈The Verge〉のテック・コラムニストだったケーシー・ニュートンは、フェイスブックCEOによるこの投稿は「批判というレベルには達していない」と指摘した。

イーロン・マスクはイスラム排除への反対についてはもっとストレートで「国の課題に対する最良の取り組み方ではない」とコメントした。しかしマスクは他の分野ではトランプとの共通点を見つけ、大統領経済諮問委員会に、IBMのジニー・ロメッティ、ディズニーのボブ・アイガーといった大物と並んで加わった。彼は製造業に関する第二の委員会にも、インテルのブライアン・クルザニッチやゼネラル・エレクトリックのCEO、ジェフ・イメルトらとともに参加している。どちらの委員会もその年の年末には解散し、マスクはトランプのパリ協定からの離脱に抗議して2017年半ばに辞任したが、当時は大きな話題となる委員会だった。

カープはトランプを軽蔑し、選挙直前のパランティアでのミーティングでも彼を非難している。彼は以前トランプとの面会を断ったことがあると胸を張り、彼の富を「嘘くさい」と言い、その人格を「いじめっ子」と表現した。「あいつには尊敬できるところが何もない」と彼は言った。しかし、トランプタワーにカープが招待されてからは、会社はティールのコネクションを最大限に活用し、トランプ政権に積極的に売り込みを行う方向に舵を切った。

政権移行の初めの頃、ティールはアメリカ国立衛生研究所（NIH）で長年所長を務めるフランシス・コリンズを解任するようトランプに求めたことがある。有能な遺伝学者で、ビル・クリントンおよびジョージ・W・ブッシュ政権下でヒトゲノムプロジェクトを率いた後、オバマ政権下でNIH所長に就任した人物だ。

ティールはNIHが実績を挙げておらず、テコ入れが必要だと考えていた。そしてバノンによれば、メリーランド州の非常に保守的なイースタンショア地区出身の元麻酔科医で、共和党下院議員のアンディ・ハリスを推薦してきた。ハリスはごりごりのトランプ支持者でハウス・フリーダム・コーカス（保守的下院議員からなる議員連盟）のメンバーでもあった。

フリーダム・コーカスとは、2016年初めに詩人で公民権活動家でもあったマヤ・アンジェロウにちなんで郵便局に名前をつけるという、ごく通常の投票に反対したことで注目を集めたグループだ。反対を唱えた8名の共和党議員の中にハリスもいた。アメリカの歴史上最も有名な黒人アーティストの一人である彼女は共産主義支持者だった、と彼は主張した。ハリスはその後、トランプ政権下でQアノンを非難する決議は「棄権」し、コロナウイルスに伴う外出禁止令と本人いわく「マスクというカルト」に反対し、２０２０年の選挙結果を覆そうとするトランプを支持したことで有名になった。彼はまた長年のＮＩＨ改革論者であり、下院議会はＮＩＨに若い研究者への助成金を増額するように要請すべきだと提唱していた。ティールお気に入りのテーマだ。

バノンはこの提案に反対だった。20年以上にわたり国家に貢献してきた、輝かしい経歴を持つ遺伝学者をクビにして、米国郵政公社に喧嘩を吹っかけるような極右の扇動者を就任させることは、バノンにとってさえやりすぎに思われた。そこで彼はコリンズに連絡して、面接のため1月上旬にニューヨークに来て欲しいと依頼することには同意した。

のちにトランプ政権によって開示された文書によると、コリンズの審査にはトランプタワーでの面談に加えて、ティールとブレイク・マスターズとの昼食が含まれていた。昼食後のフォローアップメールでコリンズは、ＮＩＨには時代遅れの部分があるというティールの指摘は正しいと認め、パランティアについてもっとよく知りたいという熱意を表明した。そしてパランティアの事業開発部門の幹部、シャイアム・サンカーと会うつもりであると書いた。

今から思えば、これが大成功をおさめた売り込みのはじまりだった。コリンズは所長に再任され、翌年ＮＩＨは収集していた調査データの追跡業務のためパランティアと７００万ドルの契約を結んだ。そこから、たくさんの契約が結ばれていくことになる。

ティールは移民政策に関してはトランプとの間にある程度の距離を取ろうとした。それゆえ、イスラム教徒を登記して追跡するというトランプの計画だけはあり得ないと（少なくともパランティアでは）述べていた。「われわれはそんなことはしません」と彼は〈ニューヨーク・タイムズ〉

のモーリーン・ダウドに語っている。

しかし、今目の前でイスラム教徒の登記計画を批判しているこの男は、この計画の最も著名な支持者、クリス・コバックの強力な後援者でもあった。カンザス州の州務長官であるコバックとティールは10年来の知り合いだった。最初に会ったのはティールがアメリカ移民改革連盟（FAIR）という反移民団体の弁護士を務めていたときのことだ。ティールが2000年の半ばに寄付を行っていたナンバーズUSAという極右NPOの関連団体である。

二人が友だちになったのは、コバックが不法滞在移民への州内出身者学費適用を阻止するためカリフォルニア州政府を訴え、不法滞在移民の住宅取得を認めない自治体を擁護して注目を集めた頃のことだ。ティールの政治活動に詳しい人物によると、ティールはコバックの政治活動および2005年から2020年の間に彼が起こした訴訟のために、少なくとも500万ドルはつぎ込んでいるという。

2016年の大統領選後間もなく、コバックは「最初の365日間の戦略」と書かれた書類を持ってニュージャージーにあるトランプのゴルフクラブに入っていくところを写真に撮られている。その戦略には、9・11時代のデータベースを復活させて「ハイリスク地域からの異国人」を追跡し、米国への移民を希望する者にシャリア法（イスラム聖法）についてどう思うかを尋ねる、などの計画が含まれていた。トランプ支持者たちは、そのような登記制度は第二次世界大戦中に日系アメリカ人に対しても行われていたとしてこれを支持した。

さらにパランティアは、トランプが移民の取り締まり政策の一環として採用しようとしている機関とすでに取引をはじめていた。選挙活動中、トランプは大規模な「強制送還部隊」をつくると豪語していた。アメリカ合衆国移民・関税執行局（ICE）を使って取り締まりを行う仕組みだ。そしてパランティアは、2014年にICEと契約を締結して以来、すでに同機関と4100万ドルの取引があった。

2月、ホワイトハウスは強制送還の劇的な増加を招くことになる政策変更を発表した。オバマ政権は、不法滞在の中でも脅威とみなされた移民——たとえばギャングに属しているとか、暴力犯罪で有罪判決を受けているなど——だけを強制送還するようICEに指示していた。軽犯罪を犯した移民は送還対象にはならないことが多かった。トランプはそれを変え、たとえどんなに軽い罪でも犯罪を犯した者は強制送還するようICEに命じた。

移民政策には関与しないとティールが保証したにもかかわらず、パランティアはこの強引な計画で重要な役割を果たすことになった。公の記録によれば、同社はFALCONというデータベースをつくったことが分かっている。陸軍や諜報機関のために作成したものと同様、当局員が移民請負業者やその他の国境犯罪者を捕えるためのものだ。パランティアはさらに、「諜報用分析フレームワーク（Analytical Framework for Intelligence）」と名づけた2つめのデータベースも秘かに作成していた。税関・国境警備局（CBP）が旅行者や移民を評価し、個人ごとのリスクスコアをはじき出すシステムだ。

これらの事実が明るみに出ると（ティールのトランプ支持とも相まって）、激しい抗議が、初めはシリコンバレー内で起こり、広がっていった。1月、活動家グループ「テック労働者連盟（Tech Workers Coalition）」がパランティアがトランプ政権の仕事を請け負っていることに抗議して、同社本部の前でデモ行進を行った。その2ヵ月後、FALCONシステムの件が明るみに出ると、抗議グループがサンフランシスコのティール自宅前に集まり、「パランティア、目を覚ませ！　あなたたちは人権侵害に加担している」と書かれた看板を掲げた。これが、その後4年間にわたり何度も繰り返されることになる抗議行動の最初であり、パランティアと、トランプ政権下で最も物議を醸した政策との繋がりを世間の目に焼き付けることになった。

トランプ政権とパランティアの関係は依然として間接的なものだったが、ティールは自分のビジネスとトランプの最も物議を醸している政策とを直接結びつけても構わないと考えていた。2017年、チャールズ・ジョンソンはホーン・トンザット（熱心なアンチ・ゴーカーで、共和党全国大会でティールとも会っている）とともに進めている新しいベンチャー企業に投資するよう、ティールを説得していた。

クリアビューというその会社が目指すところはシンプルだ、とジョンソンはティールに説明した。彼はトンザットとともに、フェイスブックやその他ソーシャルネットワークに掲載されたプロフィールを閲覧し、ユーザーが投稿したすべての写真をダウンロードして、投稿者の名前とともにコピー保存するソフトウェアを作制した。

このデータベースを、顔認識アルゴリズムとともに警察やその他の法執行機関に売るのだ。2つのツールを併せて使えば、警察は身元不明の容疑者の写真を撮ってソフトウェアにアップロードするだけで、名前を割り出すことができる。二人はニューヨーク市で共和党の政治活動を行っていたリチャード・シュワルツを共同設立者兼社長に据え、CEOはトンザットが務めることにした。ジョンソンは会社の株式の3分の1を受け取るが、表向きの役職はない。資金調達と顧客の開拓が彼の仕事だった。

ジョンソンは、このソフトウェアはトランプの移民政策にぴったりだと胸を張った。「強制送還部隊のために、すべての不法滞在移民の身元を割り出すアルゴリズムをつくる」とは彼がフェイスブックに投稿した言葉だ。「あれを制作したときは冗談のつもりだった」とジョンソンはのちに語った。「でも、現実になったんだ」。そう、クリアビューはその後、ICEとの契約にこぎつける。その背後にはティールの援助があった。ジョンソンの売り込みを聞いた後、彼はこの計画に20万ドルの創業資金を提供したのだった。

トランプとの蜜月状態、そしてジョンソンやバノンといった人物と近づいたことで、親しい友人たちはティールを遠ざけるようになった。長年の親友の中には、彼と口を利くのすらやめてしまった者もいる。他の人たちは、ティールがいるところでは政治の話題を避け、トランプに対する彼の見解とテクノロジストとしての業績は別ものだと思おうとした。

ティールはそれまでも批判を前向きに受けとめることはなかったため、彼に投資をしてもらいたいと思えば、公に彼を非難することはあり得なかった。しかし、一握りの親しい友人たちはその一歩を踏み出した。選挙の直後、ファウンダーズ・ファンドのパートナーでLyftへの投資を主導したジェフ・ルイスはトランプを非難するブログ投稿の中で、遠回しに自分のボスも批判した。「今から1年後、こんな文章を投稿することは安全ではなくなっているかもしれない。今あちこちでささやかれている恐ろしい噂が本当なら、私は今書いている文章のために報復を受けることになるだろう」

ルイスは自分の予測が間違っていることを望むと述べる一方で、こうも付け加えた。「私がこれまで見てきた限りでは、トランプ大統領の感覚が通用する世界は、私が自分の孫たちに受け継いで欲しいと願う世界ではない」

２０１５年、ティールはＹコンビネーターの非常勤のポジションに就いた。ティール財団と比較されることもある、初期段階のインキュベーターだ。ＹＣとして知られるこの会社はその後順調に成長してベンチャーキャピタル投資を行うようになり、シリコンバレーの今最もホットな会社として、ファウンダーズ・ファンドをしのぐほどになっていた。

ＹＣはファウンダーズ・ファンドと同様、起業家と起業家の育成管理に取り組んでおり、とりわけ野心的な会社に対しては心血を注いで応援した。ファウンダーズ・ファンドは速い飛行機に投資すると宣言していたが、ＹＣは実際にBoom Supersonicという航空機開発会社に資金を提供した。さらに核融合発電会社、自動運転車会社、その他シード期のバイオテクノロジー企業に、他のどの投資家よりも多く投資を行った。

ティールはそれまで、ＹＣの若き社長サム・アルトマンと親しい間柄にあった。２０１６年の選挙でヒラリー・クリントンを支持したアルトマンはティールをメンターと仰いでおり、選挙前には「主要政党の大統領候補を支持しているからという理由で誰かをクビに」することはない、と約束してティールをかばった。しかし翌年の秋、ＹＣはパートナー一覧から秘かにティールの名前を削除し、彼が最初にパートナーに就任した際のブログ投稿を修正した。「訂正：ピーター・ティールは現在はＹコンビネーターとは提携しておりません」。アルトマンはこの件について公の場で説明することはなかったが、ティールの政治姿勢に対する拒絶反応であると広く受けとめられている。

ティール界隈の内部では、拒否反応はより強かった。かつてティールをアイドルのように崇拝し、彼に投資してもらうことを夢見ていたルイ・アンスローは、反発のあまり真逆に走った。反ペイパルマフィア的な活動を立ち上げ、#NeverThiel運動の一環として、スタートアップ志向の未来派の仲間たちに対しティールの会社からの投資を拒否するよう促しはじめたのだ。

ティール・フェローたちは、かつてはベンチャーキャピタリストや潜在的なビジネスパートナーとのアポを取ろうと思えば、必ず折り返しの電話をもらえた。しかし2017年には、折り返しはすぐには来なくなっていた。「自己紹介するときの決まり文句があるんです」と、2016年以前のティール・フェローでテック企業を立ち上げ成功させた、ある人物は言う。ティールとトランプやオルト・ライトとの関係についてビジネス相手が否定的な反応を見せた際には「こんなふうに言うんです。『私はティールが政界の大物ではなく、テック業界の大物だった頃のフェローなんです』と。こう言うと、みんな何となく理解してくれます。選挙によって彼に対する見方は間違いなく変わりました」と彼は言った。

友人たちの気持ちを少しでも鎮めるために、ティールはトランプと一定の距離を置こうとし、彼を支持したのは現実的な判断のためだ、と説明した。「トランプへの支持は、私がしてきた中で最も逆張り度の低い賭けだった」とティールはしばしば言い、結果的に国の半分が彼と同じ人に投票したのだから、と指摘した。

悲劇の兆しが見えはじめたのは夏の終わり、バノンが大統領情報活動諮問会議（ＰＩＡＢ）にティールの席を確保しようとしたときのことだった。非常勤だが、権威あるポストだった。前任者には元上院議員チャック・ヘーゲル、元国家安全保障担当補佐官ブレント・スコウクロフト、元統合参謀本部議長ウィリアム・クロウなどがいた。ティールは自分以外のテック業界の著名人でただ一人のトランプ支持者、オラクルのサフラ・キャッツと職務を共有することになっていた。実現すれば、ティールの潜在的な影響力は絶大なものになり、シリコンバレースタイルのソフトウェアに多くの投資を呼び込むプラットフォームを築き、パランティアはライバル企業を出し抜くことができるはずだった。

しかし、そのタイミングでシャーロッツビルのユナイト・ザ・ライトの集会が開かれ、集会への抗議活動を行っていたヘザー・ヘイヤーが白人至上主義者に殺害され、その後トランプが「双方に非常に立派な人々がいた」とコメントする事件が起こった。そしてその数日後、バノンはホワイトハウスを去った。政権内にオルト・ライトの人間を置いておくことに批判が集まったためと考えられている。ティールは自分とホワイトハウスとを結びつける最も重要な人物を失うことになった。

ティールの態度はぐらつきはじめた。オファーされたポストが彼の会社にどのような影響を及ぼすのか、心配になったのだ。パランティアが政府と次の契約を締結すれば、不正行為の疑いをかけられるのではないか。さらに、自分の個人的な生活やプライバシーへの不安も、ごく親しい人には打ち明けていた。秋頃になって、彼は情報活動諮問会議のポスト候補を辞退するとホワイトハウスに伝えた。

10月、ティールは50歳になった。死への恐怖を抱きながら人生を生きてきた彼にとって、この節目は喜ぶべきものではなかったが、それでも長年のパートナーであるマット・ダンツァイセンとともに、オーストリアのウィーンに友人たちを招待した。ゲストが招待された場所に行くと、彼らが出席するのは誕生日パーティではなく、結婚式であることを知らされた。ティールは結婚するのだ。

はたから見ると、ティールがトランプ政権から距離を置いたのは、逃避したように見えたかもしれない。彼はもはや、大統領の移民政策を擁護する立場でいたくもなければ、ロバート・モラー特別検察官によるロシアゲート捜査の強化に伴い、取り調べの対象になるのも嫌だった。

彼は、少なくとも社会的には身を固めようとしており、ダンツァイセンとは子どもを持つことも考えはじめていた。しかし、公の立場にいなかったからといって、政治やテックの世界から離れたわけではなかった。それどころか、米国政府における影響力を強固なものにし、自分の会社がその影響力からきっちり利益を得られるための行動に着手していた。トランプ政権はどんどん見苦しいものになっていたが、それはピーター・ティールのキャリアの中でも最も利益を生む4年間になるのだ。

# 18

Evil List

# グーグルとの対決

2019年初め、私は西ハリウッドのクラブシーンエリアからもそう遠くない、サンセット・ブールバードのガラス張りのオフィスタワーを訪ねた。建物の11階に入っているティール・キャピタルは真新しかった。20世紀半ばのものと思われる高価そうな家具が置かれ、ティールの自宅と同様、生活感のない空間だった。あたりは静まり返り、社内に人はほとんどいないようだった。アシスタントが現れ、峡谷の絶景が見えるガラス張りの会議室に私を案内し、洒落たカップ＆ソーサーに入ったエスプレッソを出してくれた。数分後、襟元が開いたポロシャツにジーンズ、顔には笑みを浮かべたティールが入ってきた。インタビューはオフレコで、1時間ちょっとの間続いた後、ティールがふと立ち上がって部屋を出ていったことで突然終了した。

私は誰かが見送りに来るのか、それとも勝手に立ち去って良いものか戸惑った。それは不思議な終わり方だった。失礼というわけではなかったが、まるで彼がもう話すネタがなくなり、さよならを言うことに思い至らなかったという感じだった。

インタビューの間、私は彼の未来の展望を聞き出そうとした。トランプの次は何が来る？　さらに、なぜ彼がグーグルを攻撃しはじめたのかも知りたかった。あからさまな敵意は2012年、彼がスタンフォードで講義を行っていた頃にはじまった。講義の中で彼は、インターネット検索においてグーグルは独占状態にあると指摘し、同社は独占禁止法違反で米司法省その他の調査を受けるのを避けるために自らを一般的なテック企業だと名乗っているのだと主張した。一般的なテック企業だというのは嘘だ、とティールは言った。グーグルが自動運転車、ソーシャルネットワークなどあらゆることに関わっているのは「あらゆる分野にキャッシュを行き渡らせるよう、政府に要請されているからだ」と。

当時、その発言を聞いたり読んだりした人の多くは、ティールが興味深い感想か、あるいは褒め言葉として言っているのだと考えた。しかしそうではなかった。ティールはペイパル時代の2001年に独占禁止法をちらつかせてイーベイと闘ったが、2011年、当時ともに闘ったヴィンス・ソリットがハワイに現れ、西部法務長官会議でティールが投資する会社、Yelpのためにプレゼンテーションを行った。

同社のCEOジェレミー・ストッペルマンはX.comでジュニアエンジニアを務めていた人物で、イーロン・マスクに雇われたにもかかわらず、クーデターを生き延びた。その後会社が売却され、1年間のビジネススクールを経て、彼はクラリウムのインターンになった。ティールはストッペルマンにインターン業務をやらせる代わりに、ビジネスインキュベーターをはじめたばかりのレヴチンに彼を預けた。ストッペルマンが一般の人がレストランやその他の店をレビューするウェブサイトのアイデアを思いついたのはその職場でだった。

Yelpは好調だった。グーグルがそれを模倣し、グーグルプレイスというそっくりなサイトをつくるまでは。グーグルでレストランや店を検索すると、検索結果の横にはグーグルプレイスのリンクが現れるようになった。2011年のプレゼンテーションでソリットは、グーグルプレイスはYelpのレビューを流用し、そのコンテンツを事実上盗用し、Yelpへのアクセス数（および収益）を奪い取っている、独占禁止法違反の典型的な例だと指摘した。

グーグルは他社サイトのレビューの流用をやめたが、その秋、ストッペルマンは上院司法委員会に出席し、グーグルは不公正な競争行為を行っており、市場支配力を使って他のインターネット分野を乗っ取るのをやめさせるべきだと訴えた。「今日という日は、政府がイノベーションの保護に乗り出すまたとない機会です」とストッペルマンは述べた。「シェアを独占する検索エンジンがその優位性を利用して拡大することは、起業活動を妨げるものです」

2012年7月、スタンフォード大学の講義でグーグルを非難してから数ヵ月後、ティールはコロラド州アスペンで開催された会議で、グーグルのエリック・シュミット会長とともに登壇した。テクノロジーの未来について議論するというテーマだった。シュミットが最初にスピーチをし、テクノロジー業界、とりわけグーグルが世界の発展に大きな役割を果たしていると称賛した。「かつては少数の人々しか知ることができなかった世界の出来事や情報について、今では世界中のほぼすべての人が、自国語でアクセスすることができるようになりました」と彼は述べた。

ボタンを2つ開けたシャツの上にジャケットを羽織ったティールは、歯を食いしばった後、にっこりと笑った。「エリック、グーグルのプロパガンダ大臣として素晴らしい仕事をしてますね」と言い、そこからテック業界はイノベーションをやめてしまったというティール節がはじまった。「もちろん、かなり良くやっている個別の企業はあります。特にグーグルの検索エンジンのように、世界的な独占状態にある企業なんかはね」

「合法的な独占ですね」と、司会のアダム・ラシンスキーは訂正した。

「その独占状態を不当なやり方で拡大し、他の企業を抑圧しない限りはね」とティールは返した。もう笑ってはいなかった。「独占状態は、それを悪用さえしなければ合法だと言えるでしょう」

シュミットはそれを褒め言葉として受け取ると言い、笑ってやり過ごそうとしたが、ティールの痛烈な批判はそれから30分間も続いた。彼はシュミットやその同僚たちは「多くの場合、人よりもコンピュータが好き」だと言い、シュミットが当時中東を席巻していた「アラブの春」をグーグルの功績にするという不適切な過ちを犯していると指摘した。

「現地で実際に起こっていたことは、前年の間に食料価格が30～50％も増加し、人々が革命が起こったことで、それまでの恐怖を上回るような飢えに苦しめられるようになった」とティールは言った。「その状況に対してもエリックならこう言い放つだろう。『食べるものがないなら、iPhoneを食べれば良いじゃないか』とね」

最後に、ティールはグーグルの貸借対照表に苦言を呈した。会社には300億ドルもの現金があるにもかかわらず、その金を有効に使うアイデアさえ持たないと言うのだ。「この事実だけを踏まえて言えば、グーグルはもはやテクノロジー企業ではないということになります」と彼は言った。「毎年莫大なキャッシュフローを生み出しているのに配当金が支払えない銀行のようなものだ。300億ドルを有効に運用できない時点で、もはや自分たちはテクノロジー企業ではないと認めているのも同然だ」

それから5年後、グーグルはもはやYelpのみの脅威ではなくなっていた。フェイスブックと広告費を争い、以前ならばパランティアに行っていたはずの国防総省とのハイテク契約を奪おうとする、巨大コングロマリットに成長していた。そう、ティールが関わるほぼすべての企業にとって、何らかの形での脅威となっていた。

そんなグーグルにも、独特の脆弱性があった。シュミットとバラク・オバマ、のちにはヒラリー・クリントンとの親密さは、トランプに嫌われる原因となった。トランプは選挙活動中、グーグルがクリントンに不利な結果を意図的に除外して報じていると抗議している。さらにグーグルは、ティールにとって認めるのは具合が悪い他の大手テック企業の罪を肩代わりさせる、便利な存在でもあった。グーグルはフェイスブックと同様、ユーザーから膨大な量のデータを集めていたし（多くの場合は相手にそうと気づかれないまま）、フェイスブックと同様、広告主にそのデータへのアクセス権を与えていた。そしてフェイスブックと同様、（YouTube経由で）ロシアにその情報を操作されてもいた。

トランプの勝利後ティールは、2016年大統領選で意気消沈したリベラルたちはフェイスブックに怒りをぶつけるけれど、本当の悪玉ビッグテックはフェイスブックではないと、耳を傾けてくれる相手であれば誰彼構わず言うようになった。ザッカーバーグの会社は「事実以上の濡れ衣を着せられている」と。誰かが規制を受けなければならないとすれば、それはフェイスブックではない、フェイスブック最大のライバルだ、と彼は主張した。そして言うだけでなく、舞台裏では行動を起こしていた。

反グーグル・キャンペーンが激化したのは、2017年にティールがホワイトハウスを去った後だ。大学時代の政治活動やその後立ち上げた会社と同様、それはカルチャー戦争から始まった。グーグルは、スタンフォードと同じく、会社の気高い理念、「世界の情報を整理して、ユニバーサルにアクセス可能で便利なものにする」と、「邪悪になるな（don't be evil）」というなんとなく進歩的な感じの社内規範に傾倒する、左派の理想主義者だらけだった。

しかし、グーグルには保守的なグループもあった。大学を卒業生して間もない若い社員たちで、会社の高い給料、雇用の安定、そして優秀なエンジニアを雇うという評判に惹かれて入社してきた者だ。彼らの多くは繁栄という福音とリバタリアン政治とがない混ぜになったピーター・

ティールの思想を熟知していた。彼らは『ソーシャルネットワーク』を観て、『ゼロ・トゥ・ワン』を読み、ロン・ポールやドナルド・トランプ、そしてゴーカーの破壊に声援を送った。

２０１７年7月、シカゴ郊外出身の28歳のグーグルエンジニア、ジェームズ・ダモアは、会社が特定の従業員に対し組織ぐるみで差別を行っていたという内容のメモを回覧した。疑似アカデミックな雰囲気の中、従業員が勤務時間の20％を個人プロジェクトに費やすこうした理想主義的な会社では、この種の抗議は珍しいことではなく、彼らはあらゆる分野に関する自分の意見を会社のメーリングリストで拡散する。

グーグルの従業員のほとんどが会社はマイノリティと女性を差別していると思っていたが――白人およびアジア系の男性が従業員の大部分を占めているというダイバーシティ上の統計がそれを裏付けている――ダモア（ティールと同様、子ども時代からチェスをし、最近は男性の権利運動に参加していた）の主張は、グーグルが保守派を差別しているというものだった。彼は自称フェミニストが自分の主義主張に疑問を抱いていくドキュメンタリー『The Red Pill』（カーティス・ヤーヴィンは映画『マトリックス』にちなんで、「赤い薬」を幻想から目覚めて厳しい現実に直面するという意味で使っている）を観ていた。またアファーマティブ・アクション（人権的マイノリティを対象にした積極的差別是正措置）をしばしば痛烈に批判して物議を醸している、カナダ人の心理学者で啓発本作家ジョーダン・ピーターソンの講義も視聴していた。

ピーターソンの講義に背中を押され、ダモアはメモを書いた。グーグルで女性が過小評価されているのは差別からではなく、女性は男性ほどプログラミングに興味がないためだとする社内保守派の意見に対し、グーグルの管理職は保守派を「恥じ入らせ」「沈黙させている」と書いたのだ。

ダモアにとってその説は理にかなったものだった。彼の目には女性は男性より外向的かつ神経質に見え、それは彼が考える優れたプログラマーの資質とは相容れなかったからだ。この破綻したロジックは、8月上旬にグーグルの従業員たちがメモをリークしたことで公になった。

グーグルはダモアを解雇し、ダモアはマスコミに思いをぶちまけた。「彼らは私を裏切った」と彼はブルームバーグTVに語り、自分は善意でメモを回覧したのに不当に罰せられたと主張した。ティール周辺の人々が喜んで拡散したがるネタだ。

ティール・キャピタルのマネージングディレクター、エリック・ワインスタインは、グーグルによるダモア解雇は「経済的自立をしたければプログラミングを学ぶのではなく、人事部に抗議しろ、とうちの娘に教えているようなものだ」とツイッターに投稿し、「あらかじめ礼を言う、一人の父親より」と署名までつけた。ワインスタインの現在のおもな仕事は（その肩書にもかかわらず）、「ザ・ポータル」というポッドキャストのホストとして、ティールを含む逆張り派たちにインタビューすることだ。彼はまた「知的なダーク・ウェブ」と称する、ピーターソンを含むYouTubeのパーソナリティグループのリーダーでもあり、ポリティカル・コレクトネスの非難に精を出している。

ティールのスタンフォード時代の友人でオルト・ライト活動家になったジェフ・ジェシアはダモアを擁護する一連のツイートを書き、1990年代半ばにティールが書いた多文化主義への批判から拝借したハッシュタグをつけた。「グーグルメモについてより多くの人と語ろう。ハッシュタグ #DiversityMyth」。のちに彼はこのツイートを削除した。

ダモアの支援活動はチャールズ・ジョンソンに引き継がれ、彼はWeSearchr（ティールの支援によって立ち上げられたクラウドファンディングサイト）を通じてダモアの法的弁護のための資金を募った。「過激な左派たちが憎しみの暴徒となって無党派、リバタリアン、保守派、そして単純な逆張り派に大っぴらに恥をかかせ、おとしめ、彼らを解雇に追いやっている」ことへの抗議をうたった募金には、6万ドルが集まった。

彼はさらにダモアを、ティールおよび著名な労働問題専門の弁護士でカリフォルニア共和党の議長を務めるハーミート・ディロンと引き合わせた。同じ頃、ティールはグーグルの保守派の従業員で会社に不満を抱くグループを自宅に招待し、ジョンソンがグループのホスト役を務めた。

翌年の1月、ダモアともう一人の元エンジニアが、グーグルは白人男性と保守派の従業員に対して差別を行っているとして同社に対し集団訴訟を行った。訴状には、会社の多様性イニシアチブには白人男性の特権についてのディスカッション、および従業員の半数を女性が占める部署を褒めたたえる項目が含まれており、差別禁止法違反に当たる、と記されていた。

ゴーカー以外にも同様の法的攻撃を仕掛けるべきだとティールを口説いていたジョンソンは、ダモアの弁護士費用を払うよう勧めたが、ティールは断った。「彼がなぜわれわれをバックアップしてくれなかったのかは分かりません」とダモアは筆者に語った。ティールには当時ミズーリ州ジェファーソンシティでもっと壮大な計画があったことが理由のひとつかもしれない。

11月、ダモアが訴訟の準備をしている間、ジョシュ・ホーリーという名の〈スタンフォード・レビュー〉の卒業生でミズーリ州の司法長官が、グーグルが個人データを収集していたとして、同社に対する独占禁止法の調査を開始すると発表した。「世界の歴史の中でも、グーグルほど多くの個人消費者情報を収集した組織はない」とホーリーは言った。このコメントはフェイスブックやパランティアにも容易に当てはまるものだったが、ホーリーは彼らを標的にはしなかった。「顧客の利益を最優先に考えているというこうした巨大企業の言葉を額面どおり受け取るべきではない」

彼は検索エンジンが競合他社のコンテンツを使用し、それに対抗するような結果を導く方法を精査すると明言していた。何年も前にYelpが声をあげ、それ以来独占禁止法違反を訴える人々の間では頻繁に使われるようになった攻撃方法だ。

ホーリーの主張はシリコンバレーでは笑い草だった。彼は上院議員への立候補を検討していると発表したばかりで、37歳という年齢もあり、都合の良いことばかり言っている未熟者だとみなされていた。しかし、彼はピーター・ティールの知り合いであり、ティールは彼のために大掛かりな計画を用意していた。

ホーリーはティールのスタンフォードの10年後輩で、〈レビュー〉に記事を書いていた。2015年に彼が司法長官に立候補した際、ティールは30万ドルを寄付した。2年間の寄付総額が400万ドルだったホーリーにとってそれは莫大な金額だった。2017年11月9日、ティールはホーリーの予備選挙および総選挙に多額の寄付をし、寄付金総額は州最高額となった。その4日後、ホーリーはグーグルに対する法的措置を発表した。

ホーリーはティールの寄付が彼の行動に影響を与えたことを否定した。しかしグーグルは、これはティールの支援による計画的攻撃と見ていた。結局のところティールは、グーグルの主要な競争相手、フェイスブックの役員なのだから。

翌年の1月、ティールは旧友のリード・ホフマンとステージ上でディスカッションをするためスタンフォードに現れた。二人の男はトランプ支持をめぐっては対立関係にあった。ホフマンと彼の妻ミシェル・イーは強い反トランプ派で、選挙後はティールとの付き合いを避けていたが、最近はまた良好な関係に戻っていた。

ティールの友人で保守派の歴史学者ニーアル・ファーガソンが司会を務めるこのイベント中、ティールはソーシャルネットワークが虚偽の投稿を規制すべきかどうかについて、ホフマンと意見を闘わせた。ホフマンはそれが賢明な方法だと考え、ティールは反対だった。そしてグーグルの「プロパガンダ」に対する非難を再開した。彼はまたグーグルが中核技術とみなす人工知能は「共産主義的」だとした。「それは大きな政府がビッグデータを管理して、自分以上に自分のことを把握するということだ」と彼は述べた。「中国共産党はＡＩが大好きで、暗号通貨を忌み嫌っている」

その後、ファーガソンが仮に民主党が政権を取り戻した場合の独占禁止法の見通しについてティールに尋ねると、ティールは逆に質問を返してきた。もしトランプが独占禁止法を理由にテック企業を追い詰めようとしたらどうなると思う？

**ティール**　私が驚き、そして心配しているのは、大手テック企業の政治的駆け引きのまずさだ。理想主義的なのか、愚かなのか、単に間違っているだけなのか、シリコンバレーは一党に偏っているのだ。ひとつの政党にすべてを賭けている。そうすると、政治上のトラブルに巻き込まれることになる。この社会では、片方だけ支持してしまうとね。あなたは規制は左派から始まると言ったけど、現時点では共和党から始まってもおかしくはない。そして、共和党が規制をはじめると、本当に困るのはあなただ。

**ファーガソン**　共和党はどのように規制を行うのでしょう？　彼らが独占禁止法の規制を大々的に行う状況が想像できないのですが。

**ティール**　まあ、いろいろとね……彼らにヒントを与えるつもりはないよ。

この控えめな仮説の中で、共和党によるテック企業（とりわけグーグル）への規制においてティールが果たしている役割は明らかにされなかった。10年前、ヘッジファンドマネージャーとしてポピュリストの反乱を警告し（そして反乱に秘かに金をつぎ込み）、その後その反乱の中心的存在となったように、ティールは今テック企業を規制しようというキャンペーンの中心にいた。シリコンバレーが一党支持に偏っているという話は、ダモアが言いはじめ、ジョンソンやティール周辺の人間が拡散した話だ。それはまた、注意深く見れば、警告でもあった。トランプの電車に乗れ、さもなくばFTC（連邦取引委員会）の調査を受けろ。

数週間後、ティールはテック業界から身を引くつもりだと友人たちに伝え、友人たちはそれをマスコミにリークした。アメリカ社会を二極化させ、その性格上、人々のプライバシーを奪うことになったインターネットというものに対して、表裏一体の複雑な気持ちを抱くようになった。だからこの業界を離れ、シリコンバレーを離れてサンセットストリップの丘の上に立つ家に移り、ティール・キャピタルと財団もそこに移すと。そしてヘッジファンドマネージャーとして、テック業界の大物としての野心の象徴でもあったプレシディオの家を売却した。

一連の動きは完全な演出だった。ティールは常にあちこちを旅していたし（5大陸に12以上の家を所有し、2012年にはハリウッドにも家を購入していた）、プレシディオの邸宅を売却したといっても、サンフランシスコにはまだ別の住居を所有していた。彼にとって最も重要な投資事業体であるファウンダーズ・ファンドはどこにも動かさず、同社の従業員ものちに、何も変わらなかったと語っている。

彼は以前と同じくらい多くの時間をファウンダーズ・ファンドのオフィスで過ごしていた。それでも彼の動きは、憶測を引き起こすには十分だった。シリコンバレーをつくった男はいまや、その最も声高な批判者になったのだ。

シリコンバレーはイデオロギー的にあまりにも抑圧的で、まるで北朝鮮だ、というのが彼の決まり文句だった。バレーは、きわめて聡明だがポリティカル・コレクトネスに「洗脳された」労働者でひしめいていると、ティールは主張した。そしてポリティカル・コレクトネスは、彼がアメリカ社会で唯一無二の悪と考えているものだった。

左派の批評家たちは彼の主張に含まれる明らかな偽善を指摘した。自分の気に食わない記事を書いたメディアを執念深く破滅に追い込んだ男が、リベラル派からの抑圧を批判するなんて、と。しかしフォックスニュースや〈ブライトバート〉、オルト・ライトや知的ダークウェブ（ポリティカル・コレクトネスに反対するコメンテーターの非公式グループ）のご意見番たちにとっては彼は真実を語る人であり、英雄でさえあった。

「全員が何の異存もなくひとつの意見に賛同している状態は、全員が真実を理解しているということではありません。一種の全体主義的な状態に置かれているということなのです」とティールはフォックスビジネスニュースのアンカー、マリア・バルティロモに語った。「シリコンバレーはリベラル寄りの状態から、一党支持にシフトしてしまったのです」

ティールの策略は友人、旅の仲間、そしてトランプ政権内の権力者たちに受け入れられたとは言いがたいが、完全に失敗したわけでもなかった。ケビン・ハリントンやマイケル・クラツィオスの他に、ファウンダーズ・ファンドのパートナーでパランティアの元従業員でもあるトラエ・スティーブンスは政権移行期間中に国防総省に呼ばれた。ティールはまた、友人で保守派の扇動者でもあるマイケル・アントンを国家安全保障会議（ＮＳＣ）に加える後押しをした。パランティアの元マーケティング担当者で海軍勤務の経験もあるジャスティン・ミコレイは国防総省に加わり、国防長官ジム・マティスのスピーチライター兼コミュニケーション・ストラテジストになった。

マティス自身が、ティールやアレックス・カープ、そしてパランティアに近い人々がここ10年間唱え続けてきた、現状打破の信念に同意していた。そしてそれは彼だけではなかった。彼はパランティアのコンサルタントを務めていたアンソニー・デマルティーノとサリー・ドネリーを、それぞれ参謀総長とシニアアドバイザーに任命した。

２０１７年初め、ティールとスティーブンスは国防総省を訪れ、コンピュータを中心に政府機能を再構築し、シリコンバレーの企業との積極的な取引を検討するよう、当局に促した。「間違いを犯すという言葉がありますが、間違いを犯さないようにするという間違いもあるのです」とティールは説得した。「そしてそれは非常に大きな間違いだと思っています」。それは現代版「速く動き、物事を壊す」だった。

パランティアには国家安全保障会議内にもっと大物の賛同者がいた。ほんの短期間ではあったが。彼の名はマイケル・フリン、好戦的な中将で、オバマ政権下で陸軍を追われてからは、世界を飛び回る親ロシア派、かつ「アメリカを再び素晴らしい国にする《Make America Great Again》」提唱者として売り出していた。この変身前には、陸軍はパランティアのソフトウェアを導入すべきだと公に声をあげた最初の陸軍高官である。

フリンは国家安全保障大統領補佐官に就任してから3週間後、就任前にロシア大使と会話をしたか否かについて嘘を言ったことが発覚し、職を辞任した。その後任、H・R・マクマスターは制度主義者で、選挙で投票したことがない制服組軍人で、あらゆる面でフリンとは違っていた。しかし、第一次湾岸戦争およびイラクの対反乱作戦で頭角を現したマクマスターも、ひとつだけ前任者との共通点があった。彼もまた、熱狂的なパランティアのユーザーかつ導入派だったのだ。

もちろん、パランティアのソフトウェアに共感する軍関係者が上級職に任命されたことに、ティールはまったく関与していない可能性もある。パランティア製品はオバマ政権の頃から支持を得ていたし、パランティアの幹部たちも、優遇措置の恩恵などは受けていないと聞き取り調査で主張していた。しかしトランプの任命によって、政権内にパランティアにきわめて好意的な補佐官が増えたことは事実だ。陸軍は、もともとのDCGS請負業者であるレイセオンとパランティアとを競合させることにした。両社がそれぞれプロトタイプのシステムを構築し、それを陸軍会議でプレゼンするのだ。数年前にパランティアが求めていたコンペそのものだった。

陸軍はそれまでずっとパランティアに懐疑的だったのに、ここに来てDCGS担当の上官たちは突然前向きに転じた。パランティア内部では、われわれのソフトウェアを導入するメリットに気づいたのか――確かにパランティアのソフトウェアはここ10年で大幅に改善されていた――あるいは何らかの政治的圧力があったのか、とささやかれた。いずれにせよ、2019年初め、陸軍はパランティアが圧勝したことを発表した。同社は起業以来最大となる、8億ドル以上の契約を結ぶことになる。この勝利で勢いづいたパランティアは、国防総省とのさらなる契約を求めて活発に営業活動を行った。

ティールがトランプ政権から利する方法は、パランティアを通じてだけではなかった。パランティアと似たようなスタートアップ防衛企業アンドゥーリルは、トラエ・スティーブンスとジョンソンの親友でファウンダーズ・ファンドの投資でオキュラスを設立した（のちにフェイスブックに売却）パルマー・ラッキーによって設立された。

ティール側近の一人が「ピーターとパランティアの関係と同じ」と表現するこの会社は共同設立者を3人追加し（うち二人はパランティアの元従業員）、直後にティールのベンチャーキャピタルを通じてすぐに1750万ドルを調達した。パランティアが政界に新たな機会を見出したように（9・11テロに動揺したアメリカ人は、にわかにデジタル監視やデータマイニングを許容するようになっていた）、アンドゥーリルはトランプの「壁をつくれ」騒ぎに乗じて、国境監視用のハードやソフトを開発した。トランプの言葉は文字どおり受け取るべきではないが、財政面でそれを支えそこから利益を得るのは大歓迎だ、というのがティールの考えだった。アンドゥーリルの製品は米国の国境警備を支援するもので、契約ベースではなく市販価格が設定されていた。スペースXのロケットやパランティアのソフトウェアと同じ仕組みだ。

パランティアはもちろん、初期の頃はＣＩＡの後ろ盾に依存していた。アンドゥーリルが会社の存続を依存している政府機関は税関・国境警備局（ＣＢＰ）だった。ＣＢＰはトランプ大統領のもと、国境警備を強化し、不法移民を強制送還し、不法移民の子どもたちを親から引き離す政策を実行するために潤沢な資金を与えられていた。現実的な対応として、これまで政府は子どもを連れた不法移民は移民申請期間中は釈放するか、家族丸ごと収容していた。しかし、２０１８年４月に発表された新たな「不寛容」政策は、犯罪を犯した不法移民を子どもから引き離し強制送還するよう警察に指示する内容だった。

６月にトランプがこの政策をやめるまでの２０１７年から２０１８年にかけて、何千人もの子どもたちが親と引き離されて収容され、公衆衛生の専門家たちからは子どもたちにトラウマが残るとして非難の声があがった。６月には、幼い子どもたちが親を必死に呼ぶ横で、それをネタに冗談を言う国境警備隊の８分間の録音が公開された。「マミ、パパ」と呼ぶ声に対し「あーあ、一大オーケストラだな」と言う係官の声。「指揮者だけ不在らしい」

２０１８年、ラテン系移民擁護団体ミジェンテが公開した文書によると、アンドゥーリルは「バーチャル・ウォール」の一部となる機器（高価なカメラやセンサーと、高度な人工知能を組み合わせたもの）を供給する５００万ドルの契約にこぎつけた。ミジェンテはまた、ＣＢＰが親がそばにいない子どもの親を見つけ出し、拘束・強制送還させるために、パランティアのソフトウェアを使っているという文書も公開している。

パランティアに対する抗議の声は２０１９年に激化した。同社は他の多くのシリコンバレーの企業と同様、オンラインのソフトウェアプラットフォーム、GitHub を使っていた。これはプログラマーのためのソーシャルネットワークのようなもので、エンジニアたちが自分が書いたソフトウェアプログラムを共有し、テクニカルな問題を解決する場だ。

5月、何十人ものテックワーカー連盟のメンバーがGitHubのパランティアのページに同じメッセージを投稿した。「ＩＣＥ（アメリカ合衆国移民・関税執行局）は移民の子どもたちの親を強制送還するのにパランティアのソフトウェアを使っている」。2ヵ月後、ニューヨークのアマゾン・ブックスに抗議者たちが現れ、ティールのデータマイニング会社にクラウドコンピューティングサービスを提供している同社に対し、関係を断ち切るよう要求した。

パランティアは、オンラインマガジン〈スレート〉の「悪者リスト」の上位にも登場した。左派にとってパランティアは（ひいてはティールは）、極右権威主義とシリコンバレーの不気味さの代名詞となった。

夏にかけてパランティアの従業員からも非難の声があがり、彼らは会社がＩＣＥとの契約で得た利益を慈善団体に寄付するよう、嘆願書を提出した。カープがそれを拒否すると、怒りのあまり辞職する者も出てきた。「本当に気分が悪い」と元エンジニアは筆者に語った。彼は他の数名の従業員とともに、同社の株を売った金をテキサスに本拠を置くRAICESという組織（強制送還と闘う移民を支援している法的サービス組織）に個人的に寄付することを申し出た。「汚い金を持っているように感じたんだ」。これこそまさにティールが望んでいたことだった。シリコンバレーにおける本格的なカルチャー戦争——残りのトランプ就任期間中、彼が利益を得続けることになる戦争だった。

2019年7月、ティールは国民保守派会議（National Conservatism Conference）の開会式に出席するためワシントンD・C・に飛んだ。これは新しい保守派のための新しい集まりで、会議主催者によれば、アメリカとヨーロッパでわき起こっているポピュリストおよび国家主義運動を支持する大会だった。この「国民保守主義」は、トランプ主義を拡大しようとする試みのひとつだった。

「トランプを超えた先にあるトランプ主義」を探る、というのがティールの友人や同僚に対する説明だった。ティールはバリー・ゴールドウォーターが広めたリバタリアン政治から離れ、投資家に反動主義的なレターを書き、カーティス・ヤーヴィンのような人物を支援しはじめた頃から推し進めていたビジョンに向かっていた。国境閉鎖、閉鎖的な商取引政策、そしてポピュリスト的な産業政策だ。

会議には、ティール界隈の面々が勢ぞろいしていた。ヤーヴィンとジェフ・ジェシアは聴衆の中にいた。スピーカーは、基調講演に今はミズーリ州の上院議員となったジョシュ・ホーリー、マイケル・アントン、そしてミスリルの元マネージングディレクターのJ・D・ヴァンス（今ではポピュリスト作家として著書『ヒルビリー・エレジー』（光文社）を世に出している）。ジョン・ボルトンまで登場した。

ティールはもちろん、いちばんに登壇した。スピーチのテーマは、当然のことながら彼のお気に入り、独占企業について。グーグルは「スタートレック・コンピュータ」をつくっている、とティールは述べた。これはテクノロジー業界の停滞について彼がいつもの説を繰り返す糸口だった。確かに今、何でも知っているコンピュータはあるかもしれない。でもいまだにワープはできるようになっていない。コンコルドすらもうなくなってしまった！

もちろん、『スタートレック』はティールの見解では共産主義的な番組であり、グーグルもまた自らをアメリカ合衆国を超えた存在だとみなしている点で共産主義的な会社だ、とティールは主張した。ティールはまた、グーグルの人工知能プロジェクトは中国の諜報機関によって「徹底的に潜入されている」と語った。そしてそこからさらに切り込んでいった。

1年前、従業員からの圧力を受けて、グーグルは国防総省との契約をキャンセルしていた。契約の内容は、陸軍からのドローン画像の加工だった。抗議者たちはグーグルの技術がターゲテッド・キリング（標的殺害）に使用される可能性があると主張し、CEOサンダー・ピチャイはその圧力に押される形で契約を解除したのだ。

ちょうど同じ頃、グーグルは中国語の検索エンジンをつくる計画を立てていた。プロジェクト・ドラゴンフライと名づけられたこの計画を実行するためには、グーグルはコンテンツの中から中国共産党にとって不都合な内容を感知する仕組みが必要だった。そうしないと、北京当局は中国のグーグルユーザーを追跡することが予測されるからだ。同社は米軍のプログラムから撤退した後も中国語の検索エンジンづくりは続けており、ティールはなぜだろう？　と問いかけた。なぜグーグルはアメリカ軍よりも中国軍に友好的にふるまっているのか？　彼は即座に答えた。グーグルが「反逆者的」だからだ。国家主義的ポピュリストでいっぱいの会場は拍手喝采だった。「こうした疑問は、米国という国レベルで呈する必要がある」と彼は述べた。「ＦＢＩやＣＩＡがその疑問をグーグルに直接ぶつけるべきだ。そして、どう言えば良いのかよく分からないが、私はその疑問が過度に穏便ではない方法でぶつけられることを願いたい」

ティールは彼の典型であるとりとめのないスタイルで話をした。それでも聴衆は、熱心に聴き入っていた。世界で最も有名なベンチャーキャピタリストが自らがつくった業界を攻撃しているだけでもすごいことなのに、彼は最大のビジネスライバルには調査が必要だと主張しているのだ。しかも、連邦政府による強制捜査が。

ティールのスピーチはお気に入りのテーマについて、いつものターゲットを攻撃した内容ではあったが、「表向きは知識人」を装っていたときの話し方とは異なり、過激に変化していた。当然のことながらジョンソンが、翌日のタッカー・カールソンのフォックスニュース用に大会と同じ内容のスピーチ原稿を準備する役目を担った（トランプお気に入りの番組だということを分かったうえでの戦略だった）。番組出演中のティールは汗だくで居心地が悪そうだったが、メッセージはきちんと伝えた。グーグルの行いを反逆罪だと非難しただけでなく、「グーグルの従業員の幅広い層はイデオロギー的に超左派で、何と言うか人権意識の高い人間が多いのです」と言い、こう付け加えた。「反米主義者ということです」

その翌朝。トランプはジョンソンが期待したとおりのことをしてくれた。「この問題について誰よりもよく分かっている素晴らしい男だ！」とティールについてツイートしたのだ。

ティールの主張はそれ以上取り上げられることはなかった。財務長官スティーブン・ムニューシンは即座に、グーグルを調べたが不安な材料は何も見つからなかったと否定した。しかし、政府との何十件もの取引を目指して営業活動を行い、幹部の多くが同様の主張をしているパランティアにとって、ティールのコメントはまったく無駄にはならなかった。

クラリウム・キャピタルの元従業員でありパランティアの共同設立者でもあるジョー・ロンズ

デールはCNBCの番組に出演した。「ピーターと私は愛国的な会社を設立しました」と彼は言った。「グーグルは明らかに、愛国的な会社ではありません」

わずか数ヵ月後、グーグルが手掛けるはずだったドローン画像の仕事、プロジェクト・メイヴンはパランティアが引き継ぐことになった。年間4000万ドルの価値がある取引だ。メイヴンがターゲットを認識するのに使っていたタイプの高性能画像認識ソフトウェアに関して、パランティアはあまり経験がなかったにもかかわらずだ。さらに、政府関係者から陸軍上層部に送られた匿名のメモによれば(〈ニューヨーク・タイムズ〉が最初に記事にした)、この契約を引き継ぐに当たりパランティアに対し優遇措置が取られた疑惑があるにもかかわらずだ。

いずれにせよ、メイヴンはパランティアの新製品となり、陸軍はティールの会社への依存度を深めていくようになった。ティールの防衛部門の最新メンバーであるアンドゥーリルもまた、メイヴン取引の一部を請け負うことになった。さらにパランティアは、12月に新たな大口契約の発表を控えていた。今回は複数年で4億4000万ドルという取引だった。トランプの最新の防衛構想「宇宙軍」から1000万ドル、海軍から8000万ドルを得ることになっていた。そしてパランティアは、従業員や移民活動家の反対を無視して、ICEとの契約を更新し、追加で5000万ドルを得た。結局のところ、ティール界隈第一の法則は、「無能だと思われるぐらいなら、邪悪であれ」に尽きるのだった。

# 19

## To the Mat

# 総力戦

二人の関係は以前から完璧と言えるものではなかった。ザッカーバーグは初めて会ったときからティールを油断ならない人物だと思っていたし、ティールは、フェイスブックが彼のキャリアの中でも最も成功した投資であったにもかかわらず、その機能や哲学に心底入れ込んではいなかった。

フェイスブックは20億人が参加するソーシャルネットワークで、国境を越えて構築することを前提にしており、ユーザーはアヒル顔の自撮り写真や、爪先を波打ち際に向けた素足や、朝食の写真がいくつの「いいね！」を得られるかを競っている。そこには、ピーター・ティールが警告してきたすべてがあった。そしてそれは彼を金持ちにしてくれたのだ。

ティールはまた、フェイスブックはいずれインターネットの世界を凌駕していくというザッカーバーグの理念を完全に受け入れたようには見えなかった。ヤフーが10億ドルのオファーを出すと彼はザッカーバーグに会社の売却を検討するよう促し、ザッカーバーグがきっぱりと断るや否や、手持ちの株を売りはじめた。

２０１２年、フェイスブックがついに上場すると、ティールは最大の売り手の一人となり、即座に約１７００万株を38ドル前後で売却し、６億４０００万ドルを手にした。ヘッジファンドを立ち上げるために突然ペイパルを辞めたときを思わせる動きだった。ＩＰＯのほとんどは、本当の市場価値をわずかに下回る価格で投資家に販売される。ＩＰＯ後に価格が少し上昇すれば、事前に購入を決めてくれた投資家には適度な利益がもたらされ、会社も格好がつくからだ。しかし、フェイスブックのＩＰＯは業界で言うところの「ポンと上がる」ことはなかった。ティールを含むインサイダーたちが株を売った結果、株価は急落し、その後数ヵ月の間に１株20ドルを下回ってしまった。

インサイダーたちが会社を信用していなかったこと以上に問題だったのは、オリジナルウェブサイトに対するフェイスブックの忠誠心だった。フェイスブックの利益のほとんどを稼ぎ出していたのはFacebook.comだったが、スマートフォンの利用が増えるにつれ、デスクトップのウェブブラウザーは、とりわけ若者の間では一般的ではなくなってきており、それが会社の収益を脅かすことが予測された。

スマートフォンの小さな画面上にたくさんの広告を表示するのはパソコンよりはるかに難しいからだ。「この世を変えてしまうようなアイデアがない限り、このビジネスは崩壊する」と、〈MITテクノロジー・レビュー〉はIPOから間もない頃に予測している。アーカンソー州の教職員年金を含む2つの年金基金がザッカーバーグ、ティール、シェリル・サンドバーグ、フェイスブックのIPOを手掛けた銀行家を相手に集団訴訟を起こし、スマートフォンの台頭によりフェイスブックが窮地に立たされる事実を過小評価したと主張した。フェイスブックは最終的に3500万ドルの和解金を支払った。「あれはさんざんな夏だった」と、フェイスブックの元従業員の一人は言う。「誰もがうちの株がペニー株になるようなことを言っていた」

落ち込む従業員を元気づけようと、会社はモチベーションアップを図るための全員出席の会議を何度か開催した。パートナーシップの責任者でアマゾンの元エグゼクティブ、ダン・ローズは従業員に対し、アマゾン株もドットコム・バブル崩壊の際に大きく落ち込み、その後戻ったという話をした。そして外部の雑音には耳を貸さず、会社は正しい方向に進んでいることを信じて欲しいと述べた。「世界は知らないかもしれないが、われわれは自分たちが何をしようとしているかちゃんと分かっている」

そこで、コミュニケーション部門のスタッフが、会社に最も長く投資してくれている人物を呼んで、勇気づけられる言葉をもらおうと考えたのだ。

しかし残念ながら、ピーター・ティールは思ったようにふるまってはくれなかった。「私の世代は月での植民地を約束されていた」と、ザッカーバーグに紹介された後に彼は言った。「代わりに与えられたのはフェイスブックだ」

ティールの言いたいことはつまり、フェイスブックは基本的には世界を変えるとか、世界をぶち壊すような技術ではなく、単なるソーシャルネットワークのひとつだということだった。

従業員は驚きのあまり顔を見合わせた。アメリカの偉大な知識人であり、シリコンバレーのゴッドファーザーでもあるティールがたった今、過去10年間で最も成功した会社の従業員の成功を認めなかったのだ。

ＩＰＯの一環として、フェイスブックの内部関係者は株式公開から90日間は株を売却することができなかった。90日が経過した8月16日、ティールは1株当たり約20ドルで残りの株のほとんどを売却し、さらに4億ドルを手に入れた。これは結果的にきわめて悪いタイミングだった。２０２１年３月末時点で、フェイスブック株は１株３００ドル前後で取引されている。言うまでもなく、ティールは自分を金持ちにしてくれたＳＮＳを使わなかったし、公にそれを称賛するつもりもないようだった。おそらく、周囲の同業者たちがベンチャーキャピタル史上最高の投資だと称えるフェイスブックについて、愛憎の念が入り交じっていたのだろう。

おかしなことに、ザッカーバーグはティールと絶縁はしなかった。それどころか、ザッカーバーグは彼をそばに置き続け、彼のアドバイスを以前より真剣に受けとめているように見えた。ザッカーバーグの対応は、一部は戦略的な理由からだったが――ティールのような政治指向の人間が近くにいれば、保守派の批判から身を守ることができる――彼の気性でもあった。フェイスブックの組織構造においては、ザッカーバーグがほぼ絶対的な権力を握っていた。フェイスブックの創設者である彼は株式の過半数を持ち、役員たちを自由に解任することができ、さらにビジネス・セレブリティでもあった。

フェイスブック社内にはイエスマンしかいなかった。彼の側近の一人は言う。「社内にはさまざまな派閥やら利害関係やらがあるけど、王の意見に反論しようという者はいない。だから、宮廷の中心にいる王が忌憚のないアドバイスを得るのはとても難しいんだ」

これは、ティール界隈全体の問題でもあった。ティールの部下たちもまた、彼と自分たちの関係を宮廷にたとえることがあった。しかし、ザッカーバーグとティールが話をするとき、それは王と王の対話だった。ティールは、ザッカーバーグが他人からどう思われるかをまったく気にしないところに惹かれていた。そしてザッカーバーグも、ティールの同じ性質に惹かれるようになっていた。ティールのアドバイスは無礼だったが、内容は常に現実的で的を射ていたからだ。

ティールが共和党全国大会でトランプ支持を表明してから数週間後、そしてフェイスブック取締役会の前日、取締役会メンバーであるネットフリックスのCEO、リード・ヘイスティングスは彼に電子メールを送り、トランプ支持によってフェイスブックの役員を失格になるかもしれないと伝えた。「あなたがトランプを大統領に推していることに戸惑いを隠せません。私にとってそれは『自分とは異なる判断』ではなく『悪い判断』に思われます」とヘイスティングスは書いた。「ある程度の意見の多様性は健全なものですが、壊滅的に悪い判断（私の見解では）は、取締役会メンバーが仲間に望むものではありません」

ザッカーバーグは翌年8月に誰かがヘイスティングスのメールを〈ニューヨーク・タイムズ〉にリークするまで、この緊張状態を黙殺していた。ニック・ウィングフィールドによる記事は、ティールがちょうどグーグルでの訴訟騒動を煽っている頃に掲載され、「シリコンバレーにカルチャー戦争がやって来た」というタイトルがつけられて、ダモアがグーグルに解雇された件と、フェイスブックでの2つの目を引く政治論争とを結びつけて解釈する内容になっていた。

フェイスブックで起こった事件のひとつは、2年前にザッカーバーグが20億ドルで取得したバーチャルリアリティ会社オキュラスの設立者、パルマー・ラッキーの解雇だった。２０１７年初め、レディットのオルト・ライト活動家のためのフォーラム「ザ・ドナルド」のメンバーによって設立された、トランプ支援のための政治活動委員会にラッキーが寄付を行っていたことが明るみに出ると、ザッカーバーグはラッキーを解任したのだ。

もうひとつはヘイスティングスがティールに送ったメールが〈タイムズ〉で全文公開されたこと。3つの事件を結びつけていたのは、ティールの友人チャールズ・ジョンソンだ。彼はダモアを支援し、ラッキーとも仲が良く、ヘイスティングスのメールのコピーを持っていた。

ザッカーバーグは、記事が掲載された裏でティールが糸を引いているのではないかと疑った。それゆえティールにヘイスティングスからのメールを共有した人間のリストアップを求めるとともに、役員の辞任を検討して欲しいと告げた。ティールは拒否した。「私は辞めないよ」と彼はザッカーバーグに言った。「辞めて欲しいなら、君が私を解雇しろ」。フェイスブック設立者は引き下がり、ティールは取締役会にとどまった。ヘイスティングスは2019年に取締役会を去った。

ザッカーバーグとの対決から間もなく、ティールはサンフランシスコの自宅にジョンソンを招き、一杯飲みながらそのときの会話について話した。「チャールズ、君と私は奇妙な関係にあるよね」と、濃いサングラスをかけたままティールは微笑んだ。「マークは私に誰にメールを転送したのかを訊いてきた。私が教えなかった唯一の名前は君さ」

ジョンソンが目論んでいた顔認識アプリをつくったクリアビュー社（ティールが投資していた）もまた、フェイスブックとは敵対関係にあった。ホーン・トンザットはフェイスブック（やツイッター、インスタグラム、その他いくつかのソーシャルネットワーク）から何百万枚もの写真を集めてくるソフトウェアを開発していた。フェイスブックはユーザーがハンドルネームでサイトに登録するのを禁じていたため、個人の写真と名前を簡単に一致させることができ、すべてのアメリカ人の包括的な記録を目指すジョンソンにとっては特に利用価値が高かった。

これらの写真を使い、大規模な犯罪捜査データベースとして警察に提供するというだけで、顔をしかめる人もいるだろう。そしてフェイスブックによれば、それはデータ転用を禁じた同社の利用規約違反でもあった。しかしジョンソンは、フェイスブックのプロフィール写真がインターネット上で公開されている以上、法的には問題ないと考えていた。転用は、グーグルが「インデクシング」と呼ぶ、すべてのサイトのコピーを作成してサーバーに保存する作業と何ら変わるところはないはずだ。それだけでなく、転用はマーク・ザッカーバーグを嘘つきに仕立て上げるという嬉しいおまけまでついてくる、とジョンソンはティールに説明した。

ザッカーバーグは可能な限り多くの個人情報をシェアするようユーザーに奨励する一方で、ユーザーがネットワーク上でどの情報をシェアするか、その情報がどのように使われるかをコントロールできると保証していた。クリアビューは、必ずしもそうはいかないことを証明したのだ。誰かがフェイスブックに公に投稿した写真、たとえばその人の高校や大学時代の写真が、大規模な警察データベースの一部になるのだから。その写真は、投稿から何年も経った後でも、政府や警察の犯罪捜査に使うことができる。あるいは不法移民労働者を強制送還することにも。この現実を知った人々は以前ほど写真をシェアしなくなり、長期的にはフェイスブックを「破壊」に導くかもしれない、とジョンソンはティールに語った。

フェイスブックにおける自身の立場から言えば明らかに利益相反だったが、ティールはクリアビューに少額の創業資金を投資し、ファウンダーズ・ファンドを通じて追加投資を行うと約束した。しかし、2019年11月に〈ニューヨーク・タイムズ〉の記者がクリアビューのことを調べはじめると、ティールはジョンソンとも、彼の会社とも距離を置いた。

ジョンソンはファウンダーズ・ファンドのクリスマスパーティに同社パートナーのサイアン・バニスターのゲストとして参加する予定だったが、直前になってティールから電話があり、出席を見合わせるよう告げられた。その後ファウンダーズ・ファンドはジョンソンへの投資を見送り、バニスターも会社を辞めて創業間もないベンチャーキャピタルに移っていった。

〈タイムズ〉が記事を発表すると、ティールのスポークスマンは「才能ある若い起業家に20万ドルを投資したところ、2年後にそれがクリアビューの株式に化けた」と述べた。金を投資したことがティールの「唯一の貢献」だったと。会社におけるジョンソンの役割や、ティールとの関係には一切言及しなかった。

ザッカーバーグはティールとクリアビューとの深い繋がりには気づいていなかったかもしれないが、いずれにしてもティールに制裁を加えることはなかった。クリアビューの件についても、ケンブリッジ・アナリティカ事件におけるパランティアの関与についても、最終的にはメディアへのリークについても。

メディアやテクノロジー業界における左派バイアスの暴露映像を製作するプロジェクト・ベリタスが、フェイスブックが2019年の初めに保守派コンテンツを抑制していたことを示すレポートを発表すると、同社は雇用契約に違反したとカメラの前で告白した請負業者を解雇した。しかし、何年も前にプロジェクト・ベリタスの設立者ジェームズ・オキーフに1万ドルの助成金を与えていたティールに対しては、何のお咎めもなかった。

2019年4月、リード・ヘイスティングスとアースキン・ボウルズ（クリントン政権下の政府高官で、時折ザッカーバーグの権力を牽制する動きを見せていた）がフェイスブックの役員を辞任した。翌年3月には、アメリカン・エキスプレスの元CEOで、偽情報の阻止に消極的なフェイスブックの姿勢に懸念を示していたケン・シュノールトも、後を追った。

ザッカーバーグは会社に苦言を呈していたこれらのメンバーに代わって、友人やビジネス・パートナーを迎え入れた。ドロップボックスの37歳の創立者ドリュー・ヒューストン、ペイパルの元エグゼクティブでザッカーバーグの営利慈善団体「チャン・ザッカーバーグ・イニシアチブ」で働いたこともあるペギー・アルフォードだ。2020年初め頃には、2019年より前から在籍しているメンバーは、ザッカーバーグとシェリル・サンドバーグを除いては、ティールの盟友マーク・アンドリーセンとティール自身だけになっていた。

ザッカーバーグがティールの行為を容認したもうひとつの理由はおそらく、自身が政界にパイプがなかったからだろう。フェイスブックはグーグルと同じく、中国では禁止されていた（その政府をティールは激しく非難している）。しかしザッカーバーグは何年も前から、中国の指導者たち、とりわけ独裁に近い権力を握る習近平国家主席のご機嫌伺いをしていた。北京語を勉強し、中国共産党高官を招いた際には習主席の本を見せて、従業員に無料で配っているのだと話したりしていた。

翌年、トランプの反中国演説が彼を共和党候補に押し上げようとしている頃、ザッカーバーグは習近平本人ともお近づきになった。ホワイトハウスでの晩餐会で（そこにはオバマ大統領の他、アップルのティム・クック、マイクロソフトのサティア・ナデラなどがいた）、ザッカーバーグは習近平に対し、妻プリシラとの間に生まれてくる子どものために、名誉としての中国名をつけてくれないかと頼んだ。習近平はこれを辞退した。

2016年、ザッカーバーグは反保守派とみなされるのを避けようと懸命になったが、選挙期間中、フェイスブックは無数のフェイクニュース（そのほとんどが民主党についてのあることないことだった）が自社のプラットフォームで活発化するのをそのままにしていた。また、トランプに有利なデマを流したロシアのプロパガンダにも目をつぶった。

選挙後、ザッカーバーグは、フェイスブックに掲載されたフェイクニュースが選挙を左右したという意見を「かなりクレイジー」だと述べた。そして2017年初めには自身のイメージ回復のための全米バスツアーに出かけ、ノースカロライナ州のNASCARサーキットではデイル・アーンハート・ジュニアとコースを走った。「これは楽しいね」と彼は言った。「多くのファンがいる理由が分かったよ」

ツアー中、彼は歴史的に黒人が多数を占める大学の学生から、多様性を奨励するために個人的に何をしたかと質問された。　彼の答えはティールを称賛することだった。「われわれの会社には、トランプ政権でアドバイザーを務める役員がいます」とザッカーバーグは言い、多様性を崇拝することの危険性について本を書いた男の名を挙げた。「共和党の人間を取締役会に入れるべきじゃないと言う人たちがいるけど、それはクレイジーな考えだと私は思っている。　社会全体としてともに進歩していきたいと思うなら、多様な人がいて良いはずだ」

そうしている間にも、トランプはフェイスブックが保守派に有利なバランス関係を維持するよう、圧力をかけ続けていた。同社は「常に反トランプ派だった」と大統領は9月にツイートし、ソーシャルネットワークは「フェイクニュース」である〈ニューヨーク・タイムズ〉や〈ワシントン・ポスト〉と変わりないと述べた。

バノンはホワイトハウスがさらに一歩踏み込んで、フェイスブックやグーグルを規制し、便利な道具のように使うことを提案した。　具体的には広告料を規制することで、ソーシャルネットワークがイデオロギー的に偏った（つまり反保守派の）コンテンツばかりを掲載しないようにする、というものだ。トランプは大統領期間中ずっと、折に触れてこのトピックを持ち出してはSNS業界を脅した。

2020年の選挙戦が本格的に始まると、トランプはソーシャルメディアのインフルエンサーたちを集めてソーシャル・メディア・サミットを開催した。その席で大統領は、フェイスブックを含むハイテク企業は彼の支持者の投稿を検閲していると主張し、自分は大統領権限を使って支持者たちを守るつもりだと約束した。

ホワイトハウスの逆襲にさらされてもなお、ザッカーバーグは民主党がトランプ以上の脅威になると信じる理由があった。2019年4月末時点で民主党は公に宣言しているだけでも20名の大統領候補者がおり、そのうち数名の有力候補は、フェイスブックを抑え込みたくて仕方がないように見えた。

5月には、今までテック業界に友好的であると思われていたカリフォルニア州上院議員カマラ・ハリスがCNNに対し、フェイスブックは「本質的に規制されないままここまで来たユーティリティであり、私に言わせれば、この状態はやめさせなければならない」と語った。バーニー・サンダースは、「この国に強力な独占禁止法をつくる」と約束し、フェイスブックを名指しで非難した。「日々目にしているように」と彼は言った。「われわれが誰とコミュニケーション可能なのか、決めているのは彼らだ。彼らは信じられないほどの権限を持っている――経済にも、この国における政治活動にも――しかも非常に危険な意味でだ」

こうした考え方はオバマ政権下ではラディカルに聞こえたかもしれないが、今回の大統領選挙においては、どちらの候補もフェイスブックに対して激しくタカ派的というほどではなかった。タカ派の称号をつけるとしたら、それはマサチューセッツ州の上院議員エリザベス・ウォーレンだった。

その年の初め、ウォーレンはフェイスブックの解体を求める詳細な計画を発表していた。彼女はフェイスブックを分割すべきプラットフォーム・ユーティリティに指定し、さらに同社が2012年と2014年に取得した画像共有およびソーシャルメッセージングサービス会社、インスタグラムとワッツアップ（両社とも、フェイスブックの成長に多大な貢献をしていた）を切り離すことを約束していた。

ザッカーバーグは一連の警告を真剣に受けとめた。数ヵ月後、従業員とのミーティングで彼は、ウォーレン大統領が誕生することは「われわれにとってはサイテーな結果だ」と述べた。「彼女が大統領になれば、われわれの合法性が問われるようになるだろう」そしてこう続けた。「いいか、これほど存在感の大きいものを脅かそうとするやつがいるなら、答えはただひとつ。リングに上がって総力戦で闘うのみだ」

ティールは国民保守派会議での演説で注目を集め、〈ニューヨーク・タイムズ〉に論説を発表して同じ主張を繰り返した。タイトルは「グーグルにとって良いことは、アメリカにとっては悪いこと」彼は2020年に向けて大きな計画を立てていた――保守派のメディア会社を立ち上げる、あるいは本をもう一冊書くなど。しかし、トランプ政権の終わりを告げるような惨状が次々と明るみに出てくるのを無視するのは、ますます難しくなっていた。そこでティールは、賭けに負けそうになったときのいつもの行動に出た。逃げ出したのだ。

2018年の中間選挙の直前まで、ティールはトランプ政権は「比較的成功した」と宣言できるだけの自信があった。ロシアとの共謀は「陰謀説」、トランプの嘘をつく傾向については、単なる「真実の誇張」として押し切った。しかし、中間選挙はティールにとってまずまずの内容だったものの（彼のお気に入りの候補者ホーリーが上院議員に選出されたのだ）、民主党が下院を奪還したためトランプ政権にとっては大打撃だった。

新しい議会は当初、特別検察官ロバート・モラーがトランプは2016年にロシア工作員から支援を受け、その後捜査を最小限に抑えようとしたと述べた後も、大統領の弾劾に抵抗した。しかし2019年9月に、トランプとウクライナ大統領との「何の問題もない」電話会談（トランプが彼に政敵を調査するよう依頼した）のニュースが明るみに出ると、民主党員はついに行動を起こした。

ティールは2019年から2020年の初めにかけては鳴りをひそめて過ごし、公の場に現れたのはほんの数回、それも友好的な聴衆の前だけだった。保守派の著名人とは定期的に会っていたものの、場所は常に人目を避け、自分を演出する必要のない彼の自宅だった。実際、きちんとした身なりでいる必要すらなかった。

あるとき、フロリダの下院議員マット・ゲーツを含むグループを招いた際には、ティールはTシャツに下着という格好で現れた。「あれは奇妙だった」とゲーツはのちに書いた。同じ体験をしたもう一人の客は当時商務長官だったウィルバー・ロス。「あれは非常に型破りないで立ちだったね」と87歳のロスはミーティング後に同僚にコメントした。

彼の自宅を訪れるゲスト、とりわけワシントンD・C・からの新参者たちはティールの奇抜な服装に驚かされたが、それ以上に彼の特異な会話方法に衝撃を受けた。彼はただ話をするだけで、何も望んではいないように見えた。D・C・からの面々は彼が無気力になっているのだと解釈したが、実際には単に満たされていただけなのかもしれない。友人たちによれば、ティールは人生の新しいフェーズを楽しんでいるところだった。家庭を持つ喜びだ。彼とダンツァイセンは、代理出産で生まれた女の子の赤ちゃんの親になったばかりだった。

引きこもり生活を送りながらもティールは活力気を失ったわけではなく、2019年10月にはザッカーバーグとトランプに会うためワシントンD・C・に飛んだ。フェイスブックのCEOは、計画中の新しいデジタル通貨、リブラ（批評家たちはいつか世界の基軸通貨としてドルに取って代わる可能性があると警告していた）について証言をするためワシントン入りしていた。

第二次世界大戦の終わり以来、外国政府は大量のドルを購入・保有しており、それはつまり、米国がほぼ無制限に金を借り、無法国家をグローバルな金融システムから締め出すことができることを意味していた。しかし人々がリブラのようなデジタル通貨で金を保有しはじめれば、米国の借入コストは上がり、グローバルな金融システムをアメリカのコントロール下に置くことができなくなる。これはもちろん、ティールが誰もがバーチャルなスイス銀行口座を持てるようになるとペイパルで提案していたことに他ならなかった。

ザッカーバーグのもうひとつの使命は、フェイスブックが進んで大統領の嘘を拡散したという、民主党からの高まる批判に対処することだった。その月の初め、トランプ陣営は、バイデン前副大統領が息子ハンター・バイデンとの取引に関する調査をやめるようウクライナ政府に圧力をかけた、という内容の広告を流した。これは事実ではなく、虚偽だった。CNNは広告の放映を拒否したが、フェイスブックは政治家の発言についてファクトチェックはしないという方針を盾に、広告掲載を許可した。ウォーレン上院議員はザッカーバーグを非難し、フェイスブックを「利益のためなら偽情報を流すマシン」と表現した。彼女は同社が「すでに過失によってドナルド・トランプを当選させて」いるのに、さらに広告のファクトチェックを怠ることによって、またしても自社の利益を市民の義務よりも優先させている、と述べていた。

ザッカーバーグはジョージタウン大学でのスピーチで、この批判に応酬した。「多くの人が賛成してはくれないでしょうが、私は一般的に、民主主義社会において民間企業が政治家の発言やニュース内容を検閲すべきではないと考えています」と彼は述べ、マーティン・ルーサー・キング・ジュニアの「バーミンガム刑務所からの手紙」やベトナム戦争時代のキャンパスにおける反戦運動を引き合いに出しながら、自分自身もイラクに反対する気持ちがフェイスブックを立ち上げるきっかけだったことを示した。

話し方においても、内容においても、ティールの影響を強く受けていることは明らかだった。ザッカーバーグは「民主的な社会参加」の意味で〈ボイス〉という言葉を繰り返し使ったが、これはティールやその周辺の人々がシーステディングについて語る際によく使う言葉だった。ザッカーバーグが明言するポリシーは、まさにティールとトランプが望んでいたことだった。

ザッカーバーグのワシントンD・C・訪問中、ティールとダンツァイセンはザッカーバーグ、プリシラ・チャン、ジャレッド・クシュナーそしてイバンカ・トランプとともに、大統領とファーストレディが出席するホワイトハウスでの夕食会に参加した。当日の会話の詳細は明かされなかったが、ティールはのちに、会食中にザッカーバーグとクシュナーが話をつけたと述べている。フェイスブックは政治家の発言をファクトチェックはしない、とザッカーバーグはクシュナーに約束したのだ。つまりそれは、トランプ陣営がフェイスブックでは何を言っても良いということを意味していた。その約束が果たされれば、トランプ政権は厳しい規制をかいくぐることができる。

その夕食会以降、ザッカーバーグは保守派のサイトに対しては干渉しないという対応をとるようになった。10月下旬、フェイスブックは「深く掘り下げられ、十分に検証された」記事を売り物とするニュースアプリを立ち上げた。アプリおすすめの出版物リストの中には、バノンのサイト〈ブライトバート〉の名もあった。オルト・ライトとの繋がりを誇示し、一時は「黒人による犯罪」に特化したページをつくっていたサイトである。

フェイスブックはまた、〈ブライトバート〉の流行に敏感な若者向けバージョン、〈デイリー・ワイヤー〉の支援にも尽力し、プラットフォーム上で最大のアクセス件数を誇るまでに成長させた。フェイスブックは長らく、自らが政府であるかのようにふるまってきた。それが今ではトランプの後押しを得て、ティールの側近が言うところの「政府公認の保守主義」をバックアップするようになっていた。

ザッカーバーグは夕食会の席上で何らかの取引があったことを否定し、そんな憶測は「かなり馬鹿げている」と言ったが、〈バズフィード〉、〈ブルームバーグ〉、およびその他の媒体の取材によれば、保守派のサイトが誤情報に関するフェイスブックの規則に違反した際、同社のポリシー策定チームはこれらのサイトを守るために介入したことが分かっている(この件についてフェイスブックに繰り返しコメントを求めたが、回答はなかった)。

トランプの政権期間を通じて、フェイスブックは他のソーシャルメディアよりも大統領に対し寛大だった。ツイッターはブラック・ライブズ・マター運動の参加者に向けたトランプの投稿

（アラバマの分離差別主義者、ジョージ・ウォレスの脅し文句「略奪が始まれば、銃撃が始まる」を敬意を込めて引用した）を掲載させなかったが、フェイスブックは許可した。ザッカーバーグは、自分は大統領の意見に賛成ではないが、「人々は自分の目で投稿を見る権利がある。権力の座にある人たちの最終的な説明責任は、彼らの言葉が公の場にさらされてこそ可能なのだから」と説明した。彼はジャレッド・クシュナーと定期的な会話を続け、ティールは公的にも私的にも、フェイスブックは競合他社ほどひどくないと強調し続けた。

2020年3月初旬までは、計画はうまくいっているように見えた。エリザベス・ウォーレンとカマラ・ハリスの選挙活動は頓挫し、バーニー・サンダースは唾を飛ばしてしゃべりまくるだけで、ティールが弱々しいとみなしたジョー・バイデンが民主党の候補に落ち着くように見えた。トランプは、とりわけ保守派層の間では再選の可能性が高いと見られており、右派に対するティールの影響力もこれまでにないほど顕著になっていた。よっぽど予期せぬこと（この世が終わるようなこと）が起こらない限り、彼が4年前にフェイスブックではじめた計画が狂うことはない。すべてがうまくいっていた。

# 20

Back to the Future

# ティールの予見する未来

コロナウイルスが急速に広がりつつある頃、ピーター・ティールはロサンゼルスを出た。多くの人は彼がニュージーランドに行ったのだろうと考えていた。避難用シェルター付きのプラズマハウスにいるか、南島に買った農場に燃料貯蔵庫でも建てて引きこもっているか。ニュージーランドは大災害の逃避先として理想的だという評判どおりの国だった。早々とロックダウンを実施し、非居住者の入国を禁止した。そして2020年終わりまでの間に国内でコロナウイルスによって死亡したのはたったの25名だった。

しかし、ティールはニュージーランドにはいなかった。彼が手に入れた巨大な農地は手つかずのままだった。燃料貯蔵庫も建てられてはいない。ティールのニュージーランド市民権獲得のニュースを最初にすっぱ抜いた〈ヘラルド〉の記者マット・ニッパートは、ティールはトランプの当選後間もなく、移住計画を放棄したのではないかと考えるようになった。「あれはただのヘッジだったんだ」と彼は筆者に語った。ティールは民主党が米国の税制度を変えてしまうことを心配していただけなのだ、と彼は結論づけた。そしてトランプが勝利し、2017年にニュージーランドの右派政党国民党がジャシンダ・アーダーン率いる労働党政府に取って代わられると、興味を失ってしまったのだろう、と。

代わりにティールが腰を落ち着けたのはマウイ島だった。彼は2011年に2700万ドルという当時としては記録的な金額で、居住面積400平方メートルを超えるオーシャンビューの家を手に入れていた。家は島の人気のないエリアにあり、高い石の壁が近所で唯一の道路とティールの自宅とを隔てていた。家の反対側にはプールと7000平方メートル近い土地が広がり、ほぼすべてがビーチに面していた。

それはその後数ヵ月に及んだカオスをやり過ごすのに完璧な場所だった。3月中旬から、ニューヨークをはじめアメリカの主要都市のほとんどはほぼ完全に封鎖された。ニュース番組は戦場のような病院の映像を流した。そこでは遺体が冷蔵トラックに積み重ねられ、看護師は防護服不足のためゴミ袋を身につけていた。最初の波は4月中旬にピークを迎え、死者数はアメリカ合衆国だけで1日2200人を超えた。

最終的に政府による都市封鎖は功を奏した。感染者数と死亡者数は減っていき、5月初めには再開を考えはじめても良いように思われた。そう、その時点でアメリカ人の死者数は7万人に達していたが、深刻な感染爆発は抑え込まれており、人々がソーシャルディスタンスとマスクガイドラインに従い、当局がバーやレストランといった特定の業種だけは引き続きクローズさせ、屋内イベントに制限をかければ、もとの生活に戻ることは可能であるように思われた。

慎重だが楽観的な空気が流れていたこの期間中に、ティールがコロナウイルスについて筆者とのインタビューに答えることを検討していたと、仲介者を通して知った。彼はウイルスを自説の正当性を証明するものとみなしていたが、これは一理あった。世界経済は、グローバリゼーションから生じた予想外の災厄に巻き込まれ、突然崩壊した。彼は12年前にヘッジファンドマネージャーとして発表したエッセイの中で、これと似たようなことを予測していた。

「楽観的思考実験」を書いたとき、世界は終末期に向かっているという彼の不安は、同業者には滑稽に見え、部下の一部にとっては居心地の悪い、奇妙な説に思われた。彼はキャピタルゲインで数十億ドルも稼ぐ成功したヘッジファンドマネージャーでありながら、信仰を復興させようとする伝道師のごとく、自分を富へと導いてくれたものの危険性を説いているのだ。つまり、テクノロジー産業の隆盛、貿易の爆発的拡大、国境間を自由に行き来する情報といったものの危険性を。

しかし今になって笑っているのは誰だ？　ティールが言うところの「コスモポリタン」タイプではない。彼らは「世界が終わるというこの手のヒステリックな説を、馬鹿か変人か頭のおかしい特殊な人たちの戯言だと考えている」

ティールはその強硬な反移民の立場を批判され、ニュージーランドの市民権を取得した際にはプレッパーのやりそうなことだと嘲笑された。それが今はどうだ。トランプは中国との往来をやめさせたのにヨーロッパとの往来をやめ「なかった」として批判され、一般的なアメリカ人はトイレットペーパーを買いだめし、どこで乾燥豆を買うのがいちばん良いか、情報交換する状況に陥っていた。

10年前、ティール・フェローシップは無謀とみなされた。しかしティールがハーバードへ行くのをやめるよう勧めたのは、年間たった20名の学生に対してだけだった。それが今、ハーバード大学はキャンパス全体の閉鎖を余儀なくされていた。授業料5万ドル、プラス寮費などの生活費2万5０００ドルの世界最高峰の教育が、授業料は変わらず5万ドルのＺｏｏｍクラスに取って代わられたのだ。

大学は授業の卓越性を主張するために割高に価格設定されている、というティールの見解は２０１０年当時よりはずっと合理的な言い分であるように思われ、彼が筆者に警告した教育の「バブル」は弾けたのかもしれないと考えることができた。いまや20名どころか、ハーバードの新入生クラスの20「パーセント」が２０２０～２１年の学年をスキップする選択をしていた。その一部は二度と戻ってこないだろう。そして、より小規模で知名度の低い、パンデミック前から経営に苦心していた大学は、深刻な財政難に直面した。教育セクター全体が、ひょっとするとティールが予測したように崩壊するのではと思われた。

トランプ政権を極右方向に導こうというティールの無謀な努力すら、今ではいくばくかの合理性があるように見えた。彼がFDA長官候補に挙げたバーラージー・スリニヴァサン（トランプ政権の最も極端なアドバイザーであるスティーブ・バノンですら「あり得ない」と評価した人物）は、1月にはパンデミックの危険性について警告を発していたが、政府の専門家たちのほとんどは冷静に行動するようアドバイスするのみだった。

政府の保健機関は凝り固まっており、いったん壊す必要があるというティールの直感も、今では耳を傾ける余地はありそうだった。CDC（アメリカ疾病管理予防センター）はより複雑な（そしてのちに欠陥が判明した）感染検査を主張し、FDAが世界のあらゆる地域で使用されている簡便な検査の承認を拒否したからだ。これによって米国は、感染者発生をいち早く察知して食い止めに動いた韓国に比べ、ざっと6週間も遅れをとることになった。

その頃シリコンバレーはどうなっていたか。工場労働者は解雇され、レストランは閉鎖され、ショッピングモールは人っ子一人いなくなっていた。しかし、ピーター・ティールが住む世界は活況に沸いていた。テクノロジーが私たちの生活のすべてに入り込んでくるという予測は突如として、有無を言わさず、現実のものとなった。

全米の小中学校は突然Zoomのアカウントが必要となり、すべての子どもにタブレット端末を配らなくてはならなくなった。アマゾンの売り上げは、布製のバンダナから1000ピースのジグソーパズルに至るまで劇的に急上昇したため、会社は出荷時期の優先順位を決めなければならなかった。企業は先を争うようにSlackのＩＤ取得に走り、誰もがネットフリックスのドラマを「見終えたか」どうかで冗談を言い合った。

それまではリアルな社交生活の代用として使われていたソーシャルネットワークが、突如として人とつながる唯一の手段となった。「テックラッシュ（テクノロジー企業やその技術に対する反発、非難）は終わった」とスリニヴァサンは満足げにツイートした。

テック業界の台頭は、文化的な現象であると同時に経済的にも注目を集めた。３月のロックダウン直後に急降下した後、Ｓ＆Ｐ５００指数は回復し、実際7月には年間最高値をつけた。上昇要因のほとんどは、インデックスの大きな部分を占めていた一握りの大手テック企業だった。上昇率はアマゾン71％、アップル51％、フェイスブック31％。ザッカーバーグの純資産は翌月には１０００億ドルを超えるだろうと言われた。世の中の失業率が10％を超えていたにもかかわらず。

ティールもまた、さらに金持ちになった。ｅコマースの需要が急上昇したことはアマゾンにとって良いことだったのはもちろんだが、ティールが大株主であるオンライン決済会社ストライプにとっても同様で、同社は企業評価額３６０億ドルに対し６億ドルの利益を達成した。ティールに近いある人物は、彼が保有するストライプ株の価値は15億ドル程度だろうと推測したが、それも同社が新たな資金調達ラウンドを行い、企業評価額が約１０００億ドルとなった11月以前の話だった。エアビーアンドビーは旅行業界の突然の崩壊を、従来のホテル業界よりはうまく切り抜けており、推定評価額約３５０億ドルでＩＰＯの準備に入っていた。そして12月にＩＰＯが実行された際の市場価値は８７０億ドルに達し、２０２１年3月には１１００億ドルになっている。

ファウンダーズ・ファンドはここでも5％の株式を保有していた。

一方、ティールが数十年前から投資してきた軍民共同体関連もまた、絶好調だった。国境警備を強化するというトランプの約束を背景に、ジョンソンの友人パルマー・ラッキーによって設立されたスタートアップ、アンドゥーリルは7月に2億ドルを調達し、評価額は2倍の20億ドルに達した。スペースXは二人のNASA宇宙飛行士、ボブ・ベンケンとダグ・ハーリーを乗せたロケットを打ち上げて国際宇宙ステーションのドッキングに成功し、民間企業として初めて有人宇宙飛行を達成した。

パンデミックに関係のないニュースなら何でも大歓迎のトランプは、打ち上げを見るためマイク・ペンスとともにフロリダ州ケープ・カナベラルまで出向いた。「驚くべきことだ……そのテクノロジー、そのパワー」と打ち上げ数時間後にトランプは述べ、マスクを「最も偉大な頭脳を持つ一人」と呼んだ。その後間もなく、国防総省はスペースXとの3億ドル以上の打ち上げ契約を発表し、同社の企業評価額は740億ドルに上昇した。そしてファウンダーズ・ファンドは避けては通れないスペースXのIPOから莫大な利益を得るべく、準備万端だった。

これらの利益を得てもなお、ティールの資産の多くは依然としてパランティアからもたらされた。同社はコロナウイルスから利益を得られる独自の地位を築いており、ティールは個人的に、そして投資会社を通じて株式の5分の1弱を保有していた。ウイルスは医師、ウイルス学者、伝染病学者が解決すべき問題ではあるが、短期的な課題はデータ問題だった。科学者たちがワクチンをつくるために奔走している間、政府や大病院機構はホットスポットがどこにあるかを察知し、それに応じて物資の供給を割り当てなければならない。

パランティアのソフトウェアはヨーロッパ参入後に書き直され、すでにいくつかの医療用品のサプライチェーン管理に使用されていたが、3月上旬以降、同社は研究開発部門のすべての従業員をコロナウイルス関連の問題解決にシフトさせ、既存ソフトウェアに追加機能をつけていった（たとえば、企業クライアントが症例や入院者数に関する政府のデータを簡単に取り込み、自社の売上予測に組み込む機能など）。サプライチェーンとその数値化の改良に躍起になっていた政府の医療・保健部門にとってこのソフトウェアはうってつけの製品であり、人工呼吸器や防護用品を配布するのに利用された。会社が力を入れたことが功を奏し、ソフトは数ヵ月間のうちに数十の公衆衛生当局を含む、百以上の新規顧客を獲得した。

「われわれの会社は度重なる危機によって鍛えられてきたのです」とカープの右腕シャイアム・サンカーはインタビューで筆者に語り、一連の大激震について並べ立てた。パランティアの存在意義である9・11同時多発テロ、それに続く金融危機、サイバー攻撃の台頭、陸軍のISISとの戦闘を支援したこと。「パンデミックは、ある意味、その最新バージョンだと言えるでしょう」

危機管理の専門知識以外にも、ティールの会社には間違いなくより重要な第二の強みがあった。米国政府、とりわけドナルド・トランプ政権から高額な金を引き出す能力だ。5月初旬、保健社会福祉省（HHS）はパランティアと2件、合計2500万ドルの契約を結んだ。HHSは以前、ティールとサンカーがアメリカ国立衛生研究所（NIH）所長フランシス・コリンズと面会した後にもパランティアに仕事を発注していたが、今回の契約内容はホワイトハウスの新型コロナウイルス対策タスクフォース（対策チーム）が症例や病院のデータ、個人用防護用品の供給、検査サイトなどの追跡に使うソフトウェアシステムの設計だった。取引は「緊急時取得」に分類、つまり同業他社との競合なしに行われた。

トランプ政権がこれだけ深刻な問題に直面しても政治上の仲間内に仕事を回そうとしたことや、トランプがパンデミックの深刻さを軽視する姿勢を見せていたことで、政権の舵取りは危うくなっていった。7月に入って米国南部で感染者が急増し、政権が病院に対してCDC（それまでデータ収集を管轄し、そのデータを公開していた）への報告をやめ、代わりに新しいHHSシステムにデータを送るよう命じると、数名の議員とCDCの元所長は、これは感染状況の深刻さを大衆から隠す行為だとしてトランプを非難した。

「病院からの報告を改善するために公衆衛生システムを強化する代わりに、この政権はデータを実績のない民間業者に渡すことを選んだ。科学的な専門家ではなく、政治上の仲間にだ」と元所長トム・フリーデンはツイートした。「アリゾナ、テキサス、サウスカロライナ、フロリダをはじめとするあらゆる地域の人々に、そのつけが回っている」

ホワイトハウスは不適切管理との批判にたじろぎ、しばらくの間CDCデータをオフラインにした後、再び公開を許可した。一方のパランティアは、入札なしで受注した契約は優遇措置ではないと否定した。会社の幹部たちはインタビューで、ティールの関与はどっちみち大きくないのだと強調した。「非常に興味深いことに」とサンカーは述べた。「トランプ前のパランティアは常にアレックス・カープのパランティアと呼ばれていた。ちなみにそれがれっきとした事実だ。そしてトランプが当選したら、突然何かのスイッチが入ったみたいに会社は『ピーター・ティールのパランティア』と呼ばれるようになった。外からはそう見えるかもしれないが、実際にはそうではないんだ」

これはある意味事実だった。パランティアの従業員が社内でティールを見かけることはめったになかったのだ。しかし同時に大きな誤解でもあった。6月下旬、パランティアは女性を役員に迎えたことを発表した。カリフォルニア州は上場企業に最低一人は女性の役員を置くよう義務付けているため、同社が株式公開するためには必要なステップだった。

社内ではコンドリーザ・ライスが来るのではという噂があったが、会社が任命したのはティールの長年の友人であり、ティール・フェローシップについて好意的な本を書いた著者でもあるアレクサンドラ・ウルフ・シフだった。彼女は7名いるメンバーのうち、ティールと近い関係にある6名のうちの一人となった（11月に、〈スタンフォード・レビュー〉の元編集長アダム・ロスが取締役会を去った。彼と入れ替わりに1月からメンバーとなったのは、分かっている限りティールと深い繋がりはない、アクセンチュアのマネージングディレクター、ローレン・フリードマンだった）。

ティールをよく知っている人には、ウルフ・シフの任命はかなり大胆に思われた。ジャーナリストのフェリックス・サーモンによると、ニューヨーク在住のウルフ・シフは西海岸を訪れる際はティールの自宅に頻繁に泊まっており、ティールが完全にカミングアウトする前の2000年代半ばには、ダボス会議でティールのガールフレンドを装っていたこともあった。発表直後、アシスタントがティールにウルフ・シフの任命は挑発のつもりかとテキストメッセージで尋ねた。結局のところ、パランティア初の女性役員にウルフ・シフを抜擢することは、ポリティカル・コレクトネス警察に向かって中指を立てていることに他ならないからだ。ティールからの返事は、舌をぺろりと出してウィンクする絵文字だった。

他の人たちと同様、ティールも不安を抱えながらパンデミック期間を過ごした。とりわけ心配だったのは、彼にとって間違いなく最も重要となる投資の行く末だった。あるときは、トランプはどうにかしてうまくやるだろうと確信した。大統領がニクソンの演説から引用した「法と秩序」のメッセージは、人種問題によって人々を左寄りに引き寄せる民主党に勝てるだろうと。しかし別の日には、コロナウイルスや長引く景気後退がトランプを当選させないだろうと考えることもあった。

冷静な判断をするのは簡単なことではなかった。ティールは世界経済をひざまずかせるような世界危機が訪れることを予想し、そのカオスから利益を得る態勢を整えてきた。

ティールは、トランプのナルシシズムと権威主義的な傾向が危機においては悲劇をもたらすと考えた共和党員に打ち勝つため、トランプを支援した。そしてフェイスブックの宣伝と保護にも努めていた。同社は今ではアメリカ人にマスクをやめ、効果の証明されていない、有害にもなり得る治療（抗マラリア薬ヒドロキシクロロキンや工業用漂白剤など）を勧めるような、誤った情報を拡散するプラットフォームになっていた。もしトランプ政権が失敗に終わるようなことがあれば、それはティールの失敗でもあった。

ティールはスイスの不動産購入を検討しており、トランプが負けたら移住するかもしれない、と友人たちに言うようになった。バイデン政権がオバマがやりかけたことを完遂してＩＲＡの方針変更をする前に、自身のＩＲＡを守ろうとしたのだろう。パランティアが２０２０年９月にＩＰＯ登録したのもその一環だった。何名かの周辺の人たちによれば、キャピタルゲイン税が引き上げられたりIRA関連の規則が改訂されたりする前にティールができる限りキャッシュアウトしようとしているのは明らかだった。20年の年月を費やして、数十億ドルもの資産を非課税で積み上げてきたのだ。今になって税金を支払うつもりなどさらさらなかった。

友人との会話で、彼はトランプのホワイトハウスを「S・S・ミノウ号」にたとえることがあった。「Gilligan's Island」(1960年代のアメリカのコメディドラマ。邦題『ギリガン君SOS』)で座礁する不運な漁船の名前だ。このたとえの中でのトランプの役割は、もちろん船長だ。ティールは友人へのテキストメッセージで、船には「大勢のギリガン君(ドラマでは怠惰な人物がいる」と語っている。また、トランプ政権がバタバタと実施している様々な変更は、海事関係の隠喩で「タイタニック号の甲板にデッキチェアを並べ直す(大惨事における無益なふるまい)」ことに等しいとも言っている。

ティールの部下たちはこうした不満の声を少しずつマスコミにリークし、自分たちのボスと再選の可能性が薄い落ち目の大統領との間に距離を置こうとした。

トランプが最高裁判所判事に指名したニール・ゴーサッチがリベラルや穏健派の味方をして、ゲイやトランスジェンダーの労働者も公民権保護の対象となるとの判断を示すと、ティールのアドバイザーであり『ゼロ・トゥ・ワン』の共同著者でもあるブレイク・マスターズは、共和党は保守派を裏切ったと非難した。彼は、共和党の目的は、何よりも「未公開株と、低い税率と、無料のポルノを死守することらしい」と皮肉った。

アリゾナに引っ越していたマスターズは、アリゾナの共和党上院議員マーサ・マクサリーがトランプへの忠誠心に欠けると非難し、再選活動中の彼女に対抗馬を立てるか検討しているところだった。結局対抗候補を立てることはしなかったが、ティールはカンザス州で同じような支援を行った。トランプの極端な移民政策を提案したクリス・コバック（彼には同性愛者の権利に反対した経歴もある）が、共和党穏健派のロジャー・マーシャルに対抗し、トランプ派の候補として上院議員に立候補したのだ。

ティールはコバックに210万ドルを寄付し、彼の主要後援者となった。これには共和党予備選挙直前の7月に行った合計125万ドルの2つの寄付も含まれる。ティールは2019年にコバック陣営に5600ドルを直接寄付しているが、今回の寄付は新たに設立された政治資金団体、「Free Forever PAC」を通じて行われた。「国境警備を強化し、アメリカ・ファーストの移民政策を実行し、退役軍人の処遇を改善し、エンドレスな戦争を終わらせ、アメリカ人労働者のためになる経済をつくり上げる」ことを約束する団体だ。

コバックはいつもの移民排斥的立場に加えてコロナウイルスについての陰謀論を煽って、候補者指名を得ようとした。予備選の1週間前（そしてティールから最新の寄付を得てから2週間後）のインタビューでコバックは、病院や医師たちはトランプ政権を傷つけるためにパンデミックの深刻度を誇張し、交通事故などの不慮の死をもコロナウイルスによる死亡として記録していると主張した。「数字はつくられたものだと考えています」と彼は述べた。そして予備選挙当日、マーシャルに14％の差をつけられて敗北した。

専門家は経済の段階的な再開を求めるとともに、引き続きソーシャルディスタンスとマスク着用は必要だと述べていた。トランプはこれらすべてを政治的な駆け引きだとして却下し、彼の政権は恐ろしいウイルスに打ち勝つことが可能であるとともに、これは実際にはインフルエンザ程度のものだと、繰り返し主張した。

イーロン・マスクは自分のプラットフォームを利用してコロナウイルスの深刻度を過小評価しようとし、ヒドロキシクロロキンを推奨し、経済の完全な再開を要求した。テスラが大量の在庫を抱えてしまっていたため、これは切実な問題だった。「今すぐアメリカを解放せよ」と彼はツイートした。その1週間ほど後、彼は郡の封鎖命令を無視してカリフォルニア州フリーモントにあるテスラの工場を再開した。その結果はひどいものとなった。情報公開法に基づいて開示された公衆衛生データによると、5月から12月の間にフリーモントのテスラの労働者の感染者数は440名に及んだ。

タイミングを見計らったかのように、感染者数は再び急上昇しはじめた。第二波は5月下旬から米国南部を襲い、テキサスとフロリダでは数週間の間に数千人の死亡者数を記録した。そして大統領選が近づく頃には中西部を皮切りに第三波がはじまり、12月には全米に広がった。ピーク時には、1日当たり4000人以上のアメリカ人がコロナウイルスで亡くなった。この頃には、ティール周辺の者たちはパンデミックについてはほぼ沈黙し、暗号通貨や、ブラック・ライブズ・マター運動の恐ろしさや、民主党の大統領候補ジョー・バイデンの息子ハンターの汚職に関する記事をソーシャルメディア企業は検閲している、といったツイートに戻っていた。

コロナウイルス対応をフーヴァー研究所所属の放射線科医、スコット・アトラスに任せるようになっていたトランプ政権は、パンデミックを阻止しようとすること自体を放棄してしまった。トランプは集団免疫（イミュニティ）を喧伝し（つまり、多くの人がウイルスに感染することによって免疫を獲得すれば、社会全体を守ることが可能になる)、誤ってそれを「集団メンタリティ」と呼んだりした。

10月に大統領自身がコロナウイルスに感染し、病院に行って治療を受けた後、死に至ることもあるウイルスを「ただの鼻風邪だった」と片付けようとしたところ、息子バロンの感染が判明した。トランプの首席補佐官マーク・メドウズはCNNに登場し、マスク着用やその他医師が推奨する基本的な感染対策の有効性に疑問を呈した。「われわれはパンデミックをコントロールするつもりはありません」とメドウズは言い、コロナウイルスをインフルエンザのようなものだと述べた。

国内の混乱がおさまらない中、ティールはキャッシュアウトに忙しかった。8月25日、米国のコロナ死亡者数が17万5000人を超えた日、パランティアは新規株式公開に必要なフォームS-1(有価証券届出書)を証券取引委員会に提出した。カープはティールにならってシリコンバレーを出るつもりだと何ヵ月も前から語っていたが、このタイミングで移住先を明らかにした。デンバーだ。フォームS-1には、彼のかつてのホームグラウンドを批判する文章も含まれていた。「われわれの会社はシリコンバレーで設立されました」とカープは書いた。「しかし最近では、テクノロジーセクターと共有できる価値観やコミットメントは、ますます少なくなってきています」演説は続く。

我が国の防衛機関、諜報機関とのソフトウェアプロジェクトの使命は人々の安全を守ることですが、広告掲載で成り立つ会社が一般的になっている今、われわれのような業態は物議を醸すようになりました。多くの消費者向けインターネット企業にとって、われわれの考えや指向、行動や閲覧傾向は売り物のひとつです。シリコンバレーの大手テクノロジー企業のスローガンやマーケティングは、このシンプルな事実を覆い隠そうとしています。世界最大の消費者向けインターネット企業は、われわれの日常生活の細部にまで入り込み、多大な成功をおさめてきました。彼らの技術の進歩はあまりにも速く、その技術を統治する政治的規制力の発展速度を上回っています。

それはシリコンバレー、とりわけフェイスブックに対する痛烈な批判だった。批判しているのは、フェイスブックの初期からの主要な支援者が起こした会社のCEOだ。それはまた、ティールがかつて惹きつけられたバレーの特徴を思い起こさせた。軍民共同体のガチガチの保守主義である。

それは、少なくとも筆者にとっては、なじみのある文章だった。その数ヵ月前、チャールズ・ジョンソンからクリアビューについての似たようなメモを受け取っていたからだ。「シリコンバレーの企業は世界をより良い場所にしたいと言うが、実際には民主主義や安全よりも莫大な広告収入を優先させている」と彼は書いていた。さらに彼は、シリコンバレーでは「個人データを取得して広告主に売っている」とする一方で、「グーグルは軍部を憎んでいる」とも書いていた。フォームS－1が提出された後、ジョンソンから電話があった。「届出書に書かれていた文章は、どうやら私が書いたもののようだ」と彼は言い、筆者に送ったのと同じメモをティールにも送っていたと述べた。

パランティアのフォームS－1は単なるイデオロギー的な声明ではなかった。パンデミックを利用して、あるいは広義にはトランプ時代に乗じて儲けようとする会社の象徴だった。同社が度重なる危機を乗り越えて発展してきたというサンカーの言葉は正しかった。パランティアの2016年の収益は4億6600万ドルだったが、2020年には前期だけでそれを超える金額を稼ぎ出している。うち米国陸軍からの分が7900万ドル（総収入の15％以上）、グーグルから引き継いだメイヴンや、ICEおよびHHSとの仕事も含めるとさらに数千万ドルが上乗せされる。

そう、パランティアは莫大な金額（この期は1億6500万ドル）を稼いでおり、損失は縮小していた。パランティアの長期的な経営見通しとは関係なく、IPOでがっつり稼ぐつもりでいたティールにとって、損失はどうでも良かった。フォームS－1には、彼と何らかの形で関係しているベンチャーキャピタル、投資事業体、法人の名が軒を連ねていた。彼は複数の会社やファンドを通じてパランティアの株式を所有していた。彼のIRAに関連すると言われるリヴェンデルファンド、ミスリル、ファウンダーズ・ファンド、クラリウム、PTベンチャーズ、STSホールディングス、その他。

ティールのパランティア株の保有率は約20％だったが、独裁を好む彼は保有率をはるかに上回る権力を握れるよう采配していた。創設者に忠実な者を役員に選ぶことはもちろん、パランティアはそれ以外にも50％弱の議決権を持つ新たな種類の株式を発行していた。この株式は信託に預託され、3人の男の管理下に置かれた。カープ、スティーブン・コーエン、そしてティールだ。

さらに、ティールは従前から保有していた株式によっていつでも保有率を上げることができた。つまり、事実上会社を掌握していることになる。ティールはIPO後すぐに大量のパランティア株を売るつもりでいたが、信じがたいことに、売却後も以前と同レベルの権限を維持することになっていた。

公開当日、パランティア株は1株当たり10ドルからスタートした。時価総額約200億ドルだ。ティールはただちにキャッシュアウトを開始し、個人ベースで2億5000万ドル超、さらにファウンダーズ・ファンドを通じて2000万ドル分程度を売却した。国は危機に瀕し、彼の政治プロジェクトは崩壊の一途をたどっていた。でも、彼自身は元気に、うまくやっていた。

実際には、うまくやっているどころの話ではなかった。11月の1週目、票が数えられ、大統領の敗北がますます明らかになっていくにつれ、国は不透明感に満ちていった。そしてパンデミックがどんどん悪化していくのに大統領は対策を講じることに関心がなく、バイデン政権への移行期間中に労働者に追加の支援を行う気がないことも、はっきりとした。

トランプとその取り巻きたちが投票に不正があったという誤った情報を広め、黒人が大多数を占める都市で選挙が盗まれたと主張している間、ティールは沈黙を続けていた。しかし彼の周囲の人々は、主要な激戦州で集計されなかった票があるというウラ話や、大多数のアメリカ人に支持されたジョー・バイデンが選挙で勝利したという事実を疑う声でかまびすしかった。

ティールの部下でありポッドキャスト「Intellectual Dark Web」を運営するエリック・ワインスタインは、郵便サービス従業員からの内部告発ビデオとされる映像をツイートした。彼はトランプが正当な開票手続きを経ないままメディアによって「退場させられた」と警告した。

次の上院選の準備を進めていたブレイク・マスターズはアリゾナ州で使用されたドミニオン社製の投票集計機についての黒い噂をツイートし、同社がバイデンが有利になるよう機械を不正操作したという陰謀説を広め、さらに何の証拠もないままに、ミルウォーキーとデトロイトでは亡くなった人たちが投票したことになっていると主張した。これらはのちに、すべて誤りであることが判明した。

新反動主義の知識人で、ティールの長年の友人であるカーティス・ヤーヴィンは、もっと極端だった。彼は文書を発表し、「都市コミュニティ」の有権者は選挙管理人の操作や実際の不正投票によって、バイデンが有利な方向に選挙を盗んだと主張し、バイデンと北京との関係の深さを揶揄して、新大統領を「中国ジョー（China Joe）」と呼んだ。

さらにヤーヴィンは、共和党は「選挙を盗み返す」ために「非常に合法的なクーデター」を実行し、共和党が過半数を占める州議会において投票を無効化し、トランプが緊急事態を宣言して、連邦議会や司法の介入を退け、州兵を動員してその命令を執行させるべきだと主張した。そして、トランプは「正式な政府の中にも『外にも』存在する旧体制の権力や富裕層の仕組みを解体」することができる人物であり、解体の後には「唯一無二のユートピア」が達成されるだろうと述べた。

それは冗談のつもりだったのかもしれない。ヤーヴィンはトランプが勝利をおさめるには無能すぎ、そして弱すぎたことをいくばくかの後悔とともに認め、自身はスターリン時代のような粛清を擁護しているわけではないと弁明した。しかしそれは、ティールの昔の思考実験にそっくりだった。選挙の計画的な敗北とそれに続く軍事クーデター。ヤーヴィンはすべてはうまくいくだろうと述べていたし、どちらにせよバイデン勝利を予想していたのだ。トランプの敗北により、トランプ主義はよりいっそう盛り上がる。ティールがずっと望んできたとおりに。彼は2024年には政権を奪還できると予測していた。「赤いアメリカの物語は、はるかにシンプルに、そして売り込みやすくなる」と彼は書いている。

世の中の不透明感と死亡者数の増加の中、パランティア株は上昇しはじめた。保健社会福祉省（HHS）とワクチンの追跡サービスの契約を結んだという直近の発表を含め、一連のコロナウイルス関連の契約が功を奏していた。1月上旬には、同社の時価総額は400億ドルを超えた。その年の秋のニュースの見出しが状況を簡潔に要約している。「ピーター・ティールのパランティアは、トランプの見通しが暗くなる中、急上昇中」。ティールはそのキャリアを通してずっと、確率の低いほうに賭け、あり得ないような成功をおさめた後、賭けた相手が落ち目になる直前に見捨ててきた。今、彼はアメリカ大統領に対しても同じことをしたのだった。

それでもまだ、トランプ政権は終わってはいなかった。ティールはトランプ政治からうまく足抜けしてビジネスに集中するようになっていたが、ワシントンD・C・にはティール界隈の影響がまだ残っていた。

ティールは表向きは声をあげていないものの、今も秘かにトランプを支持しているのだろうと彼の友人や部下は考えていた。ティールのイデオロギーはものすごく理路整然としているわけではなかったとはいえ、ざっくりとまとめるなら、アメリカが今ほど民主主義ではなくなり、多文化主義という妄想への忠誠心がなくなれば、この国は経済的にも技術的にも発展するだろうというものだった。批評家はこれをファシスト的と呼ぶだろうが、ティールは「バック・トゥ・ザ・フューチャー」と呼んでいた。

２０２４年大統領選の候補者として彼がずっと支持してきたのは、ミズーリ州の議員でごりごりのトランプ支持者であるポピュリスト、ジョシュ・ホーリーだ。彼は政治思想や経歴がテッド・クルーズと近かったが、クルーズより10歳若く、角ばった顎にすらりとした体格、そして低い声の持ち主だった。

ティールがグーグルと中国との関係を非難した国民保守派会議において、ホーリーは「コスモポリタンなコンセンサス」を標的に選んだ。そして反ユダヤ的な言い回しを何度も使いながら特定のビジネスリーダーや大学学長たちをやり玉にあげ、彼らは自分たちのエリート・プロジェクトのことしか考えておらずアメリカへの忠誠心がないと非難した。その発言についてユダヤ人団体から謝罪を求められると、ホーリーはそれを反ポリティカル・コレクトネスの点数稼ぎのチャンスとみなし、「リベラルの言語警察は正気を失った」とツイートした。

ティールのイチ押しホーリーは、トランプの「アメリカを再び素晴らしい国にする《Make America Great Again》」に心酔するあまり、投票結果が判明した後になってもまだ、トランプ勝利の可能性があることをあきらめなかった。12月下旬、（ドミニオン社がジョージア、アリゾナ、ミシガンで投票操作を行ってはいないことが明らかになり、ミルウォーキーとデトロイトで亡くなった人の票が投じられていたという話がつくり話だったことが判明した後でも）ホーリーは1月6日の連邦議会における選挙結果の承認に反対することを表明し、通常は形式的な儀式である議会承認を一大ドラマに仕立て上げた。数日後、クルーズが同様の意思表明を行い、10名の共和党議員がそれに続いた。

トランプはマイク・ペンス副大統領に議会承認を行わないよう圧力をかけるとともに、支持者に対し当日ワシントンD・C・に集まるよう呼びかけた。数千もの人たちがやってきた。フェイスブックで立ち上げられ膨れ上がっていったQアノンやオルト・ライトの「選挙を盗むな（Stop the Steal）」集団だ。

彼らは怒りをみなぎらせ、中には武装している者もいた。正午前後、議会が投票の準備に入る頃、トランプは好戦的な演説を行って抗議者たちをさらに盛り上げた。支持してくれた議員やその他の支持者たちに感謝を述べ、国会議事堂に向かって行進しようと群衆に呼びかけた。「死ぬ気で闘うんだ」とトランプは言った。「死ぬ気で闘わなければこの国はもはやない」。彼らが議事堂に近づくと、ホーリーは拳を突き上げて敬礼した。

その後の数時間で、ヤーヴィンの思考実験は突然、残酷なまでに現実となった。暴徒と化した群衆が「反逆罪、反逆罪」「マイク・ペンスを吊るせ」と唱えながら議会場になだれ込み、選挙結果の承認を阻止し、トランプの再選を認めさせようとした。彼らはジャーナリストや議会警察を激しく攻撃した。議会警察官の一人、ブライアン・シックニックはのちに怪我で亡くなり、同僚二人は暴動後に自ら命を絶った。４名の暴徒が死亡した。

アメリカ民主主義の打倒が失敗に終わったこの事件は２０２０年をほぼ沈黙のうちに過ごしたティールとは何の関係もないと言えるかもしれない。しかし何年も前に彼が行っていた活動が２０１４年のケンブリッジ・アナリティカのデータ流用や、２０１６年大統領選におけるフェイスブックのトランプ支持の誤情報拡散を引き起こしたように、彼は反乱につながる種の多くをまいてきた。

1月11日、共和党穏健派がホーリーをはじめとする人々の「大嘘」について公然と語るようになると、ホーリーのキャリアはめちゃくちゃになった。ニュースサイト、アクシオスは短い記事を掲載した。「ピーター・ティールはドナルド・トランプの何を見誤ったのか」。記事はティールが「トランプの最も悪質な発言すら文字どおりに受けとめないという立場を確立させた」として彼を非難している。その月、ピーター・ティールの政治プロジェクトが音を立てて崩れ落ちる中、パランティアの時価総額は680億ドルにまで上昇した。

エピローグ
# 永遠の命を求めて

ティールの多岐にわたる影響力、彼が関係する数十もの企業、何十億ドルもの資産、そして極右の台頭に果たした役割にもかかわらず、現在多くの人が彼の名から連想するのは、パラバイオーシスの名で知られる実験生物学の新分野に対する関心だ。

この用語は、2つの体を手術で結合して循環系器官を共有させ、事実上の人工結合性双生児をつくることを意味する。1970年代には高齢のラットと若いラットを結合させるというおぞましい実験が行われ、科学者やアンチエイジングマニアはこれが老化プロセスを止め、あるいは死そのものをなくす鍵になるかもしれないと推測した。それは、少なくとも信奉者たちにとっては、若返りの泉への入口だった。

2016年にはマウスを対象とした研究によって、この試みを人間にも適用できるのではないかとの関心が高まった。高齢者に若者の血を輸血することにより、高齢者の若返りが期待された。言い換えれば、一種の吸血鬼行為である。「私はパラバイオーシスについて調べているところです。非常に興味深い分野だと思っています」と、ティールは同年公開されたインタビューで述べている。そして若者の血を注入することを自身の健康法として検討したが、まだ実行はしていないと語った。

パラバイオーシスに対するティールの関心は、とんでもない憶測を呼んだ。ゴーカーは、彼が18歳の若者から3ヵ月に一度輸血を受けるために4万ドルを支払っていたという噂を投稿した。その翌年、ケーブルテレビドラマ「シリコンバレー」では一話を丸ごとこのエピソードに当て、登場人物である邪悪なCEOギャビン・ベルソンが体格の良い「輸血ボーイ」(ベルソンは「私の輸血仲間」と呼んでいる)から輸血を受けるシーンを放映した(ティールのキャラクターを演じた俳優はシリーズの最初のシーズン中に亡くなったため、ティールの奇癖のいくつかはベルソンのキャラクターに反映された)。

2018年後半、パンデミック前の米国主要メディアとの最後のインタビューとなった、〈ニューヨーク・タイムズ〉が主催する毎年恒例のDealBook サミットの会議においてティールは、このテーマに言及している。会議の主催者である金融コラムニストのアンドリュー・ロス・ソーキンは、一般的な寿命延長の研究について彼に質問した。しかし質問を中断し、噂話の件を持ち出した。「ちなみに、これは本当なのですか、それとも違う?」

ティールはニヤリと笑い、手を振ってみせた。「何と答えるべきなのかすらよく分からないよ」と答えた。「この場を借りて公に言いたいのは、私は吸血鬼ではないということだ」

2016年のマウスの研究は、確かにティールに関係していた。その研究に資金を提供していたSENSは、オーブリー・デグレイがティールの支援を得て設立した非営利団体だったからだ。ロックダウン直前の2020年初頭に筆者が訪れた同団体のラボはカリフォルニア州マウンテンビュー郊外の高速道路インターチェンジのそばに立つ1階建ての建物で、派手ではなかったが機能的だった。

リップ・ヴァン・ウィンクルのような髭を生やしたデグレイは、ラボに隣接した窮屈そうなオフィスで作業をしていた。本棚からは本があふれ、壁には自転車が立てかけられている。彼は、あらゆる世代の信奉者たちを集めることができたのはティールのおかげだと述べた。彼によれば、ティール界隈は「老化は医学的な問題であり、われわれは解決できる射程圏内にいることを理解している人ばかりだった。彼らを説得する必要すらなかった」という。

ティールは、SENSの仕事は彼の最も重要なレガシーの一部であり、宗教的信仰心の中心にあるものだと述べている。「私が何よりも強く信じているキリスト教の見解として」と2015年に神学者N・T・ライトに語っている。

「死は悪であり、間違いであり、われわれはそれを受け入れるべきではないという考え方がある。可能な限りあらゆる手段を使って闘わなくてはいけないものだと考えています」

2019年の終わりに、SENSは新しいCEOを迎え入れた。ティールが所有する複数の会社で長年働いてきたジム・オニールだ（ティールがFDA長官候補に挙げた人物でもある）。筆者が訪問したとき、SENSはささやかな成功を享受しており、いくつかの研究プロジェクトを初期段階のスタートアップに提供し、何名かの新たな支援者を得ていた。その中には暗号通貨イーサリアムの技術開発にたずさわったクリエイターであり、何年も前のティール・フェローでもあった、ヴィタリック・ブテリンもいた。

しかし最近の寄付者の中にティール自身の名前はなかった。彼がSENSに最後に寄付を行ったのは2016年だった。デグレイはまた、ティールはSENSの研究成果についてマスコミに頻繁にしゃべっている割には、パランティアのパロアルトのオフィスからわずか13キロほどのところにあるこの研究所を訪問したことはないと語った。これを聞いて筆者は、永遠の命を追究するというティールのメッセージは本心からだろうかと思うようになった。彼は本当に不老不死を望んでいるのだろうか？　あるいはこれもまた、彼の逆張りのイメージをつくり上げるための方便なのだろうか？

死に抗うというティールの意志が真摯なものかどうかは、その後の数ヵ月間でどんどん疑わしくなっていった。トランプが近年のアメリカ史上前例を見ない人道の危機を肩をすくめてやり過ごそうとする間、ティールは沈黙したままだったからだ。

寿命を延ばすことに情熱を傾ける人間が、防げた死が横行するこのような状況に反応せずにいられるものだろうか？　3月下旬までにコロナウイルスで亡くなったアメリカ人の数は55万を超え、第一次世界大戦と第二次世界大戦を合わせた米国の死傷者よりも多くなった。米国の死亡率は、世界でも最悪のひとつになった。こうした恐ろしい数字を見ても、なぜ彼はトランプとの関係を断ち切るか、少なくとも自分のお金を命を救うことに使おうとしなかったのだろう？　彼が2020年に行った最高額の寄付が、アメリカで最も有名な移民排斥主義者の一人、クリス・コバックの政治資金団体に対するものだったのはなぜだ？

筆者はもちろんこの件についても彼に尋ねるつもりでいた。しかし、約束されたインタビューが実現することはなく、コロナウイルスの件数が再び急上昇しはじめると、ティールの部下からはメールの返信が来なくなった。代わりにティールは、スイスのニュース雑誌〈ヴェルトヴォッヘ〉（編集長のロジェ・ケッペルはスイスの保守派政党、スイス国民党のメンバー）のインタビューに答えている。その中で彼は、コロナウイルスを身体的というよりは精神的な病気の状態だと特徴づけている。「私はこのパンデミックを、人々が心の奥底で感じていたことの発現だと考えています。つまり、オールド・ノーマルに戻ることはできないということです」

彼は続けてこう述べた。「コロナウイルスはシフトチェンジを生み出したのです。それまでの世の中には、未来がどういうわけか抑え込まれているという感覚があった。ずっと前に変わるべきだったことが、抵抗勢力があるために変われていなかった。それが今、未来は解放され、自由の身になったのです」。彼は、自分の理想と計画どおりに社会をリセットするチャンスとして、パンデミックを歓迎しているようだった。

彼は、部下たちが喧伝したようにトランプと袂を分かってもいなかった。「私は今も彼を支持しています」と彼はトランプについて語り、当時はまだ大統領候補だったバイデンについては「ペタン（ナチス占領下のフランスの元首）の年齢を少し若くして、頭はよりもうろくさせたバージョン」と評した。ティールはペタン元帥がフランスをドイツに明け渡したように、バイデンは米国を中国に売り渡すと信じていた。一方トランプに対しては、その「実用的な」対応を手放しで称賛した。トランプは「完全な都市封鎖を要求する極端な医療専門家たちの声に屈しなかった」と語っている。

ティールは最後までトランプに忠実であり続け、政権最後の日には、アンソニー・レヴァンドウスキ（グーグルから知的財産を盗んだことを認め18ヵ月の刑を宣告された自動運転車のエンジニア）に恩赦を与える後押しをした。それは長年の敵グーグルに対する意趣返しであり、ティールが沈黙していた間にも極端な信念を放棄したわけではないという証拠でもあった。

「彼は共和主義に戻ったわけじゃない」――暴動から3週間後の1月下旬にスティーブ・バノンは筆

者に語った。「完全なMAGA（アメリカを再び素晴らしい国にする）になったのさ」

ティールが死への嫌悪感を公言しながら、コロナウイルスによる数十万人の死亡に無関心でいることは、筆者がこの本を書くに当たって見てきた数多くの矛盾のひとつである。ティールの最も深く固い信念が、彼のマキアベリ主義的な行動と相容れないことは多い。これらの矛盾はたいていが見過ごされてきたこと、ティールは計算高い経営者というよりは逆張りの自由な思想の持ち主とみなされていることが、彼がパーソナルブランディングの類まれなる才能を持っている証である。

彼はシリコンバレーの魔法使いという自分のキャラクターを自分でつくり上げ、ネットワーキングと話のうまさを駆使して人々に刷り込んだそのイメージがあまりにも強烈なために、その背後にいる男の本当の姿はかすんでしまっている。つまり、彼は典型的なアメリカの有名人なのだ。

ティール神話には数多くの真実が含まれている。彼は過去四半世紀にわたり、われわれの文化や経済を特徴づけるような会社をたくさんつくってきた。ティールがその発展に貢献した業界は、何兆ドルもの富と何十万もの雇用を生んでいる。彼は未来派の中でも、実際に未来を加速させることができた珍しい存在だ。そしてそのことだけでも、歴史上の尊敬を受けるに値する。

それでもなお、これだけではティールについて半分も語ったことにはならない。彼は政治や社会を反動主義に転換させ、その結果、米国は彼自身がビジネスをはじめた1990年代半ばよりもずっと不確実な場所となった。彼はビッグテックを批判しながら、おそらく今この世に存在する誰よりもビッグテックの支配力を高めるために貢献した。彼は自称プライバシー擁護者でありながら、世界最大の監視企業を立ち上げた。実力主義や知的多様性をうたいながら、自身の周囲は自分の思想に忠実な者たちで固めていた。そして言論の自由を声高に擁護しながら、米国の主要メディアを秘かに抹殺した。

「彼はニヒリストだ、しかも本当に頭の切れるニヒリストだ」と、独占禁止法活動家で『Goliath: The 100-Year War Between Monopoly Power and Democracy（ゴリアテー独占勢力と民主主義との百年戦争）』の作者であるマット・ストーラーは言う。「彼は権力そのものであり、それがジャングルの掟なんだ。『俺が捕食者《プレデター》だ。そして勝つのは捕食者だ』というわけさ」これこそが、ティールの信奉者たちが何にも増して学んだ教訓、「速く動き、物事を壊す」の本当の意味かもしれない。

今現在、ティールは第一線から一歩退いている。彼は親となり、家族も増えつつある（この本が刊行される2021年春、彼とダンツァイセンは二人目の子どもを持ったらしい）。そして親になるということは、人の最も野心的な計画でさえ吹き飛ばす力を持っているものだ。

ティールが自分の不老不死に執着していることを考えると、このシフトチェンジはよりいっそう目を引く。結局のところ子を持つということは、生きたレガシーを得ること、死後も自分の生命が引き継がれていくことを意味するからだ。ほとんどの人は、マウスを使った画期的な手術に成功することよりも、子どもを持ちその子を元気に育てるほうが、はるかに優れた未来への投資だと考える。

友人たちは、ティールは以前より丸くなったと語っている。以前より肩の力が抜け、幸福そうにすら見えると。それはただの憶測かもしれないが、おそらくは真実なのだろう。

それに、たとえ彼が完全に退いたとしても、そのレガシーは盤石だ。彼の部下たちは、シリコンバレーで最も著名な思想的リーダーに育っている。イーロン・マスクは、ツイートひとつでマーケットを動かすことができる。セキュリティ度の高いメッセンジャーアプリ Signal のダウンロードを促すことも、仕手戦で空売りを仕掛けられたゲーム小売業者 GameStop の株を買い向かうよう、Reddit ユーザーに呼びかけることも。

ティール界隈の古株キース・ラボワはファウンダーズ・ファンドのパートナーであり、お金や野心がある者はみなベイエリアを捨てるべきだというティールのメッセージを毎日のように発信し続けている。カリフォルニアの高い税率とCOVID-19に伴う制限の多さに不満たらたらだったラボワは、12月にマイアミビーチに家を購入した。ティールも2020年の終わりにマイアミビーチに2つの物件を購入し、移転した。彼にはうってつけの居住地だ。フロリダはカリフォルニアと違ってキャピタルゲインに課税しないし、共和党の事実上の本部、ドナルド・トランプの別荘マー・ア・ラゴ・クラブからもそれほど遠くないからだ。ファウンダーズ・ファンドもまた、南フロリダにオフィスを開設予定である。

一方、ティールとともにペイパルを共同設立したマックス・レヴチンは、2021年1月に時価総額約250億ドルで株式公開した会社 Affirm で、クレジットカード業界とアルゴリズムによる信用格付けに挑戦を続けている。ティールに関係するもうひとつの金融サービス会社ストライプは、ティールが数十年も前に思い描いたように、現在の決済ネットワークに代わる独自のハイテク決済システムを目指している。

ストライプは非上場としては世界で最も企業評価額の高い企業のひとつであり、共同設立者であるパトリック・コリソンは影響力のある実力者で、自身が所有する出版社ストライプ・プレスを通じてティール的テクノロジービジョンを発信している。直接投資以外にも、彼がサム・アルトマン、ウィリアム・エデン、サラ・コーンなどの友人の会社に創業資金を入れた例はいくらでもある。その多くが将来の業績ボーナスが厚めに受け取れるという条件での出資であり、つまり、ティールは普通の投資家よりも高いリターンが約束されている。そして彼はデリアン・アスパロウホフ、マイク・ソラーナといった次世代の爆弾発言要員も調達済みだ。彼らは、「差別に敏感な連中」の未来や危険についてのティールのご託宣を広めることを自らのミッションと心得ている。

さらに、ティールの影響力はこれまで彼に一度も会ったことがない起業家にも及んでいる。スティーブ・ジョブズが製品に修行僧のごとくストイックな世代をつくり出したように、ティールは同じレベルの成功と権力を目指すテクノ逆張り投資家たちにインスピレーションを与えた。彼らは1980年代の〈スタンフォード・レビュー〉のコラムニストたちのように、自らの思想の独立性を示すために進んで性差別や人種差別発言を行ったり、ほのめかしたりした。2020年11月下旬、とある若いテック起業家は、起業してすぐは「若くて色っぽい女の子」を雇ってはならない、なぜなら男の経営者の気が散ってしまうから、とツイッターに投稿した後、こう書いている。「IQも意味があるし、生まれながらの性別も意味がある。だから、（IQでは人間の価値は測れないとほざいたり、トランスジェンダーを必要以上に擁護したりする）リベラルなんてぶっ潰せ、ハイエク（フリードリヒ・ハイエク。リバタリアン組織の創立者）とフリードマン（ミルトン・フリードマン）万歳、トランプ政権をもう4年」

政治面では、ティールの見通しは良好になり始めている。ホーリーは彼を批判する人々に反論し、謝罪することを拒否し、自分への批判を逆手に取った。サイモン&シュスターが彼の著書『The Tyranny of Big Tech』(ビッグテックの独裁)の出版をキャンセルすると、ホーリーはレグネリーという別の出版社を探してきてそこから本を出し、メディアツアーに出て、何百万人ものアメリカ人を前に「キャンセル・カルチャー」の犠牲者としての人物像を演出した。本は〈ニューヨーク・タイムズ〉のベストセラーとなった。

ホーリーは2024年の大統領選挙には立候補しないと言っているが、考え直す時間はまだ十分にある。テッド・クルーズはおそらく共和党内での影響力を維持するだろうし、大統領選に出馬する可能性も残っている。そしてフォックスニュースの司会者タッカー・カールソンのように、政治志向のあるティールの仲間はまだ数多く控えている。

そして、2022年の上院議員選挙だ。ティールには大きな計画がある。彼はすでに二人の候補者を立てている。長年の盟友であり共著者でもあるブレイク・マスターズ、そして『ヒルビリー・エレジー』の著者にしてミスリルの元パートナーであり、国民保守派会議でティールとともにスピーチを行ったJ・D・ヴァンスだ。

ヴァンスはオハイオ州の共和党穏健派上院議員、ロブ・ポートマンに取って代わる候補者とみなされている。3月、新しいスーパーPAC「Protect Ohio Values」は、ティールがヴァンスの上院選出馬を支援するために1000万ドルを寄付したと発表した。〈ブライトバート〉やケンブリッジ・アナリティカの長年の支援者でありティールと政治思想を同じくするマーサー家の人々も寄付を行ったと言われている。マスターズが出馬すればティールは同様の寄付を行うだろうと筆者はティールに近い人物二人から聞いていたが、翌月にはそのとおりになった。ティールが新たに組織された「Saving Arizona PAC」に1000万ドルを寄付したと、〈ポリティコ〉が報じたのだ。

マスターズは熱烈なトランプ支持者で、ティールの寄付が発表されてから間もなく、国境の壁を訪れている。そして「これは絶対にうまくいく」とコメントする映像をツイッターに投稿した。一方、ヴァンスは2016年の選挙では反トランプだったが、その後この背信行為から手を引き、セバスチャン・ゴルカのポッドキャストに登場してバイデンのユニバーサルな子育て政策の危険性に警告を発し、Qアノンへの擁護を暗号化したと思われるツイッター投稿まで行った。彼は春にはティールに伴われてマー・ア・ラゴで前大統領とも会っている。

選挙で二人が勝てば、マスターズとヴァンスはティールの支援のおかげで議席を得た議員4名の中に入ることになる。しかしマスターズとヴァンスは、単にティールから資金提供を受けただけではないという点において、ホーリーやクルーズとは異なる。ティールの身近な人物二人が筆者に指摘したように、彼らはティールのコピーなのだ。この本が出版された時点で、マスターズはティール・キャピタルのCOOでありティール財団の理事長。ヴァンスは言わずと知れたティールの元部下であり、彼のベンチャーキャピタル会社にはティールが投資家として名を連ねている。

ティールがトランプ政権下でふるったのと同様の影響力をバイデン政権に及ぼすとは考えにくいが、何の影響力も持たないということもまたあり得ない。2021年春、ジョンソンはティールと和解したと筆者に教えてくれた。ティールはクリアビューについて抱いていた何らかのわだかまりを捨て、ジョンソンが新しく立ち上げた会社トレイトウェルに創業資金を投資したそうだ。

ＤＮＡシークエンシングを行うこのスタートアップは、ティールがパランティアで開拓し、その後アンドゥーリルやクリアビューが踏襲したお手本に従い、軍との契約を勝ち取る予定だ。ジョンソンはまた、最近政治について新たな、そして驚くべき気づきを得たという。ティールにオルト・ライトを植え付けた男が今ではジョー・バイデン支持者になったというのだ。彼は民主党の大統領による防衛と諜報に関する公約、そして新しい医療技術に資金を提供するため、国防高等研究計画局（ＤＡＲＰＡ）の医療版のような機関をつくるという計画を称賛した。バイデンには、本物の偉大な大統領の素質がある、と彼は語った。

ジョンソンの政治的転換のみならず、バイデン政権に近いティールの知り合いは他にもいる。２０２０年の選挙キャンペーンアドバイザーを務め、２０２１年1月には国家情報長官に任命されたアブリル・ヘインズは、かつてパランティアのコンサルタントを務めたことがある。公開資料によると、彼女はチーム・バイデンに加わる直前までパランティアの仕事をし、２０１７年7月から２０２０年6月の間に18万ドルの報酬が支払われた。そして、２０２０年の大統領選挙で最も多額の寄付をしたのはリード・ホフマンだった。バイデン陣営に対し個人的に約７００万ドルを寄付し、さらに数百万ドルの寄付集めに協力した。ティールとホフマンは意見の相違はあるものの、今も親しくしている。ペイパルマフィアによって築かれた関係は、数十年とまではいかなくても、今後何年もの間、成果を挙げ続けるだろう。

２００５年、ティールがまだ世界の支配者という新しいアイデンティティを演出していた頃、スティーブ・ジョブズが彼の母校で卒業式のスピーチを行った。今日まで、ジョブズがスタンフォード大学で行ったこのスピーチは、アップル創設者の精神を知る窓口として、そして1990年代と2000年代のシリコンバレーの反骨精神を凝縮させたものとして、畏敬の念を集めている。テック業界の誰もが少なくとも一度は視聴し、その多くがほぼ暗記しているスピーチだ。

「実のところ、私は大学を卒業したことがありません」とジョブズははじめた。「今日が人生で最も大学卒業式に近づいた日です」1970年代はじめ、アップルを創業する前にリード大学を中退する決心をした経緯を説明した後、ジョブズは膵臓がんと診断され、自分の死についてじっくり考えたと告白した。そして死とは素晴らしい贈り物だと考えるに至った、と述べた。「生命の唯一かつ最高の発明です」と。「自分がもうすぐ死ぬという認識が、人生の重要な決断を下すときにいちばん役に立つのです」とジョブズは続けた。「なぜなら、ほぼすべてのことが――外部からの期待、プライド、恥や失敗への恐れ――死を前にすれば何の意味もなくなるからです。残るのは、本当に大切なことだけです」彼は続けた。「われわれはそもそも裸、つまり何も持ち合わせていないのです。『自分には失うものがある』というのは思い込みにすぎないので、自分の心に従わない理由はありません」

ティールはその1年後にジョブズに会っている。結婚式で偶然出会ったのだが、ジョブズはティールには何の興味も示さなかった。しかしティールのほうはジョブズの卒業式スピーチが心に残っていたようだ。11年後の2016年5月、ニューヨーク州北部にあるハミルトン大学の卒業式で自身が行ったスピーチにそれが表れている。彼はちょうど人生およびキャリアのターニングポイントを迎えていた。トランプの代理人になったばかりで、さらにゴーカー破綻の黒幕であることを暴露されてから数日しか経っていなかった。そしてスピーチの機会を利用してジョブズが説いたニューエイジの価値観を追いやり、新たなテック業界に新たな起業神話を植え付けようとした。

ジョブズのスピーチは、自分は大学を卒業していないため本当はここに立つ資格はないと述べるところからはじまっていた。ティールもまた、一見謙虚に聞こえる自慢から入った。「皆さんはまもなく働きはじめることと思います」と言った。「私はここ21年間、誰かの下で働いたことはありません」

彼はそれから、自分のドロップアウト話をはじめた。大学からではなく、企業法務の世界からのドロップアウトだ。ジョブズは大学を中退する決断は経済的な理由からだったと述べた。価値を見出せない教育のために両親の貯蓄を食いつぶしていると判断したからだと。一方ティールは、高額報酬の仕事からドロップアウトしたのはエスタブリッシュメントに対する反逆の行動だったと説明した。「おなじみの職業、ありがちなキャリアパスは定型文のようなものです」と、彼は伝統的なキャリアを歩んでいた若い頃を振り返った。

ジョブズは、左派寄りの「Whole Earth Catalog」（全地球カタログ）のスローガンを引用した。「ハングリーであれ。愚か者であれ」。ティールはモダニズムの偉大な詩人（そしてファシスト）エズラ・パウンドの言葉「Make it new（創造せよ）」を使った。そしてジョブズの名は出さないまま、アップル創設者がスピーチで強調した二点を攻撃しはじめた。ジョブズが自分の心に従うよう諭したのに対し、ティールはその逆を説いた。「自分を律し、啓発し、注意を払ってください。自分の心にやみくもに従わないように」

それから、ジョブズが死について与えたアドバイスに移った。「このアドバイスの正反対の行動をとることが最善のやり方なのです」と彼は言った。「毎日を永遠の命があるかのように生きるのです」この世界観は「周りの人たちとは、長い付き合いになると思って接しなさい」という意味だ、と彼は説明した。「永遠に続く友情と長期的な人づきあいに自分の時間を投資することで、人生最高のリターンを得ることができるのです」

そこに込められた感情は、ティールらしさを完璧に表していた。逆張り派が正統派の正反対を唱え、その先にはティールが関心を抱く永遠の命がある。それはまた、彼の影響力が広範囲に及んでいることを示唆してもいた。ティールは自分を支援し尊敬してくれる人たちを周りに置き、彼らはティールを守り、金持ちにした。彼ら――ペイパルマフィア、ティール界隈、そしてシリコンバレーそのものが、その偽善や欲や輝きなどすべてひっくるめて、彼のレガシーを築いているのだ。ティールはその反動主義的な思想を広め多額の金を稼いだが、自身を逆張りの立場に置くことで、周りとは永遠に相容れなくなってしまうようだ。

結局のところ、逆張りのイデオロギーを貫くことは孤独を意味するのだろう。そう考えると、友情に言及したハミルトンでのスピーチは驚くべきものだったと言える。ティールは普段から、対人関係を何かの取引のように扱う傾向があった。彼のスピーチをよく読むと、それがにじみ出ているのが分かる。人と良い関係を築こうとすることは、それ自体の喜びのためではなく、何らかの「リターン」を期待するからこそなのだと。それはつまり、二度と関わらないであろう相手に優しくする必要はない、ということをほのめかしている。

私が本書のために収集した情報の限りでは、ティールの人生は重要な人間関係に満ちているが、金や権力を超越して長続きするようなものはほとんどないように見える。彼自身のアドバイスに反して、彼は彼自身が定義する成功というものを、関係を断ち切り、単独行動することで手に入れてきたように見えるのだ。

# Acknowledgments
# 謝辞

　この本は、15年間にわたってシリコンバレーの起業家、スタートアップ、そして投資家の世界を取材する中で形になった。〈Inc.〉のファクトチェッカーとして私にジャーナリズムへの最初の機会を与えてくれ、ビジネス記事が必ずしも退屈なものでないことを教えてくれたのはジェーン・ベレントソンだ。彼女はメンターであり、友人であり、そして時には親代わりという存在だ。さらに、キャサリン・スターリング（〈ヴァニティ・フェア〉の編集者）、デイビッド・リッキー（〈ファスト・カンパニー〉編集者）がいなかったら私はジャーナリストになっていなかっただろう。二人は文章の書き方を教えてくれただけでなく、私の大切な親友となった。

　現在、ジャーナリズムを実践するのにここブルームバーグ以上の場所は世界のどこにもないと私は確信している。上司は寛大にも私がこのプロジェクトのために時間を割くことを許してくれ、様々なサポートをしてくれた。特に、ブラッド・ストーン、ジム・エイリー、ジョエル・ウェバー、クリスティン・パワーズ、リト・グレゴリに感謝します。さらに、才能あふれる同僚たち――ジョシュ・グリーン、アシュリー・ヴァンス、ジョシュ・ブルースタイン、エミリー・チャン、サラ・フライヤー、オースティン・カー、マーク・ベルゲン、マーク・ミリアン、キャロライン・ウィンター、アレックス・ショウカスにも。本書のアイデアやソースを提供してくれ、できあがった本にジョークを飛ばしてもくれた。

この本の最初の構想と構成は、エージェントのイーサン・バソフ、ロス・ユーンと会話する中で生まれた。イーサンの編集とアドバイスなしには、このプロジェクトは実現しなかっただろう。さらにダグラ・ケイとハワード・ユーンにも感謝します。いつか子どもたちの世代になっても活躍してくれるでしょう。

ペンギン・プレスではこれ以上ないほど素晴らしいパートナーに巡り合えた。アン・ゴドフ、スコット・モイヤーズ、リズ・カラマリ、ダニエル・ラフスキー、シーナ・パテル、そしてとりわけ私の編集を担当してくれたエミリー・カニンガムに感謝します。エミリーは編集においては疲れ知らずで鋭く、ユーモアと知性をもってこのプロジェクトに取り組んでくれた。この本が成功するとしたら、それは彼女のおかげだ。

ヤナ・カスパーケヴィックは本を書きはじめた当初からの相棒で、リサーチとファクトチェックを担当してくれた。ケルシー・クダックもファクトチェックを通じて素晴らしい貢献をしてくれた。カウラ・ノンゴはスワコプムントからレポートを送ってくれた。ダイアナ・スリヤクスマが画像を整理してくれた。デイビッド・リドスキーはずっと私のコーチ役で、初期段階でのリーディングという重要な作業を担い、最も厄介な箇所について数々の指摘をくれた。ブラッド・ストーンはリーディングとともに、何時間もの励ましと共感をくれた。バート・ヘルムとジル・シュワルツマンは友情と、心の支えをもたらしてくれた。

本書の情報源は、数百人もの人たちとの関係によってもたらされたものだ。私の電話を受け、電子メールに返信をくれ、あるいは私と直接会ってくれた人たちのほとんどは、相当のリスクを冒して行動してくれた。個人的にもキャリア的にも、彼らにメリットはほとんどない。その寛大な心、そして恐れを知らない勇気を決して忘れません。ジャーナリズムの価値を認めてくれたこと、そして私を信頼してくれたことに感謝します。

いくつかの機関や非営利団体の研究者にもサポートいただいた。スタンフォード大学図書館のスペシャル・コレクションズ部門、ケース・ウェスタン・リザーブ大学アーカイブス、およびカリフォルニア大学バークレー校所蔵のオーラルヒストリー・シリーズ、「Western Mining in the Twentieth Century」などだ。「Internet Archive」、Center for Responsive Politics の「OpenSecrets.org」、ProPublica の「Nonprofit Explorer」は私が日常的に使ったリソースであり、現代ジャーナリストのツールキットに欠かせないアイテムだった。

多くの記者がティールの世界を幅広く取り上げており、彼らの記事や作品も参考にさせてもらった。アンドリュー・グラナートはまだスタンフォード大学の学部生だった頃にティールを徹底的に分析した記事を〈スタンフォード・レビュー〉に書き、それが私自身が〈レビュー〉をリサーチする出発点となった。アンドリューは情報公開請求を通じて、ティールとアメリカ国立衛生研究所（ＮＩＨ）との関係を示す電子メールを取得しており、それが本書にも役立った。〈ニュージーランド・ヘラルド〉のマット・ニッパートは、ティールのニュージーランド市民権取得をすっぱ抜いた記者で、入手した文書や自身の見解を気前よく共有してくれた。コーリー・ペインの本、『Live Work Work Work Die』は、本書のテーマ策定の参考となった。さらに、リゼット・チャップマン、ウィル・オールデン、ディーパ・シーサラマン、ライアン・マック、ジェフ・ベルコビッチ、ブライアン・ドハーティ、ジョージ・パッカーが書いた様々な記事をむさぼるように読んだ。彼らはこれからもずっと、私の嫉妬リストに名を連ねるだろう。

この本は、2つの個人的なライフイベントと切っても切れない関係にある。ひとつは息子レオンの誕生。2020年3月、世界が新型コロナウイルスに震撼するさなかにこの世に生まれた。2つめは、その数ヵ月後に弟ジャクソン・ターナーが亡くなったことだ。享年37歳、私より1歳若かった。私をはじめ多くの人にインスピレーションを与えてくれた。彼のことを考えない日はない。

過去数年、とりわけ2020年を振り返ると、家族や友だちの愛とサポートなしには到底乗り切れなかったことを実感する。特に私の父と母、継母のローリー、そして兄のケーシーに感謝したい。ケーシーは、私が取材旅行でオークランドに何週間も滞在していた間、義理の姉チェルシーとともに、とても快適な布団を用意して私を迎えてくれた。

私が書く文章の一人目の読者は、今もこれからもずっと、クリスティンだ。言葉で言い表せないほどあらゆる方面で私を支えてくれ、その愛、その強さ、その背中を通して、ジャーナリストとして、そして人間としての理想像を見せてくれる。彼女と結婚したことは、私の人生最高の出来事であり続ける。

そしてわれわれの3人のチビたち、アリス、ソリー、レオン。みんなまだこの本は読めないけれど、すぐに読めるようになるだろう。そして近い将来、私からの言葉を受け取ってくれたらと願っている——君たちを愛しているよ。私に数多くの物語を経験させてくれてありがとう。

原書に掲載されているNOTESをご覧になりたい方は以下のＵＲＬをご参照ください。
http://www.kaedeshoten.com/thiel_notes.pdf

【著者】

**マックス・チャフキン（Max Chafkin）**

ブルームバーグ、テクノロジー担当のリードライター。テクノロジー業界やスタートアップの取材歴は15年に及び、「ファスト・カンパニー」「ヴァニティ・フェア」「インク」「ニューヨークタイムズ・マガジン」等に寄稿している。ニューヨーク・プレスクラブ賞、ソサエティ・フォー・ビジネス・エンディング・アンド・ライティング賞受賞。エール大学卒、現在ニューヨーク、クイーンズ在住。

【訳者】

**永峯 涼（ながみね りょう）**

上智大学外国語学部卒業。訳書に『ザ・クオンツ』(2010)、『アルゴリズムが世界を支配する』(2013)、『マインドフルネス』、『危機と決断 前FRB議長ベン・バーナンキ回顧録（共訳）』(2015)、『僕は数式で宇宙の美しさを伝えたい』(2018) いずれも角川書店/KADOKAWA、『セクシーに生きる』(2016) プレジデント社、『ヒュッゲ』(2017) サンマーク出版、『もっと私らしく（アリシア・キーズ自伝）』(2021) 文響社、『自然を再生させたイエローストーンのオオカミたち』(2021) 化学同人などがある。

無能より邪悪であれ
ピーター・ティール　シリコンバレーをつくった男

2024年3月31日　第1刷発行

著者　マックス・チャフキン

訳者　永峯涼

装丁　重原隆

発行者　岡田　剛

発行所　株式会社　楓書店
〒150-0001　東京都渋谷区神宮前3-25-18 2F
TEL 03-5860-4328
http://www.kaedeshoten.com

発売元　株式会社　サンクチュアリ・パブリッシング（サンクチュアリ出版）
〒113-0023　東京都文京区向丘2-14-9
TEL 03-5834-2507　FAX03-5834-2508

印刷・製本　シナノ書籍印刷株式会社

ISBN978-4-8014-8501-3